JAHRGANGSSTUFENTEST
REALSCHULE 2015
Original-Tests mit Lösungen

Mathematik 8. Klasse
Wahlpflichtfächergruppen I und II/III

Bayern

2010–2014

STARK

Bildnachweis
Umschlagbild: © Stas Perov – Fotolia
S. 1 © Joe Gough/www.dreamstime.com
S. 13 © Lorenzo Colloreta/www.dreamstime.com
S. 18 © www.sxc.hu
S. 32 © www.sxc.hu
S. 35 © Neckermann Versand AG
S. 37 © www.photocase.de
S. 38 © Bundesverband zur Förderung der Schwimmausbildung (BfS)
S. 39 © Siniša Botaš, istockphoto.com
S. 40 © Redaktion
S. 41 © Manfred Steinbach, istockphoto.com
Deckblatt Original-Tests: © Carmen Rother/www.carminaro.com

ISBN 978-3-8490-1192-5

© 2014 by Stark Verlagsgesellschaft mbH & Co. KG
8. ergänzte Auflage
www.stark-verlag.de

Das Werk und alle seine Bestandteile sind urheberrechtlich geschützt. Jede vollständige oder te
Verbreitung und Veröffentlichung bedarf der ausdrücklichen Genehmigung des Verlages.

Inhalt

Vorwort
Hinweise und Tipps

Grundwissen mit Übungsaufgaben — 1

Rechnen in $\mathbb{Q}$ — 2
1. Die ganzen Zahlen: Vorzeichenregeln — 2
2. Training zum Bruchrechnen — 3
3. Die rationalen Zahlen: Rechenregeln — 4
4. Potenzen und Potenzgesetze — 6

Gleichungen und Ungleichungen — 7
1. Wertetabellen — 7
2. Termumformungen — 8
3. Gleichungen — 10
4. Ungleichungen — 11
5. Sachaufgaben — 12

Geometrische Grundlagen — 14
1. Winkelsummen — 14
2. Winkel an parallelen Geraden — 16
3. Flächeninhalt, Umfang und Volumen — 17

Abbildungen — 19
1. Vektorrechnung — 19
2. Parallelverschiebung und Drehung — 21
3. Koordinatenberechnung bei speziellen Drehwinkeln (nur Wahlpflichtfächergruppe I) — 23

Geometrische Ortslinien (nur Wahlpflichtfächergruppe I) — 25
1. Kreis, Mittelsenkrechte, Parallelen, Winkelhalbierende — 25
2. Randwinkel und Thaleskreis — 27

Proportionalitäten — 29
1. Direkte Proportionalität (Dreisatz) — 29
2. Indirekte Proportionalität — 31
3. Prozentrechnung — 33
4. Zinsrechnung — 36

Daten und Zufall — 38
1. Stichprobe und Gesamtheit — 38
2. Gesetz der großen Zahlen — 39
3. Laplace-Wahrscheinlichkeit — 40

Lösungen zum Grundwissen — 43

Original-Tests

Jahrgangsstufentest 2010	2010-1
Lösungen	2010-11
Jahrgangsstufentest 2011	2011-1
Lösungen	2011-11
Jahrgangsstufentest 2012	2012-1
Lösungen	2012-12
Jahrgangsstufentest 2013	2013-1
Lösungen	2013-13
Jahrgangsstufentest 2014	2014-1
Lösungen	2014-13

Autoren: Ingo Scharrer, Dieter Gauß

Vorwort

Liebe Schülerin, lieber Schüler,

mit dem vorliegenden Buch kannst du dich effektiv auf den **Jahrgangsstufentest** (früher Bayerischer Mathematik-Test genannt, kurz BMT) am **Anfang der 8. Klasse** vorbereiten.

- Im ersten Teil wird der **gesamte Unterrichtsstoff der 7. Klasse wiederholt** und die **zentralen Inhalte** werden prägnant zusammengefasst. Anhand von **anschaulichen Beispielen** wird der Stoff angewandt. Die vielen abwechslungsreichen **Übungsaufgaben** bieten dir gute Möglichkeiten, den Stoff selbst zu üben.

- Abschnitte, die nur für die **Wahlpflichtfächergruppe I** relevant sind, sind besonders gekennzeichnet, der übrige Stoff ist für **alle drei Wahlpflichtfächergruppen** gleichermaßen wichtig.

- Im zweiten Teil sind die **Lösungen** zu den Übungsaufgaben enthalten. Die Ansätze werden erklärt und die Rechenwege sind vollständig. Viele **Tipps und Hinweise** erleichtern die Lösungsfindung.

- Der dritte Teil enthält die Jahrgangsstufentests der Jahre 2010 bis 2014. Zu diesen gibt es **ausführlich kommentierte Lösungen mit zahlreichen Tipps und Hinweisen**. Diese erklären den Lösungsansatz und die Hauptschwierigkeit der jeweiligen Aufgabe genau, sodass du die Ergebnisse selbstständig verstehen und nachvollziehen kannst.

Sollten nach Erscheinen dieses Bandes noch wichtige Änderungen im Jahrgangsstufentest vom Bayerischen Staatsministerium für Unterricht und Kultus bekannt gegeben werden, findest du aktuelle Informationen dazu im Internet unter:
www.stark-verlag.de/pruefung-aktuell

Ich wünsche dir gute Fortschritte beim Arbeiten mit diesem Buch sowie viel Erfolg in der Mathematik und speziell bei deinem Jahrgangsstufentest.

Ingo Scharrer

Hinweise und Tipps

Der Jahrgangsstufentest wird zentral gestellt und an allen Realschulen in Bayern gleichzeitig von den Schülerinnen und Schülern bearbeitet. Die Bearbeitungszeit beträgt im Fach Mathematik **45 Minuten**. **Zusätzliche Hilfsmittel** wie Taschenrechner und Formelsammlung sind **nicht erlaubt**.

Der Jahrgangsstufentest **zählt** meist wie eine Stegreifaufgabe. Noch wichtiger aber ist, dass er Auskunft darüber gibt, ob und inwieweit die notwendigen **Grundlagen des Unterrichtsstoffs in Mathematik** für die nächsten Schuljahre vorhanden sind. Um diese **Grundlagen langfristig zu festigen**, ist es sehr wichtig, den Stoff in verschiedenen Kontexten zu bearbeiten und anhand von vielen unterschiedlichen Aufgaben zu üben. Genau das bietet das vorliegende Buch.

Optimal kannst du dich auf den Jahrgangsstufentest **vorbereiten**, wenn du dich an der folgenden Vorgehensweise orientierst:
- Du **bearbeitest zunächst das Grundwissen** mit den Beispielen und löst die Übungsaufgaben. Dabei wiederholst und übst du den relevanten Unterrichtsstoff. Falls du eine Aufgabe nicht lösen kannst, helfen dir die ausführlichen Lösungen weiter.
- Beginne nun die Jahrgangsstufentests zu lösen. Wähle dir nur einen Test pro Tag. Anschließend **korrigierst** du deine Arbeit. Sind dir einzelne Aufgaben oder Lösungen unklar, kannst du vorne im **Grundwissen** die entsprechenden Kapitel durcharbeiten und den Stoff dabei wiederholen und üben. Erst nachdem du versucht hast, deine Lücken zu schließen, löst du den nächsten Jahrgangsstufentest.

Bei schriftlichen Tests ist es hilfreich, sich eine **Strategie zur Lösung** von Aufgaben anzueignen:
- **Beginne** mit den Aufgaben, bei denen du dich **sicher fühlst**. Aufgaben, die dir schwerer fallen, kannst du mit mehr Ruhe bearbeiten, wenn du weißt, dass du die einfacheren Aufgaben bereits gelöst hast.
- Versuche, das **Ergebnis abzuschätzen**: Stimmt die errechnete Größe in etwa? Ist die Einheit richtig? So kannst du dein Ergebnis grob prüfen und vermeidest Fehler.
- Manche Aufgaben erscheinen im ersten Moment fremdartig und schwer. Sie lassen sich meist aber durch das **Anfertigen einer Skizze** oder durch **Nachdenken** auf ein bekanntes Schema zurückführen.

▶ Grundwissen mit Übungsaufgaben und Lösungen

Grundwissen: Rechnen in ℚ

Rechnen in ℚ

1 Die ganzen Zahlen: Vorzeichenregeln

In der 6. Klasse hast du die negativen Zahlen kennengelernt. Mit den Vorzeichenregeln lassen sich Terme vereinfachen.

Das musst du wissen!

- Unterscheide zwischen **Vor-** und **Rechenzeichen**.
- **Gleiche** Vor- und Rechenzeichen führen bei **Addition und Subtraktion** zu **Plus**, **ungleiche** Zeichen zu **Minus**.
  $+(+a) = +a \qquad +(-a) = -a$
  $-(-a) = +a \qquad -(+a) = -a$
- Für **Multiplikation und Division** gilt ebenso:
  Gleiche Vorzeichen ergeben **Plus**.
  $(+a) \cdot (+b) = +(a \cdot b) \qquad (-a) \cdot (-b) = +(a \cdot b)$
  $(+a) : (+b) = +(a : b) \qquad (-a) : (-b) = +(a : b)$
  Ungleiche Vorzeichen ergeben **Minus**.
  $(+a) \cdot (-b) = -(a \cdot b) \qquad (-a) \cdot (+b) = -(a \cdot b)$
  $(+a) : (-b) = -(a : b) \qquad (-a) : (+b) = -(a : b)$
- Die **Division durch Null** ist **nicht definiert**!

Beispiele

1. $1 - (-3) = 1 + 3 = 4$
2. $(-4) \cdot (+3) = -(4 \cdot 3) = -12$
3. $200 : (-5) = -(200 : 5) = -40$
4. $0 \cdot (-3) = -(0 \cdot 3) = -0 = 0$
5. $(-3) : 0$ nicht definiert (kein Term)
6. $0 : (-50) = -(0 : 50) = -0 = 0$

Aufgaben

1. Berechne die Termwerte:
   a) $-(+4)$
   b) $2 - (-2)$
   c) $-4 - (+2) + (-3)$
   d) $4 \cdot (-7)$
   e) $(-4) \cdot (-3)$
   f) $-1 \cdot (+18)$
   g) $-500 \cdot 0$
   h) $(-54) : (+9)$
   i) $0 : 5$
   j) $121 : (-11)$
   k) $(-6) \cdot 5 \cdot (-2) \cdot (-1)$
   l) $(-1) \cdot (-2) \cdot (-3) \cdot (-4) \cdot (-5)$

Grundwissen: Rechnen in ℚ

2 Training zum Bruchrechnen

Rechnen mit Brüchen ist ganz einfach, wenn man folgende Regeln beachtet.

Das musst du wissen!

- Nur **gleichnamige Brüche** (= gleicher Nenner) dürfen **addiert** bzw. **subtrahiert** werden.
- Brüche werden **multipliziert**, indem man **Zähler mit Zähler** und **Nenner mit Nenner** multipliziert.
- Durch einen Bruch wird **dividiert**, indem man mit seinem **Kehrbruch multipliziert**.

Beispiele

1. $\dfrac{2}{3} - \dfrac{3}{4} = \dfrac{8}{12} - \dfrac{9}{12} = -\dfrac{1}{12}$ 　Mache gleichnamig durch Erweitern auf den gemeinsamen Nenner 12.

2. $-\dfrac{2}{3} \cdot \dfrac{3}{4} = -\dfrac{2 \cdot \cancel{3}}{\cancel{3} \cdot 4} = -\dfrac{2}{4} = -\dfrac{1}{2}$ 　Schreibe auf einen gemeinsamen Bruchstrich und kürze soweit wie möglich.

3. $1\dfrac{1}{3} : 4 = \dfrac{4}{3} : \dfrac{4}{1} = \dfrac{\cancel{4}}{3} \cdot \dfrac{1}{\cancel{4}} = \dfrac{1}{3}$ 　Wandle die gemischte Zahl $1\dfrac{1}{3}$ in den Bruch $\dfrac{4}{3}$ um und multipliziere mit dem Kehrbruch von $4 = \dfrac{4}{1}$.

4. $\dfrac{3}{5} : 0{,}01 = \dfrac{3}{5} : \dfrac{1}{100} = \dfrac{3}{5} \cdot \dfrac{100}{1} = 60$ 　Jeden endlichen Dezimalbruch kannst du als Bruch mit Nenner 10, 100, 1 000, ... schreiben.

Aufgaben

2. Berechne:

a) $\dfrac{5}{7} \cdot \left(-\dfrac{14}{25}\right)$

b) $1\dfrac{2}{3} - 2\dfrac{1}{2}$

c) $1\dfrac{2}{3} : \left(-2\dfrac{1}{2}\right)$

d) $0{,}001 \cdot 20\dfrac{2}{3}$

e) $1{,}2 : 1{,}01$

f) $-0{,}01 : 4$

g) $-\dfrac{5}{6} + \left(-\dfrac{1}{24}\right)$

h) $4\dfrac{2}{3} : 5{,}25$

i) $-22 : 0{,}0011$

j) $-\dfrac{1}{2} + \dfrac{1}{4} - \dfrac{1}{8}$

Grundwissen: Rechnen in ℚ

3 Die rationalen Zahlen: Rechenregeln

Kommen in einer Aufgabe verschiedene Rechenarten vor, so beachte stets die folgenden vier Regeln, die auch in den folgenden Schuljahren von großer Bedeutung sind.

Das musst du wissen!

- **Klammern zuerst** berechnen.
- Beginne bei mehreren Klammern mit der **innersten** Klammer.
- „**Punkt vor Strich**", d. h. (· und :) vor (– und +).
- **Von links nach rechts** rechnen.

Beispiele

1. $(2-3) \cdot 5$
   $= -1 \cdot 5$
   $= -5$

   Klammern zuerst.

2. $[2-(3 \cdot 5)] \cdot 2$
   $= [2-15] \cdot 2$
   $= -13 \cdot 2$
   $= -26$

   Beginne mit der innersten (runden) Klammer. Berechne anschließend die äußere (eckige) Klammer. Multipliziere das Ergebnis der äußeren Klammer mit 2.

3. $2-3 \cdot 5$
   $= 2-15$
   $= -13$

   Keine Klammer vorhanden. Es gilt: „Punkt vor Strich"

4. $150:15:5$
   $= 10:5$
   $= 2$

   Rechne von links nach rechts. Beginne mit $150:15 = 10$.

Bei Textaufgaben werden die Rechenarten mit **Termnamen** umschrieben.

Das musst du wissen!

Termname	Rechenart	Rechenzeichen
Summe	addieren	+
Differenz	subtrahieren	–
Produkt	multiplizieren	·
Quotient	dividieren	:

Beispiele

1. Addiere die Zahl 7 zum Produkt aus 3 und (–2).
   Lösung: Schreibe als Term und berechne.
   $3 \cdot (-2) + 7$
   $= -6 + 7$
   $= 1$

   Beachte: „Punkt vor Strich"

2. Subtrahiere den Quotienten aus 15 und 3 von der Summe aus –4 und 6.
   $(-4+6) - (15:3)$
   $= 2 - 5$
   $= -3$

   Klammern machen die Rechnung übersichtlicher.

Aufgaben

3. Berechne:
    a) $5 + 2 \cdot 4$
    b) $(7-8) : 2$
    c) $(-3) \cdot 2 - 2 \cdot (-4)$
    d) $6 - (6 - 4 \cdot 2)$
    e) $(-2 - 3) : (-1) \cdot 2$
    f) $-2 - 3 : (-1) \cdot 2$
    g) $9 : (-3) - 25 : \left(-\dfrac{1}{2}\right)$
    h) $2 : \left(-\dfrac{1}{4}\right) - 3$
    i) $3 - [4 - (3 - 4)]$
    j) $1\dfrac{1}{4} - 3 : 0{,}25$
    k) $-1 : \dfrac{1}{4} - \dfrac{1}{4}$
    l) $\left(-\dfrac{1}{2} - \dfrac{1}{4}\right) : 2{,}5 + 1$

4. Stelle einen Term auf und berechne:
    a) Multipliziere -3 mit der Summe aus -4 und -3.
    b) Subtrahiere -9 von -3.
    c) Dividiere die Differenz aus 3 und -4 durch 4.
    d) Addiere das Produkt aus 9 und -2 zum Quotienten aus -18 und 6.
    e) Verdopple die Differenz aus -3 und $-\dfrac{1}{2}$.
    f) Subtrahiere das Produkt aus $0{,}1$ und $\dfrac{1}{3}$ vom Quotienten aus $0{,}1$ und $\dfrac{1}{3}$.

Grundwissen: Rechnen in ℚ

4 Potenzen und Potenzgesetze

Produkte mit sich wiederholenden Faktoren lassen sich kurz und übersichtlich mithilfe der **Potenzschreibweise** darstellen.

Das musst du wissen!

- a^p ist eine Kurzschreibweise für $\underbrace{a \cdot a \cdot a \cdot \ldots \cdot a}_{p\text{-mal}}$.
- Die Fachbegriffe lauten: **a: Basis**, **p: Exponent**
- **Potenzgesetze** erleichtern dir das Rechnen.
  Es gilt:
  $a^p \cdot a^q = a^{p+q}$
  $a^p : a^q = a^{p-q}$
  $(a^p)^q = a^{p \cdot q}$
  $a^0 = 1 \qquad a \neq 0$
  $a^{-p} = \dfrac{1}{a^p}$ oder: $a^{-p} = \left(\dfrac{1}{a}\right)^p$
  $a^p \cdot b^p = (a \cdot b)^p$
  $a^p : b^p = (a : b)^p$

Beispiele

1. $3^5 = 3 \cdot 3 \cdot 3 \cdot 3 \cdot 3 = 243$
2. $5^{-4} : 5^{-2} = 5^{-4-(-2)} = 5^{-2} = \dfrac{1}{5^2} = \dfrac{1}{25}$
3. $(4^{-1})^{-2} = 4^{(-1) \cdot (-2)} = 4^2 = 16$

Aufgaben

5. Berechne die Potenzwerte:
   a) $2^3 \cdot 2^{-4}$
   b) $(9^2 : 9^4) : 9^{-3}$
   c) $\left(\dfrac{1}{2}\right)^{-2}$
   d) -2^4
   e) $(-2)^4$
   f) $(-6)^7 \cdot \left(\dfrac{1}{6}\right)^7$
   g) $5^2 - 5^3$
   h) $\left(\dfrac{1}{3}\right)^3 : \left(1\dfrac{1}{3}\right)^3$
   i) $(10^3)^{-4}$
   j) $(-1{,}2)^{-2}$
   k) $(2^{-3} : 2^{-4})^{-2}$

Grundwissen: Gleichungen und Ungleichungen

Gleichungen und Ungleichungen

1 Wertetabellen

Termen können **Werte** zugeordnet werden, indem für die Variable(n) **Zahlen eingesetzt** werden – dies kann auch als **Wertetabelle** geschrieben werden.

Das musst du wissen!

- $T(x)$ bedeutet, dass der Term nur die Variable x enthält.
- Steht anstelle von x eine bestimmte Zahl, so setzt du diese Zahl in den Term ein und errechnest das Ergebnis, den so genannten **Termwert**.

Beispiele

1. $T(x) = 3x^2$
   $T(2) = 3 \cdot 2^2 = 3 \cdot 4 = 12$

   Wird für die Variable x die Zahl 2 eingesetzt, so erhältst du den Termwert 12.

2. $T(x) = \dfrac{1}{2} - x$

   Setze jeweils für die Variable x die entsprechende Zahl ein,

   z. B. $T(-1) = \dfrac{1}{2} - (-1) = \dfrac{1}{2} + 1 = 1\dfrac{1}{2}$

x	−1	0	1	2	10
T(x)	$1\dfrac{1}{2}$	$\dfrac{1}{2}$	$-\dfrac{1}{2}$	$-1\dfrac{1}{2}$	$-9\dfrac{1}{2}$

Aufgaben

6. a) Es ist folgender Term gegeben:
   $T(x) = 3x^2 - 7$
   Berechne die Werte für $T(x)$.
   $T(4) =$
   $T(-2) =$

   b) Fülle die Wertetabelle aus.

x	$-\dfrac{1}{2}$	0	$2\dfrac{1}{3}$	0,01
$T(x) = -2 \cdot x$				

   c) Finde zu der Wertetabelle den passenden Term $T(x)$.

x	−2	−1	0	1	2	3
T(x)	0	−1	−2	−3	−4	−5

Grundwissen: Gleichungen und Ungleichungen

2 Termumformungen

Als absolute Grundlage zum tieferen Verständnis der Algebra musst du Terme und Gleichungen sicher umformen und lösen können.

Das musst du wissen!

> Terme sind **sinnvolle Rechenausdrücke**, welche Zahlen oder Variablen verknüpfen. Wir unterscheiden nach **Summe (+)**, **Differenz (−)**, **Produkt (·)** und **Quotient (:)**.

Beispiele

1. $3x + 4$ Der Term ist eine Summe.
2. $4y(2 - 3y)$ Der Term ist ein Produkt. Der Malpunkt vor Klammern oder Variablen wird oft weggelassen.
3. $2x + : 5$ kein sinnvoller Term
4. $2x : (+5)$ Hier ist + ein Vorzeichen, der Term ist ein Quotient.

Aufgaben

7. Kreuze sinnvolle Terme an:
   $2x - 3 \cdot 5y$ ☐ $2x \pm 4y$ ☐ $4x - 3 + 5y$ ☐

Die wichtigsten Termumformungen sind das **Zusammenfassen** von Vielfachen derselben Variablen oder Variablenkombinationen und das Auflösen oder Setzen von **Klammern**.

Das musst du wissen!

> Alle **Summanden**, die Vielfache der selben Variablen sind, kannst du **zusammenfassen**.

Beispiele

1. $3x + 4x - 5x = (3 + 4 - 5) \cdot x = 2 \cdot x = 2x$
2. $4a^2 - 3a^3 + 2a^2 = 4a^2 + 2a^2 - 3a^3 = 6a^2 - 3a^3$
   Die Faktoren a^2 und a^3 können nicht zusammengefasst werden.

Aufgaben

8. Berechne bzw. ergänze die Platzhalter:
   a) $24{,}5x^3 - 25{,}4x^3 + 54{,}2x^3 - 45{,}2x^3 + 52{,}4x^3 - 42{,}5x^3 =$
   b) $15{,}3a^3 - 67{,}5b^3 - \boxed{} + \boxed{} = 13{,}5a^3 - 57{,}6b^3$
   c) $x + x + x + x^2 - x^2 + x^3 =$
   d) $2x^2y - \boxed{} + 3xy^2 - \boxed{} = x^2y + xy^2$
   e) $\dfrac{1}{5}a - \dfrac{2}{5}a + \dfrac{3}{4}b - \dfrac{4}{3}b + \dfrac{5}{2}a =$

Grundwissen: Gleichungen und Ungleichungen

Wenn du die Klammern in Termen auflöst, kannst du die Terme häufig vereinfachen.

Das musst du wissen!

- **Distributivgesetz**: Steht vor (oder nach) einer Klammer eine Zahl und/oder eine Variable, so wird die **Klammer** dadurch **aufgelöst**, dass man jeden Summanden in der Klammer mit dieser Zahl und/oder Variablen multipliziert.
  Kurz: $a \cdot (b + c) = a \cdot b + a \cdot c$
  $a \cdot (b - c) = a \cdot b - a \cdot c$
- Die Terme sollen noch nach dem Grad (Anzahl der Variablen) und bei gleichem Grad alphabetisch angeordnet werden.

Beispiele

1. $(x - 1) \cdot 3 = x \cdot 3 - 1 \cdot 3 = 3x - 3$
2. $2(3x + 4y - 5) = 2 \cdot 3x + 2 \cdot 4y - 2 \cdot 5 = 6x + 8y - 10$
3. $x \cdot (x^2 - xy + 2) + 3x^2(x + y)$
   $= x \cdot x^2 - x \cdot xy + x \cdot 2 + 3x^2 \cdot x + 3x^2 \cdot y$
   $= x^3 - x^2y + 2x + 3x^3 + 3x^2y$
   $= x^3 + 3x^3 - x^2y + 3x^2y + 2x$
   $= 4x^3 + 2x^2y + 2x$

Aufgaben

9. Berechne:
   a) $3(2x - 5y) =$
   b) $-12x^3(3y + 13x - 2,5xy) =$
   c) $p(pq - p^2q + pq^2) \cdot q =$
   d) $(4y + 3) \cdot (-3) =$
   e) $(x + 2y) : 4 =$
   f) $-1 \cdot (-x + y) =$

10. Ergänze die Platzhalter:
    a) $\square(3x - 4y + 5) = 12x - \square + \square$
    b) $2,5x^2(\square - \square) = 17,5x^2y^2 - 10x^3$
    c) $\frac{1}{3}\left(\frac{1}{2} + \square\right) = \square - 1$
    d) $\frac{1}{3}(\square - 1) = \frac{1}{2} + \square$
    e) $b - b^2 + b^3 = b \cdot (\square + \square - \square)$

Grundwissen: Gleichungen und Ungleichungen

3 Gleichungen

Gleichungen setzen zwei Terme gleich. Die Lösung einer Gleichung ist die Zahl, für welche die Termwerte auf der linken und rechten Gleichungsseite den gleichen Wert besitzen.

Das musst du wissen!

> Du kannst die **Lösung von Gleichungen** durch Probieren oder durch Äquivalenzumformungen herausfinden.
> Bei **Äquivalenzumformungen** führst du auf beiden Seiten des Gleichheitszeichens dieselbe Umformung durch. Ziel ist es, die Variable nur auf eine Seite des Gleichheitszeichens zu bringen, d. h. **die Variable zu isolieren**.

Beispiele

1. a) Löse durch Probieren:
$2x - 4 = x + 3$

    Lösung:
    $x = 7$
    $\mathbb{L} = \{7\}$

    Durch Probieren findet man heraus, dass nur durch Einsetzen von „7" eine wahre Aussage entsteht, denn
    $2 \cdot 7 - 4 = 7 + 3$ bzw. $10 = 10$

    b) Löse durch Umformen. ($\mathbb{G} = \mathbb{Q}$)
    $2x - 4 = x + 3$

    Lösung:

    $\ 2x - 4 = x + 3 \quad |+4$ — Addiere 4 auf beiden Seiten.
    $\Leftrightarrow \quad 2x = x + 7 \quad |-x$ — Subtrahiere x auf beiden Seiten.
    $\Leftrightarrow \quad x = 7$
    $\mathbb{L} = \{7\}$

2. $\ 2x - x + 5{,}2 = 3x - 4{,}8 \quad \mathbb{G} = \mathbb{Q}$
    $\Leftrightarrow \quad x + 5{,}2 = 3x - 4{,}8 \quad |-3x$
    $\Leftrightarrow \quad -2x + 5{,}2 = -4{,}8 \quad |-5{,}2$
    $\Leftrightarrow \quad -2x = -10 \quad |:(-2)$
    $\Leftrightarrow \quad x = 5$
    $\mathbb{L} = \{5\}$

    Fasse zuerst die Terme auf den jeweiligen Seiten zusammen. Isoliere als nächstes die Variablen.

Aufgaben

11. Löse die Gleichungen. Es gilt $\mathbb{G} = \mathbb{Q}$.

    a) $2x + 9 = x - 4$

    b) $7{,}4y - 3{,}5 = 2{,}4y$

    c) $0{,}6z - 1{,}4 = 0{,}4z + 0{,}1$

    d) $(2x + 3) \cdot 2 = 7 + x$

    e) $\frac{1}{4}x - x = 3x$

    f) $0{,}1 - \frac{1}{3}x = \frac{1}{2}x$

    g) $2 - 2x = 2 \cdot \left(2 - \frac{1}{3}x\right)$

    h) $-1{,}3 = -\frac{1}{5} + 0{,}2x$

    i) $z - 2 + \frac{1}{2}z = -5z + 3 - z$

    j) $-y - y - 2 = -4 - \frac{1}{2}y$

Grundwissen: Gleichungen und Ungleichungen

4 Ungleichungen

Steht zwischen zwei Termen ein **Ungleichheitszeichen** ($>, <, \geq, \leq$), so handelt es sich um eine Ungleichung.

Das musst du wissen!

- Verfahre beim Lösen wie bei Gleichungen:
  Versuche mit **Äquivalenzumformungen** die **Variable** zu isolieren, d. h. auf eine Seite des Ungleichheitszeichens zu bringen.
- Beachte besonders die **Inversionsregel**!
  Bei Multiplikation oder Division mit einer **negativen Zahl** auf beiden Seiten muss das Ungleichheitszeichen umgekehrt werden.

Beispiele

1. $-2x > 3 \quad \mathbb{G} = \mathbb{Z} \quad |:(-2)$ — Dividiere auf beiden Seiten durch -2.
   $\Leftrightarrow x < -1,5$ — Beachte die Inversionsregel!
   $\mathbb{L} = \{-\infty; ...; -3; -2\}$

2. $\mathbb{G} = \mathbb{Q}$ — Subtrahiere 3 auf beiden Seiten.
   $-4x + 3 \geq 8x - 21 \quad |-3$ — Subtrahiere 8x auf beiden Seiten.
   $\Leftrightarrow -4x \geq 8x - 24 \quad |-8x$
   $\Leftrightarrow -12x \geq -24 \quad |:(-12)$ — Inversionsregel
   $\Leftrightarrow x \leq 2$
   $\mathbb{L} = \{x \mid x \leq 2\}$

3. $5 - 2x + 3 - 4 < -2 - 4 \quad \mathbb{G} = \mathbb{Q}$ — Fasse zuerst die Terme auf beiden Seiten zusammen.
   $\Leftrightarrow -2x + 4 < -6 \quad |-4$ — Isoliere die Variable.
   $\Leftrightarrow -2x < -10 \quad |:(-2)$
   $\Leftrightarrow x > 5$ — Inversionsregel
   $\mathbb{L} = \{x \mid x > 5\}$

Aufgaben

12. Löse die Ungleichungen. Es gilt $\mathbb{G} = \mathbb{Q}$.

a) $5x - 4 < -8 + x$

b) $\frac{1}{2}x + 5 - x \geq 0$

c) $-3x + 8 - x - x < -x$

d) $2 \cdot (x - 1) \leq 5x$

e) $\left(\frac{1}{2}x + 2\right) \cdot 4 > -x$

f) $0,6z + 1,4 < 0,5z + 0,4$

g) $(-3 + x) : 6 < 0$

h) $-\frac{5}{6}x - x \geq -2 + \frac{1}{9} + 1,5x$

i) $0,1z - \frac{1}{3}z > 0,4$

j) $-0,01y > -y + 99$

k) $(z - 2) : 1\frac{1}{3} < -1 \qquad \mathbb{G} = \mathbb{N}_0$

l) $-a - 0,01a - 0,001 < 0 \qquad \mathbb{G} = \mathbb{N}_0$

Grundwissen: Gleichungen und Ungleichungen

5 Sachaufgaben

Texte und Aussagen können in Gleichungen „übersetzt" werden. Diese kannst du dann durch Umformen lösen, falls dies verlangt ist.

Das musst du wissen!

> Du kannst nur eine unbekannte Größe mit x bezeichnen. Die anderen unbekannten Größen musst du dann durch einen Term ausdrücken, der x enthält.

Beispiele

1. Bei einem Rechteck mit einem Umfang von 26 cm ist die Länge 3 cm größer als die Breite.
   Stelle eine Gleichung auf und löse sie dann.

   Lösung:
   Aufstellen der Gleichung:
   Die Breite wird mit x bezeichnet, die Länge ist daher $x+3$.
   Für den Umfang u gilt:
   $u = 2 \cdot$ Breite $+ 2 \cdot$ Länge

   > 3 cm größer ergibt: $+3$
   > Terme mit Plus oder Minus werden zunächst eingeklammert.

   $$2x + 2(x+3) = 26$$
   $$2x + 2x + 6 = 26$$
   $$4x = 20$$
   $$x = 5$$

   > Die aufgestellte Gleichung wird nach x aufgelöst.

   Ergebnis: Die Breite beträgt 5 cm und die Länge ist 8 cm.

2. Herr Jols kauft von einer Getränkesorte doppelt so viel wie von einer anderen Sorte. Insgesamt kauft er 36 Flaschen. Welche Gleichung passt zu dieser Aussage? Kreuze an:

   ☐ $x + (x+2) = 36$ — falsch: $x+2$ ist nicht das Doppelte von x.

   ☒ $x + 2x = 36$ — richtig: 2x ist das Doppelte von x und „+" ist richtig, weil die Gesamtzahl die Summe der 2 Sorten ist.

   ☐ $x \cdot 2x = 36$ — falsch: „$\cdot$" ist das falsche Rechenzeichen.

Aufgaben

13. Welche Aussage passt zu der Gleichung $5(x-3) = 2x$? Kreuze an:

    ☐ Multipliziert man eine Zahl mit 5 und subtrahiert 3, so erhält man das Doppelte.

    ☐ Verringert man eine Zahl um 3 und multipliziert dann mit 5, so erhält man 2.

    ☐ Zwei Hölzer sind genauso lang wie fünf Hölzer, die 3 cm kürzer sind.

14. Stelle jeweils die Gleichung auf und löse sie:

    a) Subtrahiert man vom 4-fachen einer Zahl 11, so erhält man 25.

    b) Ein Dreieck hat einen Umfang von 28 cm. Die zweite Seite ist 3 cm kürzer als die erste Seite und die dritte Seite ist 3-mal so lang wie die zweite Seite.

c) Die Summe von drei aufeinanderfolgenden ungeraden Zahlen beträgt 201.

15. Eine Firma bietet 2 Arbeitsmodelle an:
Modell A: 4 Arbeitstage pro Woche à 8 Stunden
Modell B: 5 Arbeitstage pro Woche à 6 Stunden
bei einem um 1 € höheren Stundenlohn
Berechne den Wochenlohn.

16. In einem Theater gibt es 520 Sitzplätze, die in 3 Preisgruppen aufgeteilt sind:
Preisgruppe A: 38 €,
Preisgruppe B: 32 €,
Preisgruppe C: 28 €.
Bei ausverkauftem Haus sind in Preisgruppe A doppelt so viele Plätze wie in Preisgruppe B besetzt und die Gesamteinnahme beträgt 18 304 €.
Berechne die Anzahl der Plätze in den Preisgruppen.

17. Simone erhält 40 € Taschengeld, ihre Freundin Sandra das Doppelte von ihrem Bruder Fabian. Gemeinsam erhalten sie 190 €.
Wie viel Geld hat jeder zur Verfügung?

18. Ein Rechteck mit 4 cm Länge hat einen Umfang von 2 dm.
Berechne die Breite.

19. Eine 1,5 m lange Schnur wird in sieben gleich lange Stücke zerschnitten. Es bleibt ein Rest von 10 cm.
Wie lang ist jedes Schnurstück?

Geometrische Grundlagen

1 Winkelsummen

Bei der Berechnung von Winkeln in geometrischen Figuren sind Winkelsummen von großer Bedeutung.

Das musst du wissen!

> Die **Winkelsumme** ist die Summe der **Innenwinkel** und beträgt
> - in jedem **Dreieck 180°**,
> - in jedem **Viereck 360°**,
> - in einem **Vieleck** mit n Ecken **(n − 2) · 180°**.
>
> Im Dreieck ist das Maß eines **Außenwinkels** so groß wie die Summe der beiden nicht anliegenden Innenwinkel.

Beispiele

1. Berechne α.

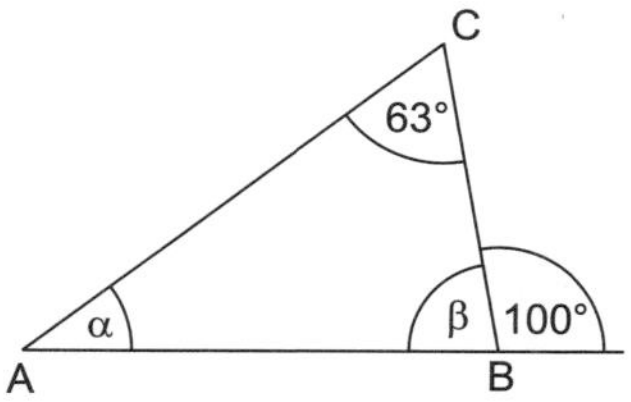

   Lösung mit Innenwinkelsumme:
   $\beta = 80°$ (gestreckter Winkel)
   $\alpha + \beta + 63° = 180°$
   $\alpha + 143° = 180°$
   $\alpha = 37°$

   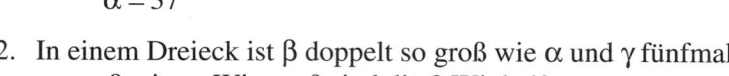

   Lösung mit Außenwinkelsatz:
   $\alpha + 63° = 100°$
   $\alpha = 100° - 63°$
   $\alpha = 37°$

2. In einem Dreieck ist β doppelt so groß wie α und γ fünfmal so groß wie α. Wie groß sind die 3 Winkel?

   Lösung:
   Für die Winkel des Dreiecks gilt:

   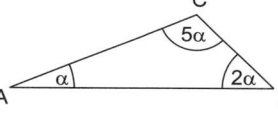

   $\alpha + 2\alpha + 5\alpha = 180°$ Die Innenwinkelsumme im Dreieck
   $8\alpha = 180°$ beträgt 180°.
   $\alpha = 22{,}5°$

   Ergebnis: $\alpha = 22{,}5°$; $\beta = 45°$; $\gamma = 112{,}5°$

Aufgaben

20. Im Dreieck ABC gilt: $\overline{AB} = \overline{AC}$
    a) Berechne α, wenn gilt: $\beta = 50°$
    b) Berechne β, wenn gilt: $\alpha = 50°$

    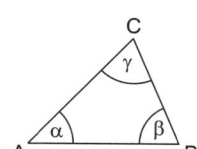

21. In einem Dreieck ist β doppelt so groß wie α und γ ist 12° kleiner als β.
Berechne die Winkel.

22. Berechne die fehlenden Winkelmaße für α und β.

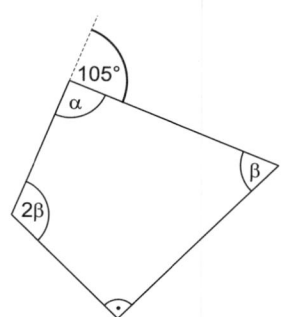

23. Wie groß sind die Maße der Innenwinkel in dem abgebildeten gleichseitigen Fünfeck?

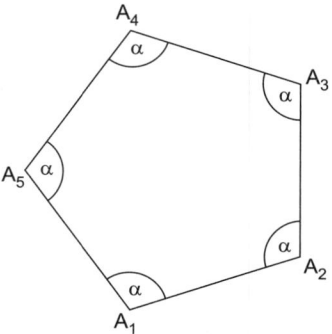

24. Gibt es ein stumpfes gleichschenkliges Dreieck, bei dem ein Innenwinkel 45° beträgt? Begründe.

2 Winkel an parallelen Geraden

Wechsel- und Stufenwinkel bei parallelen Geraden ermöglichen das Berechnen fehlender Winkelmaße.

Das musst du wissen!

Folgende Zusammenhänge sind wichtig:

- **Wechselwinkel** bzw. **Stufenwinkel** an *parallelen Geraden* sind gleich groß:
  $\alpha = \beta$ (Wechselwinkel)
  $\alpha = \gamma$ (Stufenwinkel)

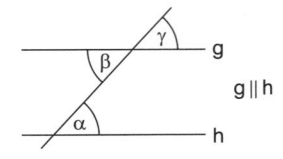

- **Scheitelwinkel** zweier sich *schneidender Geraden* sind gleich groß: $\alpha = \beta$

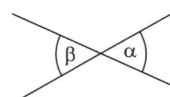

- **Nebenwinkel** an zwei sich *schneidenden Geraden* ergänzen sich zu 180°:
  $\alpha' = 180° - \alpha \rightarrow \alpha + \alpha' = 180°$

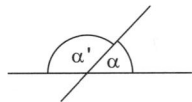

Beispiel

$\beta = 130°$ (Scheitelwinkel zum 130°-Winkel)
$\alpha = 180° - 130° = 50°$ (Nebenwinkel zu β)
$\gamma = 50°$ (Scheitelwinkel zu α)
$\beta' = 130°$ (Stufenwinkel zu β)
$\alpha' = 50°$ (Stufenwinkel zu α)
$\gamma' = 50°$ (Wechselwinkel zu α)
$\delta' = 130°$ (Stufenwinkel zum 130°-Winkel)

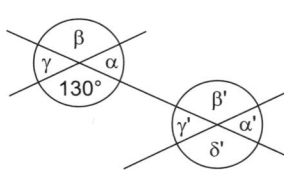

Aufgaben

25. Berechne die gesuchten Winkel α' und β.

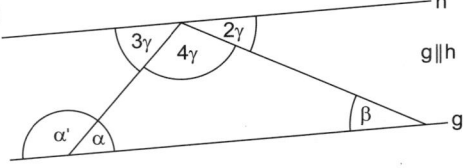

26. In einem Trapez gilt: $\overline{AD} = \overline{BC} = \overline{CD}$
    Berechne den Winkel γ_1.

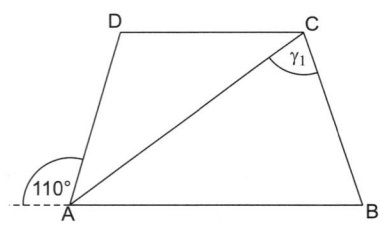

27. Berechne β, γ, δ und ε.

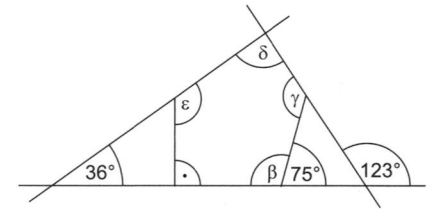

Grundwissen: Geometrische Grundlagen

3 Flächeninhalt, Umfang und Volumen

Das musst du wissen!

In den vorausgegangenen Schuljahren hast du bereits wichtige Formeln kennen gelernt. Hier sind alle Formeln nochmals zusammengefasst:

Umfang = Länge der Begrenzungslinien einer Figur

Flächeninhalt A und Umfang U

- **Rechteck**
  $A = \ell \cdot b$
  $U = 2 \cdot (\ell + b)$

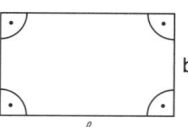

- **Quadrat**
  Spezialfall des Rechtecks mit vier gleich langen Seiten.
  $A = \ell^2$
  $U = 4 \cdot \ell$

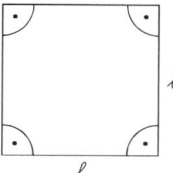

- **Kreis**
  $A = r^2 \cdot 3{,}14$
  $U = 2 \cdot r \cdot 3{,}14$
  $ = d \cdot 3{,}14$

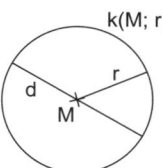

Volumen (Rauminhalt) V

- **Quader**
  $V = \ell \cdot b \cdot h$

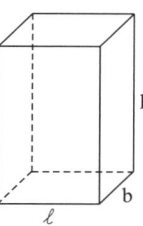

- **Würfel**
  Spezialfall des Quaders mit gleich langen Seiten.
  $V = \ell^3$

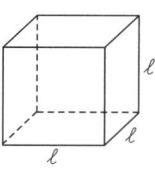

Beispiele

1. Berechne den Flächeninhalt der Figur.

   Lösung:
   Rechteck:
   $A_1 = 2\,\text{m} \cdot 3\,\text{m}$
   $A_1 = 6\,\text{m}^2$

   Halbkreis mit Radius 1 m:
   $A_2 = (1\,\text{m})^2 \cdot 3{,}14 \cdot \dfrac{1}{2}$
   $A_2 = 1{,}57\,\text{m}^2$

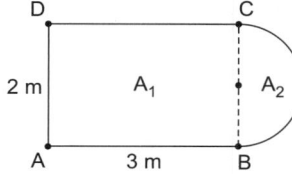

Gesamter Flächeninhalt:
$A_{ges} = A_1 + A_2 = 7{,}57 \text{ m}^2$

2. Berechne den Umfang der Figur aus Beispiel 1.

   Lösung:
   Umfang des Halbkreises:
   $U_H = \frac{1}{2} \cdot (2 \cdot 1 \text{ m} \cdot 3{,}14)$
   $U_H = 3{,}14 \text{ m}$
   Gesamter Umfang:
   $U_{ges} = \overline{AB} + U_H + \overline{CD} + \overline{DA}$
   $U_{ges} = 11{,}14 \text{ m}$

Aufgaben

28. Berechne die Länge eines Rechtecks mit Flächeninhalt 12 m² und 10 dm Breite.

29. Berechne den Flächeninhalt eines Quadrats mit 20 cm Umfang.

30. Berechne den Flächeninhalt der grauen Figur.

31. Passt der Inhalt eines 0,5 ℓ-Glases in einen Würfel mit Kantenlänge 5 cm?

32. Legt ein Fahrrad (Raddurchmesser ca. 70 cm) nach 10 Radumdrehungen mehr als 50 m zurück?

Abbildungen

1 Vektorrechnung

Zeichne so viele parallele, gleichlange und in dieselbe Richtung zeigende Pfeile wie möglich. Alle diese Pfeile und unendlich viele mehr fasst man zu einem **Vektor** zusammen.

Das musst du wissen!

- Der **Gegenvektor** zu $\binom{a}{b}$ ist $\binom{-a}{-b}$.

- Vektoren kann man **addieren**.

  rechnerisch: $\binom{a}{b} \oplus \binom{c}{d} = \binom{a+c}{b+d}$

  zeichnerisch: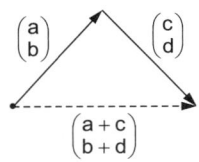

- Zur Koordinatenberechnung gilt die Faustformel „**Spitze minus Fuß**".

  $\overrightarrow{AB} = \binom{x_B - x_A}{y_B - y_A}$

- Für den **Mittelpunkt M** der Strecke [AB] gilt die Formel:

  $M\left(\dfrac{x_A + x_B}{2} \;\Big|\; \dfrac{y_A + y_B}{2}\right)$

Beispiele

1. Berechne die Koordinaten von $\overrightarrow{AB}$ und $\overrightarrow{BA}$, wenn gilt: A(2|−3), B(−4|−5)

   Lösung:

   $\overrightarrow{AB} = \binom{-4-2}{-5-(-3)} = \binom{-6}{-2}$ „Spitze minus Fuß"

   $\overrightarrow{BA} = \binom{-(-6)}{-(-2)} = \binom{6}{2}$ Gegenvektor zu $\overrightarrow{AB}$

   oder:

   $\overrightarrow{BA} = \binom{2-(-4)}{-3-(-5)} = \binom{6}{2}$ „Spitze minus Fuß"

2. Bei dem obigen Zahlenbeispiel gilt für die Koordinaten des Streckenmittelpunkts M von [AB]:

   $M\left(\dfrac{2+(-4)}{2} \;\Big|\; \dfrac{-3+(-5)}{2}\right) = M(-1|-4)$

3. $\binom{-2}{3} \oplus \binom{-1}{-5} = \binom{-2+(-1)}{3+(-5)} = \binom{-3}{-2}$

Aufgaben

33. Berechne jeweils die fehlenden Koordinaten.

	$A(x_A\|y_A)$	$\vec{AB}$	$B(x_B\|y_B)$
a)	(9|4)		(–3|5)
b)	(–5|0)		(3|1)
c)	(5|1)	$\binom{2}{4}$	
d)		$\binom{2}{4}$	(–1|2)
e)	(–1|1)	$\binom{-2}{-1}$	
f)		$\binom{3}{0}$	(5|0)

34. Berechne jeweils die fehlenden Koordinaten.
Es gilt: M ist Mittelpunkt von [AB].

	$A(x_A\|y_A)$	$M(x_M\|y_M)$	$B(x_B\|y_B)$
a)	(2|3)		(1|4)
b)	(7|–1)		(–3|–2)
c)	(0|4)	(2|1)	
d)		(0|3)	(–1|2)
e)		(–2|2)	(3|2)
f)	(3|–2)	(8|9)	

35. Berechne.

a) $\binom{-2}{1} \oplus \binom{3}{-4}$

b) $\binom{0}{-3} \oplus \binom{-1}{5}$

c) $\binom{8}{-1} \oplus \binom{-8}{1}$

d) $\binom{-1}{-1} \oplus \binom{-1}{-1}$

e) $\binom{5}{-1} \oplus \binom{-1}{5} \oplus \binom{0}{1}$

f) $\binom{0}{-2} \oplus \binom{-2}{0} \oplus \binom{2}{-3}$

36. Im Parallelogramm EFGH gilt: E(–1|2), F(2|3) und H(–2|4)
   a) Berechne die Koordinaten des fehlenden Eckpunktes G.
   b) Berechne die Koordinaten des Diagonalenschnittpunktes S.

2 Parallelverschiebung und Drehung

Eine Doppelachsenspiegelung kann entweder durch eine Parallelverschiebung oder Drehung ersetzt werden. Es kommt hierbei auf die Lage der Spiegelachsen zueinander an.

Das musst du wissen!

- parallele Spiegelachsen ($g \parallel h$)

$P \xmapsto{g} P' \xmapsto{h} P''$

Ersatzabbildung:

$P \xmapsto{\vec{v}} P''$

Eine Doppelachsenspiegelung an zwei **parallelen Spiegelachsen** kann durch eine Parallelverschiebung ersetzt werden.

- sich schneidende Geraden ($g \nparallel h$)

$P \xmapsto{g} P' \xmapsto{h} P''$

Ersatzabbildung:

$P \xmapsto[\text{Drehung um S mit Drehwinkel } \alpha]{S;\ \alpha} P''$

Eine Doppelachsenspiegelung an zwei **sich schneidenden (nicht parallelen) Spiegelachsen** kann durch eine Drehung ersetzt werden. Das Drehzentrum ist der Schnittpunkt der Spiegelachsen.

Beispiele

1. $\Delta ABC \xrightarrow{\binom{2}{1}} \Delta A'B'C'$

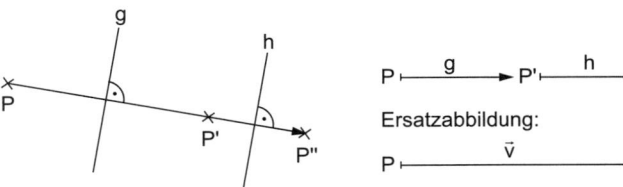

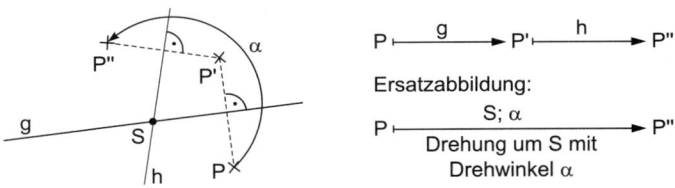

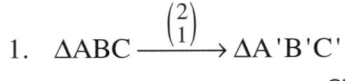

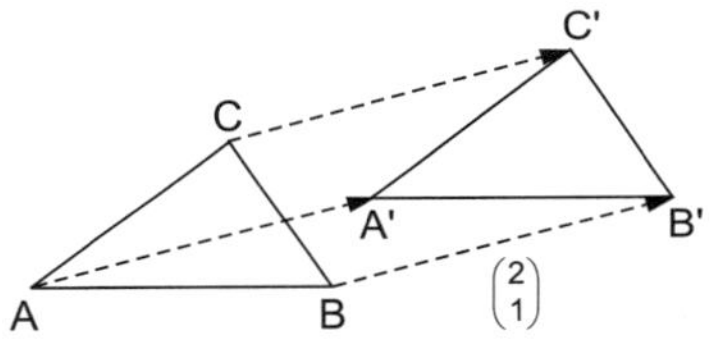

Um die Bildfigur zu erhalten genügt es, die Eckpunkte zu „verschieben“.

2. $\Delta DEF \xrightarrow{D;\ 20^\circ} \Delta D'E'F'$

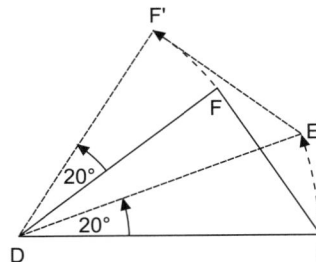

Positiver Drehwinkel entspricht einer Linksdrehung. Der Punkt D ist Fixpunkt.

Vorgehen:
1) Antragen des 20°-Winkels an [DE] im Punkt D.
2) Kreis um D mit Radius $\overline{DE}$ liefert E'.

Grundwissen: Abbildungen

Aufgaben

37. Übertrage die Figuren auf ein kariertes Blatt und verschiebe entsprechend dem jeweiligen Verschiebungspfeil.

a)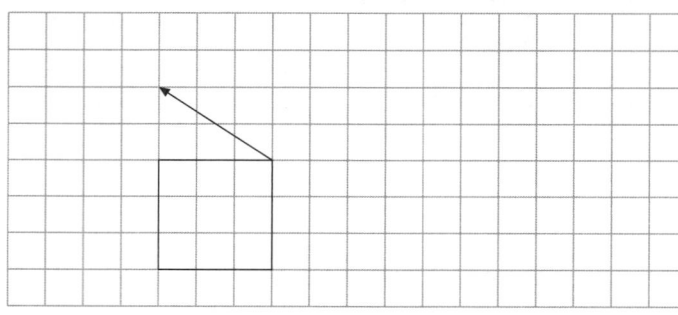

b)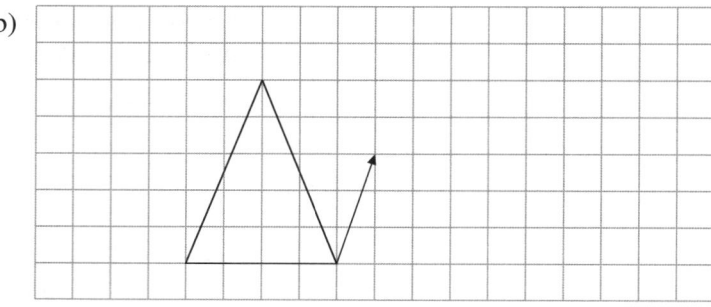

c)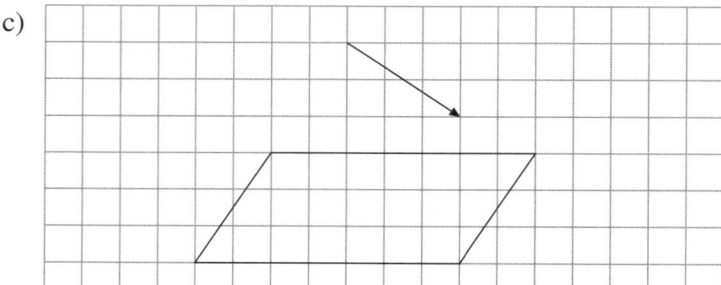

d)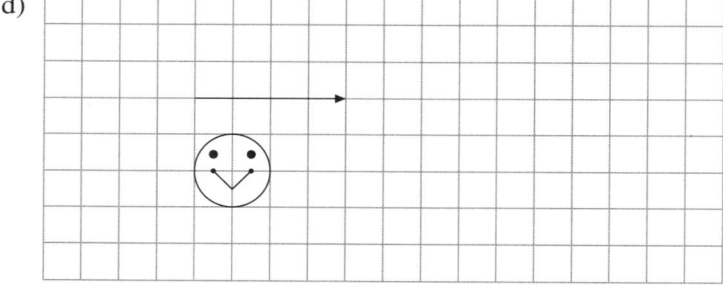

38. Führe die Abbildungen durch, wenn gilt:

$$A \xrightarrow{Z;\,\alpha} A'$$

a) $A(1|1)$ $Z(2|4)$ $\alpha = 110°$
b) $A(3|1)$ $Z(5|3)$ $\alpha = -70°$

Grundwissen: Abbildungen

3 Koordinatenberechnung bei speziellen Drehwinkeln
(Wahlpflichtfächergruppe I)

Das musst du wissen!

Bei der Drehung von Vektoren um einen beliebigen Punkt P lassen sich die Bildvektoren für spezielle Drehwinkel angeben. Damit du die Bildvektoren schnell angeben kannst, sind diese im Folgenden allgemein angegeben.

Der Vektor $\begin{pmatrix}a\\b\end{pmatrix}$ wird mit dem Drehwinkel α um einen beliebigen Punkt P gedreht. Die Berechnung der Bildvektoren erfolgt nach folgenden Formeln:

$\begin{pmatrix}a\\b\end{pmatrix} \xrightarrow{P;\ \alpha = 90°} \begin{pmatrix}-b\\a\end{pmatrix}$

$\begin{pmatrix}a\\b\end{pmatrix} \xrightarrow{P;\ \alpha = 180°} \begin{pmatrix}-a\\-b\end{pmatrix}$ Punktspiegelung

$\begin{pmatrix}a\\b\end{pmatrix} \xrightarrow{P;\ \alpha = 270°} \begin{pmatrix}b\\-a\end{pmatrix}$

Beispiele

1. $\begin{pmatrix}2\\-3\end{pmatrix} \xrightarrow{Z;\ \alpha = 270°} \begin{pmatrix}-3\\-2\end{pmatrix}$

2. Berechne die Koordinaten des Bildpunktes B'.

   $B(1|2) \xrightarrow{Z(3|5);\ \alpha = 90°} B'(x|y)$

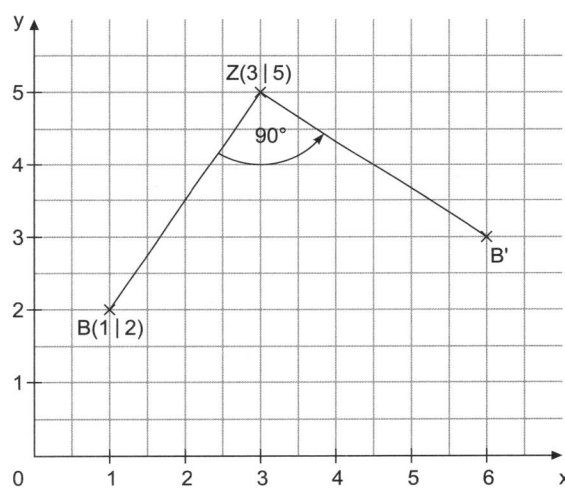

Berechne zunächst $\vec{ZB}$:

$\vec{ZB} = \begin{pmatrix}1-3\\2-5\end{pmatrix} = \begin{pmatrix}-2\\-3\end{pmatrix}$

Für die Koordinaten von $\vec{ZB'}$ nach der Drehung gilt somit:

$\vec{ZB'} = \begin{pmatrix}-(-3)\\-2\end{pmatrix} = \begin{pmatrix}3\\-2\end{pmatrix}$

Somit gilt:

$\begin{pmatrix}x-3\\y-5\end{pmatrix} = \begin{pmatrix}3\\-2\end{pmatrix} \Rightarrow \begin{matrix}x-3=3 \text{ und } y-5=-2\\ \Leftrightarrow x=6 \text{ und } y=3\end{matrix}$

$\Rightarrow B'(6|3)$

oder:

$\vec{OB'} = \vec{OZ} \oplus \vec{ZB'} = \begin{pmatrix}3\\5\end{pmatrix} \oplus \begin{pmatrix}3\\-2\end{pmatrix} = \begin{pmatrix}6\\3\end{pmatrix}$

$\Rightarrow B'(6|3)$

Grundwissen: Abbildungen

Aufgaben

39. Ermittle die fehlenden Tabellenwerte. Es gilt: $\vec{v} \xrightarrow{P;\alpha} \vec{v}'$

	$\vec{v}$	α	$\vec{v}'$
a)	$\begin{pmatrix} -3 \\ 2 \end{pmatrix}$	90°	
b)	$\begin{pmatrix} 0 \\ -7 \end{pmatrix}$	−90°	
c)		270°	$\begin{pmatrix} 2 \\ 3 \end{pmatrix}$
d)		180°	$\begin{pmatrix} -1 \\ 5 \end{pmatrix}$
e)	$\begin{pmatrix} -2 \\ -4 \end{pmatrix}$		$\begin{pmatrix} -4 \\ 2 \end{pmatrix}$

40. Berechne die Koordinaten von C', wenn gilt:

$C \xrightarrow{Z;\alpha} C'$

a) $C(-4|3) \quad Z(2|5) \quad \alpha = 180°$

b) $C(2|-1) \quad Z(-1|-3) \quad \alpha = -90°$

41. Durch welche Drehung bleibt ein Quadrat an der selben Stelle?

42. Lässt sich ein Rechteck so drehen, dass es an der selben Stelle bleibt?

Geometrische Ortslinien
(nur Wahlpflichtfächergruppe I)

1 Kreis, Mittelsenkrechte, Parallelen, Winkelhalbierende

Durch die Angabe von Eigenschaften lässt sich genau festlegen, auf welchen Linien (Orten) sich Punkte befinden.

Das musst du wissen!

- **Kreislinie k**
  Hierauf befinden sich alle die Punkte, welche **vom Kreismittelpunkt M** gleich weit entfernt sind (Entfernung = Radius).

- **Mittelsenkrechte $m_{[AB]}$**
  Alle Punkte, welche **von zwei Punkten** A und B gleich weit entfernt sind.

- **Parallelenpaar p_1 und p_2**
  Alle Punkte, welche **von einer Geraden g** gleichen Abstand haben.

- **Mittelparallele m**
  Alle Punkte, welche **von zwei parallelen Geraden** g und h gleichen Abstand haben.

- **Winkelhalbierende w_1 und w_2**
  Alle Punkte, welche **von zwei sich schneidenden Geraden** i und j gleichen Abstand haben.

Beispiele

1. Ein Einkaufsmarkt soll von den Ortschaften A und B gleich weit entfernt sein.

   Lösung:
   Die möglichen Standorte S liegen auf der Mittelsenkrechten zu [AB].
   Das sind z. B. S_1, S_2 oder S_3, oder jeder andere Punkt auf der Mittelsenkrechten.

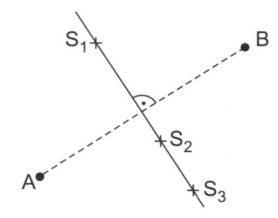

2. Zusätzlich soll der Markt auch nicht weiter als 3 km von der Autobahnauffahrt F entfernt sein.

Lösung:
Der Standort S muss zusätzlich auch innerhalb der Kreislinie k mit Radius 3 km liegen. Mögliche Standorte sind z. B. S_1, S_2 oder jeder andere Punkt auf der Mittelsenkrechten zwischen S_1 und S_2.

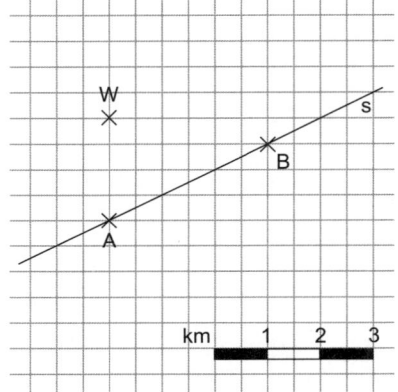

Aufgaben

43. Übertrage für jede Teilaufgabe die rechts stehende Zeichnung auf ein Blatt und zeichne ein.

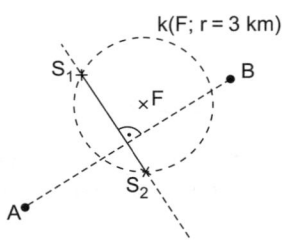

a) Wo könnte Simone wohnen, wenn ihre Wohnung nicht weiter als 3 km von Walters Wohnort (W) entfernt ist und sie von A-Dorf und B-Dorf gleich weit entfernt wohnt?

b) Es soll eine Straße parallel zur Staatsstraße s mit Abstand 2 km gebaut werden, die mehr als 2 km von Walters Wohnort entfernt ist.

c) Eine Mülldeponie M soll 2 km Abstand von A-Dorf und 3 km Abstand von B-Dorf haben.

d) Die geplante Stromleitung ist von der Straße s und von der Straße durch die Ortschaften A-Dorf und Walters Wohnort gleich weit entfernt.

2 Randwinkel und Thaleskreis

Bereits um ca. 600 v. Chr. erkannte man wichtige Zusammenhänge über Winkelmaße am Kreis.

Das musst du wissen!

- Der Mittelpunktswinkel α ist doppelt so groß wie alle Randwinkel β.
  $\alpha = 2 \cdot \beta$ (**Randwinkelsatz**)

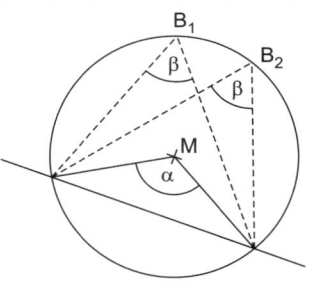

- Der **Thaleskreis** ist ein Spezialfall des Randwinkelsatzes mit
  $\alpha = 180°$
  $\Rightarrow \beta = 90°$

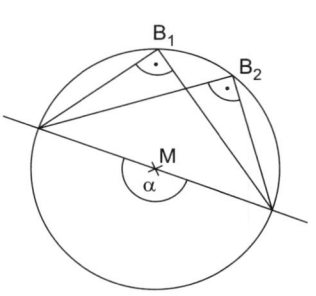

Beispiele

1. Der Randwinkel hat das Maß 70°. Der zugehörige Mittelpunktswinkel 140°.

2. Konstruktion des rechtwinkligen Dreiecks ABC mit $c = 6$ cm, $a = 4$ cm und $\gamma = 90°$.

   Lösung:
   Vorgehen:
   1. $\overline{AB} = 6$ cm antragen.
   2. Thaleskreis über [AB].
   3. $\overline{BC} = 4$ cm antragen.

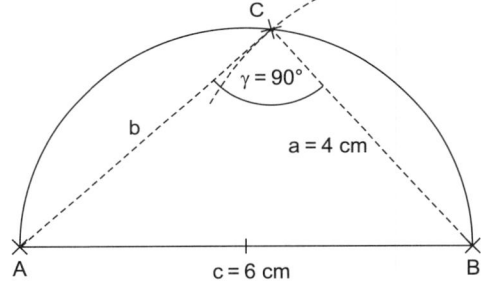

Aufgaben

44. Berechne die fehlenden Winkelmaße.

Randwinkel	40°		100°		
Mittelpunktswinkel		190°		80°	255°

45. Berechne das Maß des Rand- und Mittelpunktswinkels, wenn
    a) beide Winkel zusammen 60° ergeben.
    b) sich beide Winkel um 40° unterscheiden.

Grundwissen: Geometrische Ortslinien (nur Wahlpflichtfächergruppe I)

46. Begründe, warum das
    Viereck EHGF ein
    Rechteck ist.
    Es gilt: [EF] || [GH]

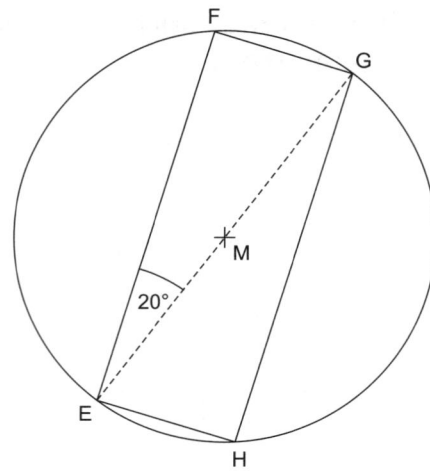

47. Es gilt: A $\xrightarrow{Z;\ \alpha = 40°}$ A'
    Konstruiere das Drehzentrum Z, wenn gilt: A(1|4); A'(3|1)

48. Konstruiere das gleichschenklig rechtwinklige Dreieck ABC,
    wenn gilt: a=b, c=6 cm und γ=90°

Proportionalitäten

1 Direkte Proportionalität (Dreisatz)

Bei direkt proportionalen Zuordnungen verändern sich zwei Größen immer in **demselben Verhältnis**: Zum Zweifachen der ersten Größe gehört immer das Zweifache der zweiten Größe bzw. zum Dreifachen, der Hälfte, … der ersten Größe gehört das Dreifache, die Hälfte, … der zweiten Größe.
Es gilt: „Je mehr …, desto mehr…"

Das musst du wissen!

> **Dividiert** man die zweiten Größen durch die dazugehörigen ersten Größen, so ergibt sich immer derselbe Quotient (**quotientengleiche Zahlenpaare**).
> Der konstante Quotient wird **Proportionalitätsfaktor** genannt.
> Als grafische Darstellung ergibt sich eine Ursprungshalbgerade.

Beispiele

1. Eine Flasche Limonade kostet 0,69 €.
   Wie viel kosten 5 Flaschen?

   Lösung:
   1 Flasche kostet   0,69 €.
   5 Flaschen kosten 3,45 €.

   Da hier der Preis für eine Flasche bekannt ist, werden beide Größen mit derselben Zahl (hier 5) multipliziert.

   Ergebnis: 5 Flaschen kosten 3,45 €.

2. 24 Eintrittskarten kosten 216 €.
   Wie viel kosten 27 Karten?

   Lösung mithilfe Dreisatz:
   24 Eintrittskarten kosten 216 €.
    1 Eintrittskarte kostet   9 €.
   27 Karten kosten   243 €.

   Durch Division durch 24 wird der Preis für eine Karte bestimmt. Durch Multiplikation wird der Preis von 27 Karten berechnet.

   Ergebnis: 27 Eintrittskarten kosten 243 €.

3. Welche Größe in der Tabelle ist falsch?

Flaschenzahl	4	6	9	15
Pfand in €	1,40	2,10	3,22	5,25

   Lösung:
   Der Proportionalitätsfaktor muss bei allen Zahlenpaaren gleich sein. Überprüfung des Proportionalitätsfaktors durch Division:
   $1,40 : 4 = 0,35$ Proportionalitätsfaktor: 0,35
   $2,10 : 6 = 0,35$ Proportionalitätsfaktor: 0,35
   $3,22 : 9 = 0,3577…$ Proportionalitätsfaktor: *nicht* 0,35!
   $5,25 : 15 = 0,35$ Proportionalitätsfaktor: 0,35

   Ergebnis: Das Zahlenpaar (9; 3,22) ist falsch – richtig wäre (9; 3,15), da $3,15 : 9 = 0,35$.
   Theoretisch könnte das Zahlenpaar auch (9,2; 3,22) lauten, da auch $3,22 : 9,2 = 0,35$ ist. Allerdings ist eine Flaschenzahl von 9,2 nicht möglich.

Grundwissen: Proportionalitäten

Grafische Darstellung:

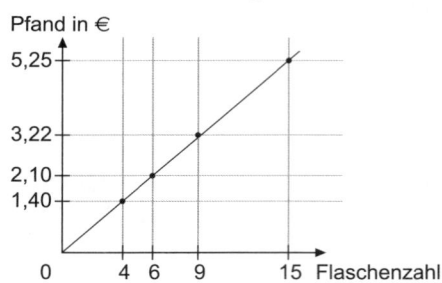

Aufgaben

49. Zu einem Fußballspiel kommen 12 523 Zuschauer, davon kaufen 9 534 eine Sitzkarte für 12 € und der Rest kauft Stehplätze für 7 €.
Berechne die Gesamteinnahmen.

50. Eine rechteckige Fläche (3,6 m × 5,2 m) wird gestrichen. Ein Liter Farbe reicht für 2,4 m² und kostet 12,34 €.
Wie viel kostet die Farbe zum Streichen der Fläche?

51. Ein Lastwagen wird von 6.48 Uhr bis 15.11 Uhr gemietet. Die ersten beiden Stunden kosten 48 €, jede weitere angefangene halbe Stunde kostet 7,50 €.
Wie hoch ist der Mietpreis?

52. Beim Bau eines 2,4 km langen Tunnels kommt der Bohrer im Durchschnitt 32 m pro Tag vorwärts.
Wie lange benötigt der Bohrer, bis der Tunnel fertig ist?

53. Herr Lend hat 32,4 ℓ Benzin getankt und zahlt dafür 43,74 €. Eine Woche später hat sich der Benzinpreis um 2 Cent pro Liter erhöht und Herr Lend tankt 37,2 ℓ.
Wie teuer kommt die Tankfüllung?

54. 15 Kartons wiegen 120 kg. Wie viel wiegen 7 Kartons?

55. Welche Größe ist falsch?

Eier	5	3	20	30
Preis in €	1,25	0,75	5,00	7,00

56. Dies ist die Tabelle einer direkten Proportionalität.

1. Größe	4	5		250		0,4	20
2. Größe	6		9		6 000		

57. 5 Riegel kosten 4,00 €.
Wie viele Riegel kann man für 7,50 € kaufen?

58. Ein Grundstück mit 400 m² kostet in Eggersmühle 84 000 €.
Wie viel kostet ein Grundstück mit 500 m² Fläche?

Grundwissen: Proportionalitäten

2 Indirekte Proportionalität

Bei indirekt proportionalen Zuordnungen verändern sich zwei Größen immer im **umgekehrten Verhältnis**. Zum Zweifachen der ersten Größe gehört also die Hälfte der zweiten Größe bzw. zum Dreifachen, zur Hälfte, ... der ersten Größe gehört ein Drittel, das Doppelte ... der zweiten Größe.
Es gilt: „Je mehr ..., desto weniger ..."

Das musst du wissen!

> **Multipliziert** man die zweiten Größen mit den dazugehörigen ersten Größen, so ergibt sich immer **dasselbe Produkt** (produktgleiche Zahlenpaare).
> Als grafische Darstellung ergibt sich ein **Hyperbelast**.

Beispiele

1. Eine Wanderung ist so geplant, dass man in 6 Tagen ans Ziel kommt, wenn man täglich 22 km läuft.
   Wie lang müssen die Etappen sein, wenn man die gesamte Strecke in 5 Tagen schaffen möchte?

   1. Lösungsweg: Aufstellen einer Gleichung mit produktgleichen Zahlenpaaren

   $6 \cdot 22 = 5 \cdot x$

   Das Produkt der beiden Größen „Anzahl der Tage" und „tägliche Kilometerzahl" ergibt die Gesamtstrecke und bleibt konstant. Dies liefert eine Gleichung, die nach x aufgelöst wird.

   $\Leftrightarrow \quad 5x = 132 \quad |:5$
   $\Leftrightarrow \quad x = 26{,}4$

   2. Lösungsweg: Dreisatz
   6 Tage entsprechen   22 km.
   1 Tag entspricht   132 km.
   5 Tage entsprechen 26,4 km.

   Wird die erste Größe dividiert, so wird die zweite Größe entsprechend multipliziert. Wird die erste Größe mit 5 multipliziert, so wird die zweite Größe durch 5 dividiert.

   Ergebnis: Man müsste 26,4 km pro Tag gehen.

2. Um ein Becken leer zu pumpen dauert es bei einem Pumpeneinsatz von 5 Pumpen 6 Stunden.
   Wie lange brauchen 8 Pumpen?

   1. Lösungsweg: Aufstellen einer Gleichung mit produktgleichen Zahlenpaaren

   Grafische Darstellung:

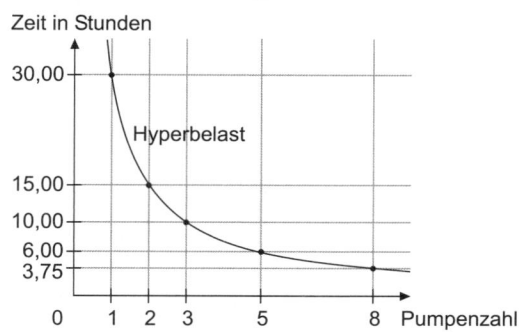

Grundwissen: Proportionalitäten

$5 \cdot 6 = 8 \cdot x$ x: Zeitdauer in Stunden

$\Leftrightarrow \quad 30 = 8 \cdot x \quad |:8$

$\Leftrightarrow \quad \dfrac{30}{8} = x$

$\Leftrightarrow \quad 3{,}75 = x$

2. Lösungsweg: Dreisatz

5 Pumpen entsprechen   6 Stunden.
1 Pumpe entspricht   30 Stunden.
8 Pumpen entsprechen $3\dfrac{3}{4}$ Stunden.

Aufgaben

59. Eine Terrasse kann mit 768 Platten der Größe 30 cm × 20 cm belegt werden. Es können aber auch Platten der Größe 32 cm × 24 cm verwendet werden.
Wie viele Platten werden dann benötigt?

60. Bei einer Expedition können 18 Teilnehmer mit den Vorräten 48 Tage auskommen. Die Teilnehmerzahl steigt um 4 Personen.

61. In einem Autoprospekt steht:

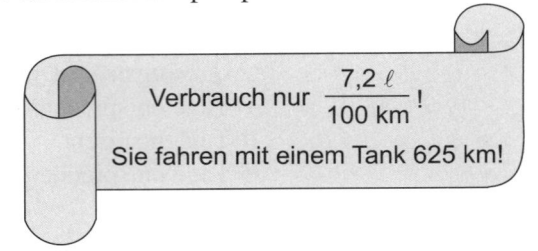

Verbrauch nur $\dfrac{7{,}2\,\ell}{100\,\text{km}}$!

Sie fahren mit einem Tank 625 km!

Es stellt sich aber heraus, dass man nur 600 km weit kommt.
Berechne den tatsächlichen Verbrauch.

62. Dies ist die Tabelle einer indirekten Proportionalität.
Ergänze die leeren Felder.

1. Größe	2	2,4		4,8		12
2. Größe	18		10		4,5	

63. Wenn alle 28 Schüler mit zum Ausflug gehen, zahlt jeder 12,60 €. Es können aber nur 24 Schüler mitfahren.
Wie viel muss jeder Schüler zahlen?

64. 2 Katzen fressen 3 Dosen Katzenfutter in 6 Tagen. Wie lange fressen 3 Katzen an dem Katzenfutter, wenn die Dosen doppelt so groß sind?

Grundwissen: Proportionalitäten

3 Prozentrechnung

Prozentangaben sind eigentlich nichts anderes als Brüche mit dem **Nenner 100**. Diese lassen sich leicht in Dezimalbrüche umschreiben, z. B.:

$$3\% = \frac{3}{100} = 0{,}03 \qquad 18\% = \frac{18}{100} = 0{,}18 \qquad 1{,}05 = \frac{105}{100} = 105\%$$

Das musst du wissen!

- Begriffe:

  $$\underset{\substack{\uparrow \\ \textbf{Prozentsatz} \\ \text{p}}}{40\%} \quad \text{von} \quad \underset{\substack{\uparrow \\ \textbf{Grundwert} \\ \text{G}}}{45\,\text{kg}} \quad = \quad \underset{\substack{\uparrow \\ \textbf{Prozentwert} \\ \text{P}}}{18\,\text{kg}}$$

- Es gilt die Beziehung:

  P = p % · G

- Diese Formel lautet umgestellt:

  $$\mathbf{G = \frac{P}{p\,\%}} \quad \text{bzw.} \quad \mathbf{p\,\% = \frac{P}{G}}$$

- Beim Lösen mit dem Dreisatz gilt:
  Der Grundwert entspricht 100 %. Den Prozentwert P erhältst du, indem du auf 1 % zurückrechnest und anschließend mit dem Prozentsatz p multiplizierst.

  $$\begin{aligned} 100\,\% &\;\hat{=}\; G &\quad |:100 \\ 1\,\% &\;\hat{=}\; G:100 &\quad |\cdot p \\ p\,\% &\;\hat{=}\; (G:100)\cdot p \end{aligned}$$

Beispiele

1. Wie viel sind 12 % von 320 €?

   Lösung mit der Formel:
   320 € · 0,12 = 38,40 €

   Lösung mit dem Dreisatz:

   $$\begin{aligned} 100\,\% &\;\hat{=}\; 320\,\text{€} &\quad |:100 \\ 1\,\% &\;\hat{=}\; 3{,}20\,\text{€} &\quad |\cdot 12 \\ 12\,\% &\;\hat{=}\; 38{,}40\,\text{€} \end{aligned}$$

   Hier ist der **Prozentwert P** gesucht. Der Grundwert G = 320 € wird mit dem Prozentsatz $p = 12\,\% = \frac{12}{100} = 0{,}12$ multipliziert.

2. Ein CD-Spieler kostet 125 € und wird um 20 € reduziert.

   Lösung mit dem Dreisatz:

   $$\begin{aligned} 125\,\text{€} &\;\hat{=}\; 100\,\% &\quad |:125 \\ 1\,\text{€} &\;\hat{=}\; 0{,}8\,\% &\quad |\cdot 20 \\ 20\,\text{€} &\;\hat{=}\; 16\,\% \end{aligned}$$

   Hier ist der **Prozentsatz** gesucht.

   Lösung mit der Formel:

   $$\begin{aligned} 125\,\text{€} &\;\hat{=}\; 100\,\% \\ 20\,\text{€} &\;\hat{=}\; p\,\% \\ p &= \frac{20\cdot 100}{125} = 16 \end{aligned}$$

Grundwissen: Proportionalitäten

3. 8 % sind 54 Stimmen. Wie viele Stimmen wurden abgegeben?

Lösung mit dem Dreisatz:

$8\,\% \mathrel{\hat=} 54\,\text{Stimmen} \quad |:8\quad$ Hier ist der **Grundwert G** gesucht, also 100 %.
$1\,\% \mathrel{\hat=} 6{,}75\,\text{Stimmen} \quad |\cdot 100\quad$ Löse mithilfe des Dreisatzes.
$100\,\% \mathrel{\hat=} 675\,\text{Stimmen}$

Lösung mit der Formel:

$54\,\text{Stimmen} = 8\,\% \cdot G \qquad$ Setze in die Beziehung für $p = 8\,\%$ und $P = 54$ Stimmen ein.

$54\,\text{Stimmen} = \dfrac{8}{100} \cdot G \quad \Big|: \dfrac{8}{100}\quad$ Löse anschließend nach G auf, indem du durch $\dfrac{8}{100}$ dividierst.

$54\,\text{Stimmen} : \dfrac{8}{100} = G$

$54\,\text{Stimmen} \cdot \dfrac{100}{8} = G$

$675\,\text{Stimmen} = G$

Bei vielen Aufgaben interessiert nicht die Änderung (also um wie viel etwas kleiner, billiger, größer oder teurer wird), sondern der Wert nach der Änderung, der so genannte **veränderte Grundwert**.

Das musst du wissen!

- Der **veränderte Grundwert** lässt sich durch Subtraktion oder Addition des Prozentwertes vom ursprünglichen Grundwert berechnen.
- Du kannst ihn auch direkt berechnen, indem du die **Prozentangabe von 100 % subtrahierst oder zu 100 % addierst** (und dann in eine Dezimalzahl verwandelst). Diese Rechentechnik ist insbesondere dann günstig, wenn **mehrere Änderungen** vorgenommen werden.

Beispiele

1. Ein MP3-Player kostet 64 € und wird 8 % billiger.

   1. Lösungsweg:
   Prozentwert: $64\,\text{€} \cdot 0{,}08 = 5{,}12\,\text{€}$
   veränderter Grundwert:
   $64\,\text{€} - 5{,}12\,\text{€} = 58{,}88\,\text{€}$

   Der Prozentwert beträgt 5,12 €. Um diesen Betrag reduziert sich der Grundwert, er wird davon subtrahiert. Der Preis von 58,88 € ist der veränderte Grundwert.

   2. Lösungsweg:
   neuer Prozentsatz:
   $100\,\% - 8\,\% = 92\,\% = 0{,}92$
   veränderter Grundwert:
   $64\,\text{€} \cdot 0{,}92 = 58{,}88\,\text{€}$

   Berechne den neuen Prozentsatz. Den veränderten Grundwert kannst du direkt mithilfe des veränderten Prozentsatzes berechnen.

   3. Lösungsweg: Dreisatz
   $100\,\% \mathrel{\hat=} 64\,\text{€} \quad |:64$
   $1\,\% \mathrel{\hat=} 0{,}64\,\text{€} \quad |\cdot 92$
   $92\,\% \mathrel{\hat=} 58{,}88\,\text{€}$

   Der ursprüngliche Preis (100 %) wird um 8 % billiger, beträgt somit $100\,\% - 8\,\% = 92\,\%$.

   Ergebnis: Der MP3-Player kostet jetzt 58,88 €.

2. Eine Kaffeemaschine kostet 49,00 €. Sie wird um 8 % und dann nochmals um 6 % reduziert.
Berechne den reduzierten Preis.

1. Lösungsweg:
49,00 € · 0,92 = 45,08 €
45,08 € · 0,94 ≈ 42,38 €

Der Grundwert wird mit dem ersten neuen Prozentsatz multipliziert, dann wird das Ergebnis mit dem zweiten neuen Prozentsatz multipliziert.

2. Lösungsweg (kürzer):
49,00 € · 0,92 · 0,94 ≈ 42,38 €

Die beiden Multiplikationen der 1. Lösung kann man zu einer Rechnung zusammenfassen.

Hinweis: Falsch wäre das Addieren von 8 % und 6 % zu 14 %, da sich die Prozentangaben auf verschiedene Grundwerte beziehen.

Ergebnis: Die Kaffeemaschine kostet schließlich 42,38 €.

Aufgaben

65. Ein CD-Player kostet 45,00 € und wird um 12 % teurer.
Gib den neuen Preis an.

66. Ein Paar Ski kostet, nachdem es um 12 % teurer wurde, 319,20 €.
Berechne den ursprünglichen Preis.

67. Ein Fahrrad kostet, nachdem es um 7 % billiger wurde, 390,60 €.
Berechne den ursprünglichen Preis.

68. Ein Handy kostet 85,00 €. Es wird zunächst 10 % teurer und dann wieder um 10 % reduziert.
Gib den neuen Preis an.

69. Ein Fernseher wird erst um 3 % teurer und dann wieder um 8 % billiger. Schließlich kostet er 777,03 €.
Berechne den ursprünglichen Preis.

70. Fülle die leeren Felder in der Tabelle aus.

Grundwert	Prozentsatz	Prozentwert	veränderter Grundwert
420 €	3,5 %		—
420 €	+4,2 %	—	
	4,75 %	17,10 €	—
	+12 %	—	512,20 €
	−8 %	—	512,20 €
480 €		26,40 €	—
720 €		—	763,20 €
720 €		—	666,00 €

Grundwissen: Proportionalitäten

4 Zinsrechnung

Zinsen, die du beispielsweise auf der Bank über mehrere Jahre bekommst, kannst du mithilfe der Prozentrechnung berechnen.
Die Zinsrechnung ist ein **Sonderfall der Prozentrechnung**. Bei der Verzinsung über mehrere Jahre ist es häufig hilfreich, eine **Tabelle mit Rechenpfeilen** anzulegen. Sie vereinfacht auch Aufgaben, bei denen **auf den Grundwert zurückgerechnet** werden soll oder ein **Prozentwert** gesucht ist.

Das musst du wissen!

> Bei der Zinsrechnung wird immer von **Jahreszinsen** ausgegangen, man berechnet also immer ein ganzes Jahr. Sollte nicht das ganze Jahr gegeben oder gesucht sein, so muss man die **Jahreszinsen berechnen und mit einem Dreisatz** die Anzahl der angegebenen oder gesuchten Tage berücksichtigen. Ein Geschäftsjahr wird stets mit **360 Tagen** gerechnet.

Beispiele

1. Anne bekommt für ihre 560,00 € auf der Bank im ersten Jahr 1,5 %, im zweiten Jahr 2,0 % und im dritten Jahr 2,75 % Zinsen.
   Berechne ihr neues Guthaben.

   Lösung:

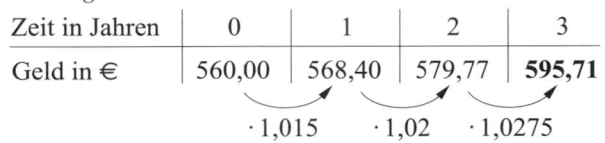

Zeit in Jahren	0	1	2	3
Geld in €	560,00	568,40	579,77	**595,71**

   $\cdot 1{,}015 \quad \cdot 1{,}02 \quad \cdot 1{,}0275$

   Die Rechnung lautet:
   $560{,}00 \text{ €} \cdot 1{,}015 \cdot 1{,}02 \cdot 1{,}0275 \approx 595{,}71 \text{ €}$

   Ergebnis: Das Guthaben nach 3 Jahren beträgt 595,71 €.

2. Herr Johann legt 2 000 € für drei Jahre an. Im ersten Jahr erhält er 2,0 % Zinsen und im dritten Jahr 62,73 €. Insgesamt wächst sein Kapital um 7,69 %.
   Berechne den Zinssatz im 2. Jahr.

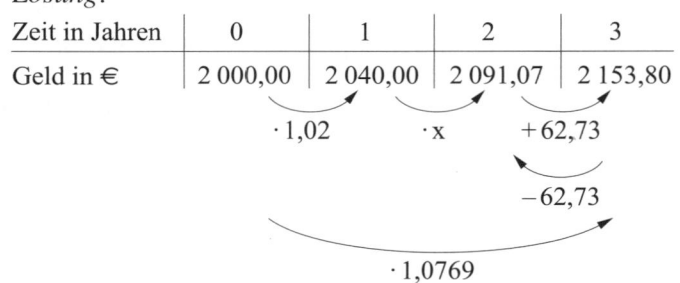

   Lösung:

Zeit in Jahren	0	1	2	3
Geld in €	2 000,00	2 040,00	2 091,07	2 153,80

   $\cdot 1{,}02 \quad \cdot x \quad +62{,}73$

   $-62{,}73$

   $\cdot 1{,}0769$

   $2\,040 \text{ €} \cdot x = 2\,091{,}07 \text{ €}$ Stelle eine Gleichung mit x auf
   $x \approx 1{,}025 = 102{,}5 \%$ und löse nach x auf.

   Ergebnis: Der Zinssatz im 2. Jahr beträgt 2,5 %.

Grundwissen: Proportionalitäten

3. Uwe hat insgesamt schon 792,56 € gespart und bringt das Geld zur Sparkasse. Es soll dort noch so lange liegen, bis er 800 € hat. Der Zinssatz der Sparkasse beträgt 2,0 %.

   Lösung:
   Uwe wartet auf den Zinsbetrag: Die Differenz liefert die Zinsen, die Uwe erhalten möchte. Der Prozentwert ergibt die Jahreszinsen.
   800,00 € − 792,56 € = 7,44 €
   Berechnung der Jahreszinsen:
   792,56 € · 0,02 = 15,85 €
   15,85 € entsprechen 360 Tage.   Die Zuordnung ist direkt proportional und du kannst die Tage mittels Dreisatz berechnen.
   1 € entspricht $\frac{360}{15,85}$ Tage.
   7,44 € entsprechen 169 Tage.
   Ergebnis: Uwes Geld muss 169 Tage auf dem Konto liegen.

Aufgaben

71. Steffi bekommt auf der Bank im ersten Jahr 1,5 %, im zweiten Jahr 2,25 % und im dritten Jahr 3,0 % Zinsen und hat dann 897,94 €.
    Berechne ihr ursprüngliches Kapital.

72. Herr Golz möchte in 8 Monaten ein neues Auto kaufen und hat bisher schon 16 721,31 € gespart.
    Bei welchem Zinssatz wächst sein Geld rechtzeitig auf den Kaufpreis von 17 000 € an?

73. Vom 14. Februar bis zum 22. August legt Jens sein gespartes Geld (1 342,00 €) zu einem Zinssatz von 1,5 % bei der Bank an.
    Berechne die Zinsen, die in diesem Zeitraum anfallen.

74. Fülle die leeren Felder in der Tabelle aus.

Kapital	Zinssatz	Zeit	Zinsbetrag
3 600 €	2,5 %	210 Tage	
	2,5 %	100 Tage	42 €
7 200 €	2,75 %		99 €
7 200 €		250 Tage	150 €

75. Herr Paulsen bringt 12 300 € zur Bank und bekommt in den ersten beiden Jahren einen Zinssatz von 2,4 %. Nach Ablauf der 2 Jahre lässt er sein Geld bei 2,8 % noch so lange liegen, bis er 13 000 € hat.
    Wie lange muss das Geld noch auf dem Konto verbleiben?

76. Frau van Luck hat 36 000 € geerbt. Dieses Geld legt sie bei ihrer Bank an und handelt einen Zinssatz von 2,5 % aus. Am Ende jedes Jahres hebt sie 5 000 € ab.
    Wie viel Geld hat sie noch zu Beginn des 4. Jahres?

Daten und Zufall

1 Stichprobe und Gesamtheit

Ist es nicht möglich, Daten für eine bestimmte Problemstellung **von allen** Gegenständen oder Personen (= Grundgesamtheit) zu erheben, so bedient man sich einer **Auswahl** (= Stichprobe).

Das musst du wissen!

- **Grundgesamtheit**
  Menge von Gegenständen oder Personen, über die man Informationen gewinnen will.
- **Stichprobe**
  Repräsentative Teilmenge der Grundgesamtheit.
- **repräsentativ**
  Eine Stichprobe ist repräsentativ, wenn sie die Eigenschaften der Grundgesamtheit möglichst gut widerspiegelt. Nur dann können sinnvolle Rückschlüsse von der Stichprobe auf die Grundgesamtheit gezogen werden.

Beispiele

1. Wie viele Nichtschwimmer gibt es in der Klasse?
   Eine Stichprobe (z. B. 10 Schüler) zu befragen wäre hier aufgrund der kleinen Grundgesamtheit (max. 35 Schüler) nicht sinnvoll.

2. Wie viele Nichtschwimmer gibt es in Bayern?
   Um diese Frage zu beantworten, müssen aus der Bevölkerung einzelne Personen befragt werden (= Stichprobe). Mithilfe des Ergebnisses der Stichprobe wird dann auf die Gesamtzahl der Nichtschwimmer in Bayern durch Hochrechnung geschlossen.

3. Würde man bei Beispiel 2 die Personengruppe der Stichprobe aus einem Sportverein (oder gar Schwimmclub) auswählen, so wäre die Stichprobe nicht repräsentativ, denn im Sportverein sind eher Schwimmer als Nichtschwimmer.

Aufgaben

77. Begründe kurz, ob eine Vollerhebung („alles") oder Stichprobe sinnvoll ist.
    a) Durchschnittliche Fernsehdauer der Schüler einer Klasse.
    b) Wie viele FC-Bayern-Fans gibt es in Nürnberg?
    c) Pausenverkauf: Wie viele Vegetarier gibt es in der Schule?
    d) Betriebsratswahl einer Firma
    e) Wie viele Buchstaben enthält das Buch?
    f) Altersstruktur von Motorradbesitzern
    g) Soll ein Radweg gebaut werden?

78. Gib ein Beispiel, für das eine Vollerhebung aus einem der folgenden Gründe nicht sinnvoll ist.

a) zu riskant

b) zu teuer

c) zu zeitaufwändig

d) zu viel

e) nicht zugänglich bzw. nur schwer zugänglich

2 Gesetz der großen Zahlen

Je häufiger ein Zufallsexperiment durchgeführt wird, desto besser nähert sich die Häufigkeit des Eintretens eines Ereignisses einem festen Wert an.

Das musst du wissen!

- **absolute Häufigkeit**
  Gemessene Anzahl der Fälle, wie oft ein bestimmtes Ereignis eintritt.
- **relative Häufigkeit**
  relative Häufigkeit $h = \dfrac{\text{absolute Häufigkeit a}}{\text{Anzahl der Versuche n}}$
  Die relative Häufigkeit wird meist in % angegeben.
- **Gesetz der großen Zahlen**
  Je größer die Anzahl an Versuchen ist, desto besser stabilisiert sich die relative Häufigkeit um einen festen statistischen (rechnerischen) Wert.

Beispiele

1. Wird die Abhängigkeit der Schwingungsdauer eines Pendels von der Fadenlänge untersucht, so kann der Messfehler bei der Zeitmessung durch mehrere Wiederholungen (und Durchschnittsbildung) vermindert werden.

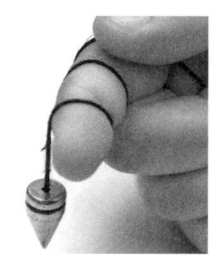

2. Wie oft wird die Zahl „1" gewürfelt?

Anzahl der Würfe	10	50	500	1 000
Anzahl „1" absolute Häufigkeit	1	7	94	169
relative Häufigkeit	$\dfrac{1}{10}$ $=0{,}1$ $=10\,\%$	$\dfrac{7}{50}$ $=0{,}14$ $=14\,\%$	$\dfrac{94}{500}$ $=0{,}188$ $=18{,}8\,\%$	$\dfrac{169}{1000}$ $=0{,}169$ $=16{,}9\,\%$

Statistischer (= rechnerischer) Wert: $\dfrac{1}{6} = 0{,}166\ldots = 16{,}\overline{6}\,\%$

Aufgaben

79. Bei einer Umfrage zur Parteizugehörigkeit von 1 000 Befragten waren 50 Personen Mitglied der Partei X und 112 Personen der Partei Y.
Berechne jeweils die relative Häufigkeit der Parteimitgliedschaft.

Grundwissen: Daten und Zufall

80. Bei einer Verkehrszählung auf einem deutschen Autobahnabschnitt wurde die Anzahl der Lkws ermittelt.

Anzahl aller Fahrzeuge	100	1 000	5 000	15 000
Anzahl der Lkws	20	255	1 401	2 784
relative Häufigkeit				

a) Ergänze die letze Zeile der Tabelle.

b) Überlege, warum diese Stichprobe nicht repräsentativ ist.

81. Was ist wahrscheinlicher?
a) Bei 10-mal Münze werfen 5-mal Kopf.
oder
Bei 1 000-mal Münze werfen 500-mal Kopf.

b) Bei 10-mal Münze werfen 1-mal Kopf.
oder
Bei 1 000-mal Münze werfen 100-mal Kopf.

3 Laplace-Wahrscheinlichkeit

Bereits im 18. Jahrhundert beschäftigte sich der französische Mathematiker Pierre-Simon Laplace mit Wahrscheinlichkeiten von Ereignissen.

Das musst du wissen!

- Laplace-Experiment
  Alle Einzel-Ereignisse haben die gleiche Chance, sind „gleichwahrscheinlich".
- P(E): Laplace-Wahrscheinlichkeit für ein Ereignis E
  $$P(E) = \frac{\text{Anzahl der für das Ereignis günstigen Ergebnisse (m)}}{\text{Anzahl aller möglichen Ergebnisse (n)}}$$
  kurz: $P(E) = \frac{m}{n}$
- $0\% \leq P(E) \leq 100\%$

Beispiele

1. Beim Werfen eines gezinkten Würfels, bei dem eine Würfelseite schwerer ist, handelt es sich um kein Laplace-Experiment, da nicht alle Ereignisse die gleiche Chance haben. So würde bei diesem Würfel die Zahl, welche der schwereren Seite gegenüberliegt, deutlich öfter auftreten.

   Laplace-Würfel P (bestimmte Augenzahl) $= \frac{1}{6}$

   gezinkter Würfel P (bestimmte Augenzahl) $\neq \frac{1}{6}$

2. Die Laplace-Wahrscheinlichkeit, eine „1" oder „2" zu würfeln, beträgt $\frac{1}{3}$.
   günstige Ereignisse: 1; 2 → Anzahl = 2
   mögliche Ereignisse: 1 ... 6 → Anzahl = 6
   $P(E) = \frac{2}{6} = \frac{1}{3} = 33,\overline{3}\%$

Aufgaben

82. Eine zweistellige Zufallszahl wird gewürfelt.
    (1. Wurf = 1. Ziffer, 2. Wurf = 2. Ziffer)
    Wie hoch ist die Wahrscheinlichkeit, dass die Zahl ...

    a) 11 ist?

    b) 66 ist?

    c) mit 1 beginnt?

    d) gerade ist?

    e) kleiner als 20 ist?

    f) größer als 58 ist?

    g) Quersumme 6 hat?

83. Petra zieht eine Blume aus einem Blumenstrauß mit 4 roten Rosen, 3 gelben Rosen und 3 gelben Tulpen.
    Wie hoch ist die Wahrscheinlichkeit, dass ...

    a) die gezogene Blume eine Rose ist?

    b) die gezogene Blume gelb ist?

    c) die gezogene Blume eine rote Rose ist?

84. Drei Autos (weiß, grau und schwarz) fahren nacheinander auf eine Fähre.
    Wie hoch ist die Wahrscheinlichkeit, dass ...

    a) das 1. Auto weiß, das 2. Auto grau und das 3. Auto schwarz ist?

    b) das 1. Auto nicht schwarz ist?

    c) das letzte Auto schwarz ist?

    d) das 1. oder das 3. Auto weiß ist?

Lösungen zum Grundwissen

Aufgabe 1

a) $-(+4) = \mathbf{-4}$

b) $2-(-2) = 2+2 = \mathbf{4}$

c) $-4-(+2)+(-3)$
$= -4-2-3$
$= -6-3$
$= \mathbf{-9}$

d) $4 \cdot (-7) = -(4 \cdot 7) = \mathbf{-28}$

e) $(-4) \cdot (-3) = +(4 \cdot 3) = +12 = \mathbf{12}$

f) $-1 \cdot (+18) = -(1 \cdot 18) = \mathbf{-18}$

g) $-500 \cdot 0 = \mathbf{0}$

h) $(-54) : (+9) = -(54:9) = \mathbf{-6}$

i) $0 : 5 = \mathbf{0}$

j) $121 : (-11) = -(121:11) = \mathbf{-11}$

k) $(-6) \cdot 5 \cdot (-2) \cdot (-1)$
$= -(6 \cdot 5) \cdot (-2) \cdot (-1)$
$= -30 \cdot (-2) \cdot (-1)$
$= (+60) \cdot (-1)$
$= \mathbf{-60}$

l) $(-1) \cdot (-2) \cdot (-3) \cdot (-4) \cdot (-5)$
$= +2 \cdot (-3) \cdot (-4) \cdot (-5)$
$= -6 \cdot (-4) \cdot (-5)$
$= +24 \cdot (-5)$
$= \mathbf{-120}$

Hinweise und Tipps

Ungleiche Vorzeichen ergeben Minus.

Gleiche Vorzeichen ergeben Plus, aus $-(-2)$ wird somit $+2$.

Betrachte jeden Summanden einzeln:
$-(+2) = -2$
$+(-3) = -3$
Fasse von links nach rechts zusammen.

4 bedeutet $+4$. Aus der Multiplikation von zwei Zahlen mit unterschiedlichen Vorzeichen wird das Ergebnis negativ.

Gleiche Vorzeichen ergeben Plus.

Multiplikation einer Zahl mit Null ergibt immer Null.

Ungleiche Vorzeichen ergeben Minus.

Null dividiert durch eine Zahl ergibt immer Null.

121 bedeutet $+121$. Ungleiche Vorzeichen werden zu Minus.

Rechne von links nach rechts.
Ungleiche Vorzeichen werden jeweils zu Minus.
$-30 \cdot (-2) = +(30 \cdot 2) = +60$
$(+60) \cdot (-1) = -(60 \cdot 1) = -60$

Fasse Schritt für Schritt zusammen: $(-1) \cdot (-2) = +(1 \cdot 2) = +2$
$(+2) \cdot (-3) = -(2 \cdot 3) = -6$
$(-6) \cdot (-4) = +(6 \cdot 4) = +24 = 24$
$(+24) \cdot (-5) = -(24 \cdot 5) = -120$

Aufgabe 2

a) $\dfrac{5}{7} \cdot \left(-\dfrac{14}{25}\right) = -\dfrac{5 \cdot 14}{7 \cdot 25}$
$= \mathbf{-\dfrac{2}{5}}$

Schreibe auf einen Bruchstrich, indem du Zähler mit Zähler und Nenner mit Nenner multiplizierst. Kürze anschließend. Aufgrund verschiedener Vorzeichen ist das Ergebnis eine negative Zahl.

b) $1\dfrac{2}{3} - 2\dfrac{1}{2} = \dfrac{5}{3} - \dfrac{5}{2}$
$= \dfrac{10}{6} - \dfrac{15}{6}$
$= \dfrac{10-15}{6}$
$= \dfrac{-5}{6}$
$= \mathbf{-\dfrac{5}{6}}$

Schreibe zunächst als Bruch und erweitere auf den Hauptnenner 6.

Lösungen – Grundwissen

Hinweise und Tipps

c) $1\frac{2}{3} : \left(-2\frac{1}{2}\right) = \frac{5}{3} : \left(-\frac{5}{2}\right)$ Schreibe jeweils als Bruch.

$\phantom{1\frac{2}{3} : \left(-2\frac{1}{2}\right)} = \frac{5}{3} \cdot \left(-\frac{2}{5}\right)$ Multipliziere mit dem Kehrbruch.

$\phantom{1\frac{2}{3} : \left(-2\frac{1}{2}\right)} = -\frac{\cancel{5} \cdot 2}{3 \cdot \cancel{5}}$

$\phantom{1\frac{2}{3} : \left(-2\frac{1}{2}\right)} = -\boldsymbol{\frac{2}{3}}$

d) $0{,}001 \cdot 20\frac{2}{3} = \frac{1}{1\,000} \cdot \frac{62}{3}$ Schreibe als Bruch.

$\phantom{0{,}001 \cdot 20\frac{2}{3}} = \frac{1 \cdot 62}{1\,000 \cdot 3}$ Kürze mit 2.

$\phantom{0{,}001 \cdot 20\frac{2}{3}} = \boldsymbol{\frac{31}{1\,500}}$

e) $1{,}2 : 1{,}01 = \frac{12}{10} : \frac{101}{100}$ Schreibe als Bruch.

$\phantom{1{,}2 : 1{,}01} = \frac{12}{10} \cdot \frac{100}{101}$ Multipliziere mit dem Kehrbruch.

$\phantom{1{,}2 : 1{,}01} = \frac{120}{101}$ Schreibe als gemischten Bruch.

$\phantom{1{,}2 : 1{,}01} = \boldsymbol{1\frac{19}{101}}$

f) $-0{,}01 : 4 = -\frac{1}{100} : \frac{4}{1}$ Schreibe als Bruch.

$\phantom{-0{,}01 : 4} = -\frac{1}{100} \cdot \frac{1}{4}$ Multipliziere mit dem Kehrbruch.

$\phantom{-0{,}01 : 4} = -\boldsymbol{\frac{1}{400}}$

g) $-\frac{5}{6} + \left(-\frac{1}{24}\right) = -\frac{20}{24} - \frac{1}{24}$ Erweitere auf den Hauptnenner 24.

$\phantom{-\frac{5}{6} + \left(-\frac{1}{24}\right)} = -\frac{20 + 1}{24}$ Schreibe auf einen gemeinsamen Bruchstrich und vereinfache. Achte auf die Vorzeichen!

$\phantom{-\frac{5}{6} + \left(-\frac{1}{24}\right)} = -\frac{21}{24}$

$\phantom{-\frac{5}{6} + \left(-\frac{1}{24}\right)} = -\boldsymbol{\frac{7}{8}}$

h) $4\frac{2}{3} : 5{,}25 = \frac{14}{3} : \frac{525}{100}$ Schreibe zunächst als Bruch. Kürze: $\frac{525}{100} = \frac{21}{4}$

$\phantom{4\frac{2}{3} : 5{,}25} = \frac{14}{3} : \frac{21}{4}$ Multipliziere mit dem Kehrbruch.

$\phantom{4\frac{2}{3} : 5{,}25} = \frac{14}{3} \cdot \frac{4}{21}$ Schreibe auf einen gemeinsamen Bruch.

$\phantom{4\frac{2}{3} : 5{,}25} = \frac{14 \cdot 4}{3 \cdot 21} = \boldsymbol{\frac{8}{9}}$ Kürze.

Lösungen – Grundwissen

Hinweise und Tipps

i) $-22 : 0,0011 = -\dfrac{22}{1} : \dfrac{11}{10\,000}$ Schreibe als Bruch und multipliziere mit dem Kehrbruch.

$ = -\dfrac{22}{1} \cdot \dfrac{10\,000}{11}$

$ = -\dfrac{22 \cdot 10\,000}{1 \cdot 11}$

$ = \mathbf{-20\,000}$

j) $-\dfrac{1}{2} + \dfrac{1}{4} - \dfrac{1}{8} = -\dfrac{4}{8} + \dfrac{2}{8} - \dfrac{1}{8}$ Erweitere auf den Hauptnenner 8.

$\phantom{-\dfrac{1}{2}+\dfrac{1}{4}-\dfrac{1}{8}} = \dfrac{-4+2-1}{8}$ Achte auf die Vorzeichen.

$\phantom{-\dfrac{1}{2}+\dfrac{1}{4}-\dfrac{1}{8}} = \mathbf{-\dfrac{3}{8}}$

Aufgabe 3

a) $5 + 2 \cdot 4 = 5 + 8 = \mathbf{13}$ Berechne nach der Regel „Punkt vor Strich" zuerst das Produkt $2 \cdot 4 = 8$.
Addiere anschließend 5.

b) $(7-8) : 2 = -1 : 2 = \mathbf{-0{,}5}$ Klammern werden zuerst berechnet.

c) $(-3) \cdot 2 - 2 \cdot (-4)$ Berechne zuerst die Produkte.
$= -6 - (-8)$ $(-3) \cdot 2 = -6$
$= -6 + 8$ $2 \cdot (-4) = -8$
$= \mathbf{2}$

d) $6 - (6 - 4 \cdot 2)$ Klammern werden zuerst berechnet.
$= 6 - (6 - 8)$ Beachte in der Klammer „Punkt vor Strich".
$= 6 - (-2)$
$= 6 + 2$
$= \mathbf{8}$

e) $(-2-3) : (-1) \cdot 2$ Klammern zuerst berechnen.
$= -5 : (-1) \cdot 2$ Rechne anschließend von links nach rechts, also zunächst $-5 : (-1) = +5$.
$= +5 \cdot 2$
$= \mathbf{10}$

f) $-2 - 3 : (-1) \cdot 2$ Beachte die Regel „Punkt vor Strich".
$= -2 - (-3) \cdot 2$ Berechne zunächst den Quotienten $3 : (-1) = -3$, anschließend das Produkt
$= -2 - (-6)$ $(-3) \cdot 2 = -6$.
$= -2 + 6$ Vereinfache mit der Vorzeichenregel $-(-6) = +6$.
$= \mathbf{4}$

g) $9 : (-3) - 25 : \left(-\dfrac{1}{2}\right)$ Berechne zuerst die Punktrechnungen:
$= -3 - (-50)$ $9 : (-3) = -3$
$= -3 + 50$ $25 : \left(-\dfrac{1}{2}\right) = 25 \cdot \left(-\dfrac{2}{1}\right) = -50$
$= \mathbf{47}$

h) $2 : \left(-\dfrac{1}{4}\right) - 3$ „Punkt vor Strich".
$= 2 \cdot \left(-\dfrac{4}{1}\right) - 3$
$= -8 - 3 = \mathbf{-11}$

Lösungen – Grundwissen

✏ Hinweise und Tipps

i) $3-[4-(3-4)]$
$= 3-[4-(-1)]$
$= 3-[4+1]$
$= 3-5$
$= \mathbf{-2}$

Innere (runde) Klammer zuerst berechnen, dann die äußere (eckige) Klammer.

j) $1\frac{1}{4} - 3 : 0{,}25$

$= 1\frac{1}{4} - \frac{3}{1} : \frac{1}{4}$

$= 1\frac{1}{4} - 12$

$= \mathbf{-10\frac{3}{4}}$

Schreibe 0,25 als Bruch.

Multipliziere mit dem Kehrbruch („Punkt vor Strich").

k) $-1 : \frac{1}{4} - \frac{1}{4}$

$= -1 \cdot \frac{4}{1} - \frac{1}{4}$

$= -4 - \frac{1}{4}$

$= \mathbf{-4\frac{1}{4}}$

„Punkt vor Strich".

l) $\left(-\frac{1}{2} - \frac{1}{4}\right) : 2{,}5 + 1$

$= \left(-\frac{2}{4} - \frac{1}{4}\right) : \frac{5}{2} + 1$

$= -\frac{3}{4} \cdot \frac{2}{5} + 1$

$= -\frac{3}{10} + 1$

$= \mathbf{\frac{7}{10}}$

Berechne zunächst die Klammer.

Schreibe 2,5 als Bruch. „Punkt vor Strich".

Aufgabe 4

a) $-3 \cdot [-4 + (-3)]$
$= -3 \cdot [-7]$
$= \mathbf{+21}$

Multiplizieren bedeutet mal rechnen.
Schreibe Summe aus -4 und -3 als $-4+(-3)$.
Setze immer eine Klammer!

b) $-3-(-9)$
$= -3+9$
$= \mathbf{6}$

Subtrahieren bedeutet Minusrechnung.
Achte auf die Reihenfolge!

c) $[3-(-4)] : 4$
$= [3+4] : 4$
$= 7 : 4$
$= \frac{7}{4}$
$= \mathbf{1\frac{3}{4}}$

Differenz aus 3 und -4 bedeutet $3-(-4)$.
Setze Klammern und teile durch 4.

Lösungen – Grundwissen

Hinweise und Tipps

d) $[-18:6]+[9\cdot(-2)]$
$=-3+[-18]$
$=-3-18$
$=\mathbf{-21}$

Produkt aus 9 und –2 bedeutet $9\cdot(-2)$, Quotient aus –18 und 6 bedeutet $-18:6$.
Setze zur Übersichtlichkeit immer Klammern um die einzelnen Terme, auch wenn die Klammern hier aufgrund der Regel „Punkt vor Strich" entfallen könnten.

e) $\left[-3-\left(-\frac{1}{2}\right)\right]\cdot 2$
$=\left[-3+\frac{1}{2}\right]\cdot 2$
$=-2,5\cdot 2$
$=\mathbf{-5}$

Differenz aus –3 und $-\frac{1}{2}$ bedeutet $-3-\left(-\frac{1}{2}\right)$, verdoppeln bedeutet $\cdot 2$.
Achte wieder auf Klammersetzung.

f) $\left(0,1:\frac{1}{3}\right)-\left(0,1\cdot\frac{1}{3}\right)$
$=\left(\frac{1}{10}\cdot\frac{3}{1}\right)-\frac{1}{10}\cdot\frac{1}{3}$
$=\frac{3}{10}-\frac{1}{30}$
$=\frac{9}{30}-\frac{1}{30}$
$=\frac{8}{30}$
$=\mathbf{\frac{4}{15}}$

Quotient aus 0,1 und $\frac{1}{3}$ bedeutet $0,1:\frac{1}{3}$.
Setze Klammern zur Übersichtlichkeit.
Schreibe als Bruch.

Aufgabe 5

a) $2^3\cdot 2^{-4}=2^{3+(-4)}=2^{-1}=\mathbf{\frac{1}{2}}$

Addiere die Exponenten.

b) $(9^2:9^4):9^{-3}=(9^{2-4}):9^{-3}$
$=9^{-2}:9^{-3}$
$=9^{-2-(-3)}$
$=9^1$
$=\mathbf{9}$

Berechne zuerst die Klammer, indem du die Exponenten subtrahierst.
Subtrahiere nun den Exponenten –3 vom Exponenten –2.

c) $\left(\frac{1}{2}\right)^{-2}=\left(\frac{2}{1}\right)^2=\mathbf{4}$

Das negative Vorzeichen im Exponenten kannst du weglassen, wenn du dafür den Kehrbruch von $\frac{1}{2}$ bildest.

d) $-2^4=-2\cdot 2\cdot 2\cdot 2=\mathbf{-16}$

Beachte: Der Exponent bezieht sich immer auf das Linksstehende, also hier auf die Zahl 2.

e) $(-2)^4=(-2)\cdot(-2)\cdot(-2)\cdot(-2)$
$=\mathbf{+16}$

Hier bezieht sich der Exponent auf die Klammer.

f) $(-6)^7\cdot\left(\frac{1}{6}\right)^7=\left(-6\cdot\frac{1}{6}\right)^7$
$=(-1)^7$
$=\mathbf{-1}$

Die Exponenten sind gleich, somit darfst du die Basen multiplizieren.

g) $5^2-5^3=25-125=\mathbf{-100}$

Hier gilt **kein Potenzgesetz**. Berechne schrittweise.

Lösungen – Grundwissen

/ Hinweise und Tipps

h) $\left(\dfrac{1}{3}\right)^3 : \left(1\dfrac{1}{3}\right)^3 = \left(\dfrac{1}{3} : 1\dfrac{1}{3}\right)^3$

$= \left(\dfrac{1}{3} : \dfrac{4}{3}\right)^3$

$= \left(\dfrac{1}{3} \cdot \dfrac{3}{4}\right)^3$

$= \left(\dfrac{1}{4}\right)^3$

$= \dfrac{1}{64}$

Die Exponenten sind gleich, somit darfst du die Basen dividieren.

i) $(10^3)^{-4} = 10^{3 \cdot (-4)} = 10^{-12}$
$= \mathbf{0{,}000000000001}$

Multipliziere die Exponenten.

j) $(-1{,}2)^{-2} = \left(-\dfrac{12}{10}\right)^{-2}$

$= \left(-\dfrac{10}{12}\right)^2$

$= \left(-\dfrac{5}{6}\right)^2$

$= \dfrac{25}{36}$

Schreibe als Kehrbruch, somit kann das negative Vorzeichen im Exponenten entfallen.

Kürze anschließend und berechne.

k) $(2^{-3} : 2^{-4})^{-2} = (2^{-3-(-4)})^{-2}$

$= (2^1)^{-2}$

$= 2^{1 \cdot (-2)}$

$= 2^{-2}$

$= \left(\dfrac{1}{2}\right)^2$

$= \dfrac{1}{4}$

Berechne die Klammer zuerst, indem du die Exponenten subtrahierst. Multipliziere anschließend die Exponenten.

Das negative Vorzeichen im Exponenten kann entfallen, wenn du den Kehrbruch von 2 bildest, also $\dfrac{1}{2}$.

Aufgabe 6

a) $T(4) = 3 \cdot 4^2 - 7 = \mathbf{41}$
$T(-2) = 3 \cdot (-2)^2 - 7 = \mathbf{5}$

Setze 4 für x ein und berechne unter Beachtung der Rechenvorschrift „Potenz vor Punkt vor Strich". Für den zweiten Wert setzt du $x = -2$ ein.

b)

x	$-\dfrac{1}{2}$	0	$2\dfrac{1}{3}$	0,01
T(x)	1	0	$-4\dfrac{2}{3}$	$-0{,}02$

Setze jeweils für die Variable x ein.

z. B. $T\left(-\dfrac{1}{2}\right) = -2 \cdot \left(-\dfrac{1}{2}\right) = +\dfrac{2}{1} \cdot \dfrac{1}{2} = 1$

c) $T(x) = -2 - x$

$T(-2) = -2 - (-2) = -2 + 2 = 0$
$T(-1) = -2 - (-1) = -2 + 1 = -1$ usw.

Von der Zahl -2 wird die jeweilige Zahl subtrahiert, somit folgt der Term $-2 - x$.

Lösungen – Grundwissen

Aufgabe 7

$2x - 3 \cdot 5y$ ☒

$2x \pm 4y$ ☐

$4x - 3 + 5y$ ☒

✏ Hinweise und Tipps

Hier stehen 2 Rechenzeichen direkt übereinander, das ist nicht sinnvoll.

Aufgabe 8

a) $24,5x^3 - 25,4x^3 + 54,2x^3 - 45,2x^3 + 52,4x^3 - 42,5x^3$
$= \mathbf{18x^3}$

Die Summanden haben alle die gleiche Variable x^3, deshalb kannst du sie zusammenfassen.

b) $15,3a^3 - 67,5b^3 - \mathbf{1,8a^3} + \mathbf{9,9b^3}$
$= \mathbf{13,5a^3 - 57,6b^3}$

Um die richtigen Faktoren zu finden, betrachtest du die verschiedenen Variablen getrennt:
$15,3a^3 - \square = 13,5a^3$ bzw. $-67,5b^3 + \square = -57,6b^3$

c) $x + x + x + x^2 - x^2 + x^3$
$= 3x + x^3 = \mathbf{x^3 + 3x}$

x, x^2 und x^3 sind verschiedene Variablen, die du getrennt zusammenfasst. Das Ergebnis wurde noch geordnet.

d) $2x^2y - \mathbf{x^2y} + 3xy^2 - \mathbf{2xy^2}$
$= \mathbf{x^2y + xy^2}$

x^2y und xy^2 sind getrennt zu betrachten.

e) $\frac{1}{5}a - \frac{2}{5}a + \frac{3}{4}b - \frac{4}{3}b + \frac{5}{2}a$
$= \mathbf{\frac{23}{10}a - \frac{7}{12}b}$

Bei der Variablen a ist der Hauptnenner 10, bei der Variablen b ist der Hauptnenner 12. Alle Brüche müssen erweitert werden, bevor du sie addieren bzw. subtrahieren kannst.

Aufgabe 9

a) $3(2x - 5y) = \mathbf{6x - 15y}$

Multipliziere die Klammer aus, indem du jeden Summanden in der Klammer mit 3 multiplizierst (Distributivgesetz).

b) $-12x^3(3y + 13x - 2,5xy)$
$= -36x^3y - 156x^4 + 30x^4y$
$= \mathbf{30x^4y - 156x^4 - 36x^3y}$

Alle Summanden in der Klammer werden mit $-12x^3$ multipliziert, dann wird das Ergebnis noch geordnet.

c) $p(pq - p^2q + pq^2) \cdot q$
$= p^2q^2 - p^3q^2 + p^2q^3$
$= \mathbf{-p^3q^2 + p^2q^3 + p^2q^2}$

Die beiden Faktoren p und q fasst man zum Faktor pq zusammen und multipliziert die Klammer damit. Das Ergebnis wurde noch geordnet.

d) $(4y + 3) \cdot (-3)$
$= (-3) \cdot (4y + 3)$
$= \mathbf{-12y - 9}$

Faktoren darfst du vertauschen.
Multipliziere alle Summanden mit (-3).

e) $(x + 2y) : 4$
$= (x + 2y) \cdot \frac{1}{4}$
$= \frac{1}{4} \cdot (x + 2y)$
$= \mathbf{\frac{1}{4}x + \frac{1}{2}y}$

Schreibe als Produkt und vertausche die Faktoren.
Beachte: Bei einem Quotienten darf nicht einfach vertauscht werden.

f) $-1 \cdot (-x + y) = \mathbf{x - y}$

Multipliziere jeden Summanden mit (-1).

Lösungen – Grundwissen

/ Hinweise und Tipps

Aufgabe 10

a) $4(3x-4y+5) = 12x - \mathbf{16y} + 20$

Die Summanden in der Klammer kannst du nicht zusammenfassen. Errechne zuerst den Faktor vor der Klammer, indem du überlegst, welche Zahl multipliziert mit 3 die Zahl 12 ergibt. Das liefert die Zahl 4, die du vor die Klammer schreibst. Durch Multiplikation von 4 mit den Summanden in der Klammer erhältst du die noch fehlenden Faktoren.

b) $2,5x^2(\mathbf{7y^2 - 4x})$
$= 17,5x^2y^2 - 10x^3$

Überlege: Womit muss man $2,5x^2$ multiplizieren, um die Summanden der rechten Seite zu erhalten?

c) $\frac{1}{3}\left(\frac{1}{\mathbf{2}} + (\mathbf{-3})\right) = \frac{1}{\mathbf{6}} - 1$

$\frac{1}{3} \cdot (-3) = -\frac{1}{3} \cdot \frac{3}{1} = -1$

d) $\frac{1}{3}\left(\frac{\mathbf{3}}{\mathbf{2}} - 1\right) = \frac{1}{2} + \left(-\frac{1}{3}\right)$

Beachte die unterschiedlichen Vorzeichen.
Um ein Plus zu erhalten muss $-\frac{1}{3}$ ergänzt werden.

e) $b - b^2 + b^3 = b \cdot (\mathbf{1 + (-b) - (-b^2)})$

Achte auf die Vorzeichen.

Aufgabe 11

a) $\quad 2x + 9 = x - 4 \quad |-9$
$\Leftrightarrow \quad 2x = x - 13 \quad |-x$
$\Leftrightarrow \quad 1x = -13$
$\Leftrightarrow \quad x = -13$
$\quad \mathbb{L} = \{-13\}$

Isoliere die Variable, indem du auf beiden Seiten 9 und x subtrahierst.

b) $\quad 7,4y - 3,5 = 2,4y \quad |+3,5$
$\Leftrightarrow \quad 7,4y = 2,4y + 3,5 \quad |-2,4y$
$\Leftrightarrow \quad 5y = 3,5 \quad |:5$
$\Leftrightarrow \quad y = 0,7$
$\quad \mathbb{L} = \{0,7\}$

Isoliere die Variable, indem du auf beiden Seiten 3,5 addierst und 2,4y subtrahierst.

Dividiere auf beiden Seiten durch 5.

c) $\quad 0,6z - 1,4 = 0,4z + 0,1 \quad |+1,4$
$\Leftrightarrow \quad 0,6z = 0,4z + 1,5 \quad |-0,4z$
$\Leftrightarrow \quad 0,2z = 1,5 \quad |:0,2$
$\Leftrightarrow \quad z = 1,5 : \frac{1}{5}$
$\Leftrightarrow \quad z = 7,5$
$\quad \mathbb{L} = \{7,5\}$

Beachte: $0,2 = \frac{2}{10} = \frac{1}{5}$

$1,5 : \frac{1}{5} = 1,5 \cdot \frac{5}{1} = 1,5 \cdot 5 = 7,5$

d) $\quad (2x+3) \cdot 2 = 7 + x$
$\Leftrightarrow \quad 2x \cdot 2 + 3 \cdot 2 = 7 + x$
$\Leftrightarrow \quad 4x + 6 = 7 + x \quad |-6$
$\Leftrightarrow \quad 4x = 1 + x \quad |-x$
$\Leftrightarrow \quad 3x = 1 \quad |:3$
$\Leftrightarrow \quad x = \frac{1}{3}$
$\quad \mathbb{L} = \left\{\frac{1}{3}\right\}$

Vereinfache zunächst mithilfe des Distributivgesetzes.

Isoliere die Variable.

Lösungen – Grundwissen

✏ Hinweise und Tipps

e) $\frac{1}{4}x - x = 3x$ Vereinfache zunächst: $\frac{1}{4}x - x = \frac{1}{4}x - 1x = \frac{1}{4}x - \frac{4}{4}x = -\frac{3}{4}x$

$\Leftrightarrow -\frac{3}{4}x = 3x \quad |-3x$ Isoliere die Variable.

$\Leftrightarrow -3\frac{3}{4}x = 0 \quad |:\left(-3\frac{3}{4}\right)$

$\Leftrightarrow x = 0$

$\mathbb{L} = \{0\}$

f) $0{,}1 - \frac{1}{3}x = \frac{1}{2}x \quad |-0{,}1$ Isoliere die Variable.

$\Leftrightarrow -\frac{1}{3}x = \frac{1}{2}x - 0{,}1 \quad |-\frac{1}{2}x \qquad -\frac{1}{3}x - \frac{1}{2}x = \left(-\frac{2}{6} - \frac{3}{6}\right)x = -\frac{5}{6}x$

$\Leftrightarrow -\frac{5}{6}x = -0{,}1 \quad |:\left(-\frac{5}{6}\right) \qquad -0{,}1 : \left(-\frac{5}{6}\right) = -\frac{1}{10} \cdot \left(-\frac{6}{5}\right) = +\frac{3}{25}$

$\Leftrightarrow x = \frac{3}{25}$

$\mathbb{L} = \left\{\dfrac{3}{25}\right\}$

g) $2 - 2x = 2 \cdot \left(2 - \frac{1}{3}x\right)$ Vereinfache zunächst mithilfe des Distributivgesetzes.

$\Leftrightarrow 2 - 2x = 2 \cdot 2 - 2 \cdot \frac{1}{3}x$

$\Leftrightarrow 2 - 2x = 4 - \frac{2}{3}x \quad |-2$

$\Leftrightarrow -2x = 2 - \frac{2}{3}x \quad |+\frac{2}{3}x \qquad -2x + \frac{2}{3}x = \left(-2 + \frac{2}{3}\right)x = \left(-\frac{6}{3} + \frac{2}{3}\right)x = -\frac{4}{3}x$

$\Leftrightarrow -\frac{4}{3}x = 2 \quad |:\left(-\frac{4}{3}\right) \qquad 2 : \left(-\frac{4}{3}\right) = 2 \cdot \left(-\frac{3}{4}\right) = -\frac{3}{2} = -1{,}5$

$\Leftrightarrow x = -1{,}5$

$\mathbb{L} = \{-1{,}5\}$

h) $-1{,}3 = -\frac{1}{5} + 0{,}2x \quad |+\frac{1}{5}$ Ordne Zahlen und Variable.

$\Leftrightarrow -1{,}3 + \frac{1}{5} = 0{,}2x \qquad -1{,}3 + \frac{1}{5} = -\frac{13}{10} + \frac{2}{10} = -\frac{11}{10}$

$\Leftrightarrow -\frac{11}{10} = 0{,}2x \quad |:0{,}2 \qquad -\frac{11}{10} : 0{,}2 = -\frac{11}{10} : \frac{2}{10} = -\frac{11}{10} \cdot \frac{10}{2} = -\frac{11}{2} = -5\frac{1}{2}$

$\Leftrightarrow -\frac{11}{10} : 0{,}2 = x$

$\Leftrightarrow -5\frac{1}{2} = x$

$\mathbb{L} = \left\{-5\dfrac{1}{2}\right\}$

Lösungen – Grundwissen

Hinweise und Tipps

i) $\quad z - 2 + \frac{1}{2}z = -5z + 3 - z$

Fasse auf beiden Seiten zusammen:

$\Leftrightarrow \quad 1{,}5z - 2 = -6z + 3 \quad |+6z$

$\Leftrightarrow \quad 7{,}5z - 2 = 3 \quad |+2$

$\Leftrightarrow \quad 7{,}5z = 5 \quad |:7{,}5$

$\Leftrightarrow \quad z = \frac{2}{3}$

$\mathbb{L} = \left\{\frac{2}{3}\right\}$

$z + \frac{1}{2}z = \frac{2}{2}z + \frac{1}{2}z = \frac{3}{2}z = 1{,}5z$

$-5z - z = (-5-1)z = -6z$

$5 : 7{,}5 = \frac{5}{1} : \frac{15}{2} = \frac{5}{1} \cdot \frac{2}{15} = \frac{2}{3}$

j) $\quad -y - y - 2 = -4 - \frac{1}{2}y$

Fasse zusammen: $-y - y = (-1-1)y = -2y$

$\Leftrightarrow \quad -2y - 2 = -4 - \frac{1}{2}y \quad |+\frac{1}{2}y$

$\Leftrightarrow \quad -\frac{3}{2}y - 2 = -4 \quad |+2$

$\Leftrightarrow \quad -\frac{3}{2}y = -2 \quad |:\left(-\frac{3}{2}\right)$

$\Leftrightarrow \quad y = 1\frac{1}{3}$

$\mathbb{L} = \left\{1\frac{1}{3}\right\}$

$-2y + \frac{1}{2}y = -\frac{4}{2}y + \frac{1}{2}y = -\frac{3}{2}y$

$-2 : \left(-\frac{3}{2}\right) = -2 \cdot \left(-\frac{2}{3}\right) = +\frac{4}{3} = 1\frac{1}{3}$

Aufgabe 12

a) $\quad 5x - 4 < -8 + x \quad |-x$

$\Leftrightarrow 5x - x - 4 < -8 \quad |+4$

$\Leftrightarrow \quad 4x < -8 + 4$

$\Leftrightarrow \quad 4x < -4 \quad |:4$

$\Leftrightarrow \quad x < -1$

$\mathbb{L} = \{x \mid x < -1\}$

Isoliere die Variable, indem du auf beiden Seiten x subtrahierst und 4 addierst.

Kontrolliere, ob alle Zahlen der Lösung in $\mathbb{G}$ enthalten sind.

b) $\quad \frac{1}{2}x + 5 - x \geq 0$

Vereinfache und isoliere die Variable, indem du auf beiden Seiten 5 subtrahierst und anschließend durch $-\frac{1}{2}$ dividierst.

$\Leftrightarrow \quad \frac{1}{2}x - x + 5 \geq 0 \quad |-5$

$\Leftrightarrow \quad -\frac{1}{2}x \geq -5 \quad |:\left(-\frac{1}{2}\right)$

$\Leftrightarrow \quad x \leq -5 : \left(-\frac{1}{2}\right)$

$\Leftrightarrow \quad x \leq 10$

$\mathbb{L} = \{x \mid x \leq 10\}$

Beachte die Inversionsregel (Ungleichheitszeichen umdrehen!)

c) $\quad -3x + 8 - x - x < -x$

Vereinfache.

$\Leftrightarrow -3x - x - x + 8 < -x$

$\Leftrightarrow \quad -5x + 8 < -x \quad |+x$

$\Leftrightarrow \quad -4x + 8 < 0 \quad |-8$

$\Leftrightarrow \quad -4x < -8 \quad |:(-4)$

$\Leftrightarrow \quad x > 2$

$\mathbb{L} = \{x \mid x > 2\}$

Isoliere die Variable, indem du auf beiden Seiten x addierst und 8 subtrahierst.

Beachte die Inversionsregel.

Lösungen – Grundwissen

✏ Hinweise und Tipps

d) $\quad 2 \cdot (x-1) \leq 5x \qquad\qquad\qquad$ Vereinfache zunächst mithilfe des Distributivgesetzes.
$\Leftrightarrow 2 \cdot x - 2 \cdot 1 \leq 5x \qquad\qquad\qquad$ Isoliere die Variablen.
$\Leftrightarrow \quad 2x - 2 \leq 5x \qquad | -5x$
$\Leftrightarrow \quad -3x - 2 \leq 0 \qquad | +2$
$\Leftrightarrow \quad -3x \leq 2 \qquad\quad | :(-3)$
$\Leftrightarrow \quad x \geq -\dfrac{2}{3} \qquad\qquad$ Beachte die Inversionsregel bei Division durch eine negative Zahl.
$\mathbb{L} = \left\{ x \,\middle|\, x \geq -\dfrac{2}{3} \right\}$

e) $\left(-\dfrac{1}{2}x + 2\right) \cdot 4 > -x \qquad\qquad$ Distributivgesetz anwenden.

$\Leftrightarrow \dfrac{1}{2}x \cdot 4 + 2 \cdot 4 > -x \qquad\qquad$ Vereinfache: $\dfrac{1}{2}x \cdot 4 = \dfrac{1}{2} \cdot \dfrac{4}{1} x = \dfrac{2}{1}x = 2x$

$\Leftrightarrow \quad 2x + 8 > -x \qquad | +x \qquad$ Isoliere die Variable durch Addition von x auf beiden Seiten und
$\Leftrightarrow \quad 3x + 8 > 0 \qquad\ | -8 \qquad$ durch Subtraktion von 8.
$\Leftrightarrow \quad 3x > -8 \qquad\quad\ | :3$
$\Leftrightarrow \quad x > -\dfrac{8}{3}$
$\Leftrightarrow \quad x > -2\dfrac{2}{3}$
$\mathbb{L} = \left\{ x \,\middle|\, x > -2\dfrac{2}{3} \right\}$

f) $\quad 0,6z + 1,4 < 0,5z + 0,4 \quad | -0,5z \qquad$ Isoliere die Variablen.
$\Leftrightarrow \quad 0,1z + 1,4 < 0,4 \qquad\quad | -1,4$
$\Leftrightarrow \quad 0,1z < -1 \qquad\qquad\quad | \cdot 10 \qquad 0,1 = \dfrac{1}{10}$
$\Leftrightarrow \quad z < -10$
$\mathbb{L} = \{z \,|\, z < -10\}$

g) $\quad (-3+x) : 6 < 0 \qquad\qquad\qquad$ Division durch 6 entspricht Multiplikation mit $\dfrac{1}{6}$.
$\Leftrightarrow (-3+x) \cdot \dfrac{1}{6} < 0 \qquad\qquad$ Vereinfache mithilfe des Distributivgesetzes.
$\Leftrightarrow -3 \cdot \dfrac{1}{6} + x \cdot \dfrac{1}{6} < 0 \qquad\qquad$ Vereinfache: $-3 \cdot \dfrac{1}{6} = -\dfrac{3}{1} \cdot \dfrac{1}{6} = -\dfrac{1}{2}$
$\Leftrightarrow -\dfrac{1}{2} + \dfrac{1}{6}x < 0 \qquad | +\dfrac{1}{2} \qquad$ Isoliere die Variable.
$\Leftrightarrow \quad \dfrac{1}{6}x < \dfrac{1}{2} \qquad\quad | :\dfrac{1}{6}$
$\Leftrightarrow \quad x < 3$
$\mathbb{L} = \{x \,|\, x < 3\}$

Lösungen – Grundwissen

                                    Hinweise und Tipps

h) $\quad -\dfrac{5}{6}x - x \geq -2 + \dfrac{1}{9} + 1{,}5x$ Vereinfache: $-2 + \dfrac{1}{9} = -\dfrac{18}{9} + \dfrac{1}{9} = -\dfrac{17}{9}$

$\Leftrightarrow \quad -\dfrac{11}{6}x \geq -\dfrac{17}{9} + 1{,}5x \quad |-1{,}5x$ $-\dfrac{5}{6}x - x = -\dfrac{5}{6}x - \dfrac{6}{6}x = -\dfrac{11}{6}x$

$\Leftrightarrow \quad -\dfrac{11}{6}x - 1{,}5x \geq -\dfrac{17}{9}$ $-\dfrac{11}{6}x - 1{,}5x = -\dfrac{11}{6}x - \dfrac{3}{2}x = -\dfrac{11}{6}x - \dfrac{9}{6}x = -\dfrac{20}{6}x$

$\Leftrightarrow \quad -\dfrac{10}{3}x \geq -\dfrac{17}{9} \quad \left|:\left(-\dfrac{10}{3}\right)\right.$ $= -\dfrac{10}{3}x$

$\Leftrightarrow \quad x \leq -\dfrac{17}{9} : \left(-\dfrac{10}{3}\right)$ Inversionsregel bei Division durch eine negative Zahl.

$\Leftrightarrow \quad x \leq \dfrac{17}{30}$ $-\dfrac{17}{9} : \left(-\dfrac{10}{3}\right) = -\dfrac{17}{9} \cdot \left(-\dfrac{3}{10}\right) = +\dfrac{17}{30}$

$\mathbb{L} = \left\{x \,\middle|\, x \leq \dfrac{\mathbf{17}}{\mathbf{30}}\right\}$

i) $\quad 0{,}1z - \dfrac{1}{3}z > 0{,}4$ Vereinfache: $0{,}1z - \dfrac{1}{3}z = \dfrac{1}{10}z - \dfrac{1}{3}z = \dfrac{3}{30}z - \dfrac{10}{30}z = -\dfrac{7}{30}z$

$\Leftrightarrow \quad -\dfrac{7}{30}z > 0{,}4 \quad \left|:\left(-\dfrac{7}{30}\right)\right.$ Inversionsregel

$\Leftrightarrow \quad z < 0{,}4 : \left(-\dfrac{7}{30}\right)$ $0{,}4 : \left(-\dfrac{7}{30}\right) = \dfrac{4}{10} \cdot \left(-\dfrac{30}{7}\right) = -\dfrac{12}{7} = -1\dfrac{5}{7}$

$\Leftrightarrow \quad z < -1\dfrac{5}{7}$

$\mathbb{L} = \left\{z \,\middle|\, z < -\mathbf{1}\dfrac{\mathbf{5}}{\mathbf{7}}\right\}$

j) $\quad -0{,}01y > -y + 99 \quad |+y$ $-0{,}01y + y = -0{,}01y + 1y = 0{,}99y$

$\Leftrightarrow \quad -0{,}01y + y > 99$

$\Leftrightarrow \quad 0{,}99y > 99 \quad |:0{,}99$ $99 : 0{,}99 = 99 : \dfrac{99}{100} = \dfrac{99}{1} \cdot \dfrac{100}{99} = \dfrac{100}{1} = 100$

$\Leftrightarrow \quad y > 99 : 0{,}99$

$\Leftrightarrow \quad y > 100$

$\mathbb{L} = \{y \,|\, y > \mathbf{100}\}$

k) $\quad (z - 2) : 1\dfrac{1}{3} < -1$ Vereinfache mithilfe des Distributivgesetzes.

$\Leftrightarrow \quad z : 1\dfrac{1}{3} - 2 : 1\dfrac{1}{3} < -1$ $z : 1\dfrac{1}{3} = z : \dfrac{4}{3} = z \cdot \dfrac{3}{4} = \dfrac{3}{4}z$

$\Leftrightarrow \quad \dfrac{3}{4}z - 1{,}5 < -1 \quad |+1{,}5$ $2 : 1\dfrac{1}{3} = 2 \cdot \dfrac{3}{4} = \dfrac{3}{2} = 1{,}5$

$\Leftrightarrow \quad \dfrac{3}{4}z < 0{,}5 \quad \left|:\dfrac{3}{4}\right.$ $0{,}5 : \dfrac{3}{4} = \dfrac{1}{2} \cdot \dfrac{4}{3} = \dfrac{2}{3}$

$\Leftrightarrow \quad z < 0{,}5 : \dfrac{3}{4}$

$\Leftrightarrow \quad z < \dfrac{2}{3}$

$\mathbb{L} = \{\mathbf{0}\}$ In der Menge $\mathbb{N}$ sind nur positive ganze Zahlen enthalten.
                                                         Nur die Zahl 0 erfüllt die Ungleichung.

Lösungen – Grundwissen

/ Hinweise und Tipps

l) $-a - 0,01a - 0,001 < 0$ Vereinfache: $-a - 0,01a = -1a - 0,01a = -1,01a$

$\Leftrightarrow \quad -1,01a - 0,001 < 0 \quad\quad |+0,001$

$\Leftrightarrow \quad -1,01a < 0,001 \quad\quad |:(-1,01)$ Inversionsregel

$\Leftrightarrow \quad a > 0,001:(-1,01)$ $0,001:(-1,01) = \dfrac{1}{1\,000} : \left(-\dfrac{101}{100}\right)$

$\Leftrightarrow \quad a > -\dfrac{1}{1\,010}$ $= \dfrac{1}{1\,000} \cdot \left(-\dfrac{100}{101}\right) = -\dfrac{1}{1\,010}$

$\mathbb{L} = \mathbb{N}_0$

Aufgabe 13

☒ Zwei Hölzer sind genauso lang wie fünf Hölzer, die 3 cm kürzer sind.

Die Länge der zwei Hölzer ist x, 3 cm kürzer bedeutet $x - 3$. Die Multiplikation berechnet auf der einen Seite die Länge von 2 Hölzern der Länge x, auf der anderen Seite des Gleichheitszeichens die Länge von 5 Hölzern mit der Länge $x - 3$.

Aufgabe 14

a) Die gesuchte Zahl wird mit x bezeichnet:
$4x - 11 = 25$ ist die Gleichung.   Das 4-fache der Zahl x bedeutet 4x.
$\Leftrightarrow 4x = 36$
$\Leftrightarrow x = \mathbf{9}$
Ergebnis: Die gesuchte Zahl ist 9.

b) Die erste Seite wird mit x bezeichnet:
$x + (x - 3) + 3(x - 3) = 28$
ist die gesuchte Gleichung.   Die zweite Seite ist 3 cm kürzer: $x - 3$; die dritte ist das 3-fache von der zweiten: $3(x - 3)$
$\Leftrightarrow x + x - 3 + 3x - 9 = 28$
$\Leftrightarrow \quad\quad\quad\quad\quad x = \mathbf{8}$ Probe: $8\,cm + 5\,cm + 15\,cm = 28\,cm$
Ergebnis: Die Seiten sind 8 cm, 5 cm und 15 cm lang.

c) Die erste Zahl wird mit x bezeichnet:
$x + (x + 2) + (x + 4) = 201$
ist die gesuchte Gleichung.   Die nächste ungerade Zahl ist immer um 2 größer als die vorhergehende, also $x + 2$ und $(x + 2) + 2 = x + 4$.
$\Leftrightarrow x + x + 2 + x + 4 = 201$
$\Leftrightarrow \quad\quad\quad\quad\quad x = \mathbf{65}$
Ergebnis: Die Zahlen sind 65, 67 und 69.

Aufgabe 15

Der Stundenlohn bei Modell A wird mit x bezeichnet:
$4 \cdot 8x = 5 \cdot 6(x + 1)$ ist die Gleichung.
$\Leftrightarrow 32x = 30x + 30$ 4 Tage à 8 Stunden zu je x €; 5 Tage à 6 Stunden zu
$\Leftrightarrow \quad x = \mathbf{15}$ 1 € mehr, also zu je $(x + 1)$ €
Ergebnis: Der Stundenlohn ist 15 €, der Wochenlohn 480 €.

Lösungen – Grundwissen

✏ Hinweise und Tipps

Aufgabe 16

Die Anzahl der Plätze in Preisgruppe B wird mit x bezeichnet:
$2x \cdot 38 + x \cdot 32 + (520 - 2x - x) \cdot 28$
$= 18\,304$ ist die gesuchte Gleichung.
$\Leftrightarrow \quad 76x + 32x + 14\,560 - 84x = 18\,304$
$\Leftrightarrow \quad\quad\quad\quad\quad\quad\quad x = \mathbf{156}$

Ergebnis: Es gibt in A 312, in B 156 und in C 52 Plätze.

Doppelt so viele Plätze in Preisgruppe A wie in Preisgruppe B bedeutet: 2x; für Preisgruppe C bleibt der Rest der Plätze, also: $520 - 2x - x$.
Die Anzahl der Plätze wird dann mit dem Preis pro Platz multipliziert und gleich den Gesamteinnahmen gesetzt.

Aufgabe 17

Fabians Taschengeld wird mit x bezeichnet:
$\quad\quad 40 + x + 2x = 190$
$\Leftrightarrow \quad 40 + 3x = 190$
$\Leftrightarrow \quad\quad\quad 3x = 150$
$\Leftrightarrow \quad\quad\quad\quad x = \mathbf{50}$

Ergebnis: Fabian erhält 50 €, seine Schwester Sandra 100 €.

Das doppelte Taschengeld bedeutet 2x.
Gemeinsam heißt, dass die Beträge addiert werden.

Alternativlösung:
Sandras Taschengeld wird mit x bezeichnet:
$\quad\quad 40 + x + \frac{1}{2}x = 190$
$\Leftrightarrow \quad 40 + 1\frac{1}{2}x = 190$
$\Leftrightarrow \quad\quad\quad 1\frac{1}{2}x = 150$
$\Leftrightarrow \quad\quad\quad\quad x = \mathbf{100}$

Ergebnis: Sandra erhält 100 €, ihr Bruder 50 €.

Fabian hat nur die Hälfte des Taschengeldes von Sandra, also $\frac{1}{2}x$.

$150 : 1\frac{1}{2} = 150 : \frac{3}{2} = 150 \cdot \frac{2}{3} = 100$

Fabian: $\frac{1}{2}x$ Taschengeld, also $\frac{1}{2} \cdot 100\text{ €} = 50\text{ €}$

Aufgabe 18

Die gesuchte Breite wird mit x bezeichnet.
$\quad\quad 4 + 4 + x + x = 20$
$\Leftrightarrow \quad\quad 8 + 2x = 20$
$\Leftrightarrow \quad\quad\quad\quad 2x = 12$
$\Leftrightarrow \quad\quad\quad\quad\, x = \mathbf{6}$

Ergebnis: Die Breite des Rechtecks beträgt 6 cm.

Addiere alle Seitenlängen, somit erhältst du den Umfang.
Achte auf gleiche Einheiten: 2 dm = 20 cm!

Aufgabe 19

Die gesuchte Schnurlänge wird mit x bezeichnet.
$\quad\quad 7 \cdot x + 10 = 150$
$\Leftrightarrow \quad\quad 7 \cdot x = 140$
$\Leftrightarrow \quad\quad\quad\, x = \mathbf{20}$

Ergebnis: Jedes Schnurstück ist 20 cm lang.

Sieben gleich lange Stücke bedeuten $7 \cdot x$. Addiere den Rest von 10 cm, so erhältst du die gesamte Schnurlänge.
Achte auf gleiche Einheiten: 1,5 m = 150 cm

Lösungen – Grundwissen

Aufgabe 20

✏ Hinweise und Tipps

a) $\alpha = \mathbf{80°}$

$\beta = \gamma$, da im gleichschenkligen Dreieck mit den Schenkeln [AB] und [AC] die Basiswinkel maßgleich sind.
Somit gilt: $\alpha + 50° + 50° = 180°$, also $\alpha = 80°$

b) $\beta = \mathbf{65°}$

$\beta = \gamma \Rightarrow \alpha + \beta + \beta = 180°$
$\Rightarrow 50° + 2\beta = 180°$
$\Leftrightarrow 2\beta = 130°$
$\Leftrightarrow \beta = 65°$

Aufgabe 21

Für die Winkel gilt:
$\alpha = x, \beta = 2x, \gamma = 2x - 12°$
Damit gilt:
$\Leftrightarrow x + 2x + 2x - 12° = 180°$
$\Leftrightarrow 5x = 192°$
$\Leftrightarrow x = \mathbf{38,4°}$
Ergebnis:
$\alpha = 38,4°, \beta = 76,8°, \gamma = 64,8°$

Setze $\alpha = x$, β ist doppelt so groß, d. h. $\beta = 2 \cdot x$ und γ ist 12° kleiner als β, also $\gamma = \beta - 12° = 2x - 12°$.

Aufgabe 22

$\alpha = \mathbf{75°}$
$\beta = \mathbf{65°}$

$\alpha + 105° = 180°$ (gestreckter Winkel)
$\Leftrightarrow \alpha = 75°$
$75° + \beta + 90° + 2\beta = 360°$ (Winkelsumme im Viereck 360°)
$\Leftrightarrow 3\beta + 165° = 360°$
$\Leftrightarrow 3\beta = 195° \quad |:3$
$\Leftrightarrow \beta = 65°$

Aufgabe 23

$\alpha = \mathbf{108°}$

Im Fünfeck beträgt die Innenwinkelsumme 540°.
Somit gilt: $5 \cdot \alpha = 540° \quad |:5$
$\Leftrightarrow \alpha = 108°$

Aufgabe 24

Nein

Im stumpfen Dreieck ist ein Innenwinkel größer als 90°. Da im gleichschenkligen Dreieck die Basiswinkel gleich groß sind, wäre die Innenwinkelsumme sicher größer als $45° + 45° + 90° = 180°$.

Aufgabe 25

$\alpha' = \mathbf{120°}$
$\beta = \mathbf{40°}$

$3\gamma + 4\gamma + 2\gamma = 180°$, da ein gestreckter Winkel 180° besitzt, damit ist $\gamma = 20°$.
$\beta = 2\gamma = 40°$, da β Wechselwinkel zu 2γ ist (die Geraden g und h sind parallel). Mit der Winkelsumme im Dreieck gilt $\alpha + \beta + 4\gamma = 180°$, also $\alpha = 60°$. Der Nebenwinkel zu α ist $\alpha' = 180° - \alpha = 180° - 60° = 120°$.

Lösungen – Grundwissen

Aufgabe 26

$\gamma_1 = 75°$

Hinweise und Tipps

Der Winkel bei D ist $\delta = 110°$ (Wechselwinkel, weil die Geraden in einem Trapez parallel sind). Wegen $\overline{AD} = \overline{CD}$ sind die Basiswinkel α und γ_2 im Dreieck ΔACD gleich groß und je 35°, wie du mithilfe der Winkelsumme $110° + 2 \cdot \alpha = 180°$ berechnen kannst. Wegen $\overline{AD} = \overline{BC}$ ist das Trapez gleichschenklig und daher ist $\gamma = 110°$, somit ist $\gamma_1 = 110° - 35° = 75°$.

Aufgabe 27

$\beta = 105°$ — Nebenwinkel zu 75°, also $180° - 75° = 105°$

$\delta = 87°$ — Winkelsumme im großen Dreieck mit δ, 36° und 57° (Nebenwinkel zu 123°): $\delta + 36° + 57° = 180°$

$\gamma = 132°$ — Nebenwinkel zu 48°. Den Winkel mit 48° kannst du über die Winkelsumme im kleinen Dreieck rechts mit 75° und 57° (Nebenwinkel zu 123°) bestimmen.

$\varepsilon = 126°$ — Die Winkelsumme im Fünfeck beträgt $(5-2) \cdot 180° = 540°$. Mit den Ergebnissen gilt $540° = 90° + \beta + \gamma + \delta + \varepsilon = 90° + 105° + 132° + 87° + \varepsilon$.

Aufgabe 28

Es gilt: $10 \text{ dm} \cdot \ell = 12 \text{ m}^2$

$10 \text{ dm} \cdot \ell = 1\,200 \text{ dm}^2$

$\ell = \mathbf{120 \text{ dm}}$

Der Flächeninhalt A eines Rechtecks berechnet sich mit der Formel:
A = Länge · Breite

Achte auf gleiche Einheiten, hier z. B. dm: $12 \text{ m}^2 = 1\,200 \text{ dm}^2$

Bei **Flächeneinheiten** gilt die **Umrechnungszahl 100**.

Aufgabe 29

$4 \cdot \ell = 20 \text{ cm}$
$\ell = 5 \text{ cm}$

$A = \ell^2$
$A = 5 \text{ cm} \cdot 5 \text{ cm}$
$A = \mathbf{25 \text{ cm}^2}$

Berechne zunächst die Seitenlänge ℓ des Quadrats aus dem gegebenen Umfang von 20 cm.

Nun kannst du den Flächeninhalt des Quadrats berechnen.

Aufgabe 30

$A_1 = (3 \text{ m})^2 \cdot 3{,}14 \cdot \frac{1}{2} = 14{,}13 \text{ m}^2$

Der Durchmesser des großen Halbkreises beträgt $4 \text{ m} + 2 \text{ m} = 6 \text{ m}$, somit hat er einen Radius von 3 m.

$A_2 = (2 \text{ m})^2 \cdot 3{,}14 \cdot \frac{1}{2} = 6{,}28 \text{ m}^2$

Berechne den Flächeninhalt des linken Halbkreises mit Radius 2 m.

$A_3 = (1 \text{ m})^2 \cdot 3{,}14 \cdot \frac{1}{2} = 1{,}57 \text{ m}^2$

Berechne den Flächeninhalt des rechten Halbkreises mit Radius 1 m.

Flächeninhalt A der grauen Figur:
$A = A_1 - A_2 - A_3$
$A = \mathbf{6{,}28 \text{ m}^2}$

Den Flächeninhalt erhältst du, indem du vom gesamten Flächeninhalt A_1 des großen Halbkreises die Flächeninhalte A_2 und A_3 der kleinen Halbkreise subtrahierst.

Lösungen – Grundwissen

Aufgabe 31

$V = \ell^3$
$V = 5 \text{ cm} \cdot 5 \text{ cm} \cdot 5 \text{ cm}$
$V = 125 \text{ cm}^3$
$V = 0,125 \text{ dm}^3$
$V = 0,125 \ \ell$

Ergebnis: **Der Inhalt eines 0,5 ℓ-Glases passt nicht in den Würfel.**

✏ Hinweise und Tipps

Volumenformel zur Berechnung des Würfelvolumens.

Merke dir:
- **1 dm³ = 1 ℓ**
- $1 \text{ cm}^3 = 1 \ m\ell$
- **Umrechnungszahl 1 000** bei Volumeneinheiten.

Aufgabe 32

$U = d \cdot 3,14$
$U = 70 \text{ cm} \cdot 3,14$
$U = 219,8 \text{ cm} \approx 220 \text{ cm}$
$s = 10 \cdot 220 \text{ cm}$
$s = 2\,200 \text{ cm}$
$s = 22 \text{ m}$

Ergebnis: **Das Rad legt deutlich weniger als 50 m zurück.**

Der Umfang des Rads berechnet sich mit der Formel $U = d \cdot 3,14$.
Somit legt das Rad nach 1 Umdrehung $219,8 \text{ cm} \approx 220 \text{ cm}$ zurück.

Die zurückgelegte Wegstrecke s nach 10 Umdrehungen erhält man, indem man die Wegstrecke nach 1 Umdrehung mit 10 multipliziert.
Beachte: **Umrechnungszahl 10** bei Längeneinheiten.

Aufgabe 33

a) $\overrightarrow{AB} = \begin{pmatrix} -3-9 \\ 5-4 \end{pmatrix}$

$\overrightarrow{AB} = \begin{pmatrix} \mathbf{-12} \\ \mathbf{1} \end{pmatrix}$

✏ Hinweise und Tipps

Faustregel: „Spitze B minus Fuß A"

b) $\overrightarrow{AB} = \begin{pmatrix} 3-(-5) \\ 1-0 \end{pmatrix}$

$\overrightarrow{AB} = \begin{pmatrix} \mathbf{8} \\ \mathbf{1} \end{pmatrix}$

Beachte: $-(-5) = +5$

c) $\overrightarrow{AB} = \begin{pmatrix} 2 \\ 4 \end{pmatrix}$

$\begin{pmatrix} x_B - 5 \\ y_B - 1 \end{pmatrix} = \begin{pmatrix} 2 \\ 4 \end{pmatrix}$

$\Rightarrow x_B = 7$ und $y_B = 5$

B(7|5)

Setze die Koordinaten für A in die Formel „Spitze B minus Fuß A" ein.

d) $\begin{pmatrix} -1 - x_A \\ 2 - y_A \end{pmatrix} = \begin{pmatrix} 2 \\ 4 \end{pmatrix}$

$\Rightarrow -1 - x_A = 2 \quad |+1 \quad$ und $\quad 2 - y_A = 4 \quad |-2$
$\Leftrightarrow \quad -x_A = 3 \quad |:(-1) \quad \Leftrightarrow \quad -y_A = 2 \quad |:(-1)$
$\Leftrightarrow \quad x_A = -3 \quad\quad\quad\quad\quad\quad \Leftrightarrow \quad y_A = -2$

A(-3|-2)

Setze die Koordinaten für B ein: $\begin{pmatrix} x_B - x_A \\ y_B - y_A \end{pmatrix} = \overrightarrow{AB}$

Löse die jeweilige Gleichung zur Berechnung der Koordinaten.

Lösungen – Grundwissen

Hinweise und Tipps

e) $\begin{pmatrix} x_B - (-1) \\ y_B - 1 \end{pmatrix} = \begin{pmatrix} -2 \\ -1 \end{pmatrix}$

Setze die Koordinaten für A ein: $\begin{pmatrix} x_B - x_A \\ y_B - y_A \end{pmatrix} = \overrightarrow{AB}$

$\Rightarrow x_B + 1 = -2 \quad |-1 \quad$ und $\quad y_B - 1 = -1 \quad |+1$
$\Leftrightarrow x_B = -3 \qquad\qquad\qquad \Leftrightarrow \quad y_B = 0$

B(−3|0)

f) $\begin{pmatrix} 5 - x_A \\ 0 - y_A \end{pmatrix} = \begin{pmatrix} 3 \\ 0 \end{pmatrix}$

$\Rightarrow x_A = 2$ und $y_A = 0$

A(2|0)

Aufgabe 34

Hinweise und Tipps

a) $M\left(\dfrac{2+1}{2} \Big| \dfrac{3+4}{2}\right)$

Setze die Koordinaten in die Formel $M\left(\dfrac{x_A + x_B}{2} \Big| \dfrac{y_A + y_B}{2}\right)$ ein:

M(1,5 | 3,5)

$x_A = 2, y_A = 3, x_B = 1, y_B = 4$

b) $M\left(\dfrac{7+(-3)}{2} \Big| \dfrac{-1+(-2)}{2}\right)$

M(2 | −1,5)

c) $M\left(\dfrac{0 + x_B}{2} \Big| \dfrac{4 + y_B}{2}\right) = (2|1)$

Aufgrund der Formel $M\left(\dfrac{x_A + x_B}{2} \Big| \dfrac{y_A + y_B}{2}\right)$ muss gelten:

$\Rightarrow x_B = 4$ und $y_B = -2$

$\left(\dfrac{x_A + x_B}{2} \Big| \dfrac{y_A + y_B}{2}\right) = (x_M | y_M)$

B(4|−2)

Setze die Koordinaten für A und M ein und berechne x_B und y_B.
Es muss gelten: $0 + x_B = 2 \cdot 2$ und $4 + y_B = 1 \cdot 2$

d) $M\left(\dfrac{x_A + (-1)}{2} \Big| \dfrac{y_A + 2}{2}\right) = (0|3)$

Es muss gelten: $x_A - 1 = 0 \cdot 2$ und $y_A + 2 = 3 \cdot 2$

$\Rightarrow x_A = 1$ und $y_A = 4$

A(1|4)

e) $M\left(\dfrac{x_A + 3}{2} \Big| \dfrac{y_A + 2}{2}\right) = (-2|2)$

Es muss gelten: $x_A + 3 = (-2) \cdot 2$ und $y_A + 2 = 2 \cdot 2$

$\Rightarrow x_A = -7$ und $y_A = 2$

A(−7|2)

f) $M\left(\dfrac{3 + x_B}{2} \Big| \dfrac{-2 + y_B}{2}\right) = (8|9)$

Es muss gelten: $3 + x_B = 8 \cdot 2$ und $-2 + y_B = 9 \cdot 2$

$\Rightarrow x_B = 13$ und $y_B = 20$

B(13|20)

Lösungen – Grundwissen

Aufgabe 35

Hinweise und Tipps

a) $\begin{pmatrix} 1 \\ -3 \end{pmatrix}$

$\begin{pmatrix} -2 \\ 1 \end{pmatrix} \oplus \begin{pmatrix} 3 \\ -4 \end{pmatrix} = \begin{pmatrix} -2+3 \\ 1+(-4) \end{pmatrix} = \begin{pmatrix} 1 \\ -3 \end{pmatrix}$

Addiere jeweils die x- und y-Koordinaten.

b) $\begin{pmatrix} -1 \\ 2 \end{pmatrix}$

$\begin{pmatrix} 0 \\ -3 \end{pmatrix} \oplus \begin{pmatrix} -1 \\ 5 \end{pmatrix} = \begin{pmatrix} 0+(-1) \\ -3+5 \end{pmatrix} = \begin{pmatrix} -1 \\ 2 \end{pmatrix}$

c) $\begin{pmatrix} 0 \\ 0 \end{pmatrix}$

$\begin{pmatrix} 8 \\ -1 \end{pmatrix} \oplus \begin{pmatrix} -8 \\ 1 \end{pmatrix} = \begin{pmatrix} 8+(-8) \\ -1+1 \end{pmatrix} = \begin{pmatrix} 0 \\ 0 \end{pmatrix}$

d) $\begin{pmatrix} -2 \\ -2 \end{pmatrix}$

$\begin{pmatrix} -1 \\ -1 \end{pmatrix} \oplus \begin{pmatrix} -1 \\ -1 \end{pmatrix} = \begin{pmatrix} -1+(-1) \\ -1+(-1) \end{pmatrix} = \begin{pmatrix} -2 \\ -2 \end{pmatrix}$

e) $\begin{pmatrix} 4 \\ 5 \end{pmatrix}$

$\begin{pmatrix} 5 \\ -1 \end{pmatrix} \oplus \begin{pmatrix} -1 \\ 5 \end{pmatrix} \oplus \begin{pmatrix} 0 \\ 1 \end{pmatrix} = \begin{pmatrix} 5+(-1)+0 \\ -1+5+1 \end{pmatrix} = \begin{pmatrix} 4 \\ 5 \end{pmatrix}$

f) $\begin{pmatrix} 0 \\ -5 \end{pmatrix}$

$\begin{pmatrix} 0 \\ -2 \end{pmatrix} \oplus \begin{pmatrix} -2 \\ 0 \end{pmatrix} \oplus \begin{pmatrix} 2 \\ -3 \end{pmatrix} = \begin{pmatrix} 0+(-2)+2 \\ -2+0+(-3) \end{pmatrix} = \begin{pmatrix} 0 \\ -5 \end{pmatrix}$

Aufgabe 36

Hinweise und Tipps

a) $\overrightarrow{EF} = \begin{pmatrix} 2-(-1) \\ 3-2 \end{pmatrix}$

$\overrightarrow{EF} = \begin{pmatrix} 3 \\ 1 \end{pmatrix}$

$\overrightarrow{HG} = \begin{pmatrix} 3 \\ 1 \end{pmatrix}$

Spitze F minus Fuß E.

Im Parallelogramm sind die gegenüberliegenden Seiten [EF] und [HG] parallel und gleich lang.

Somit gilt: $\overrightarrow{EF} = \overrightarrow{HG}$

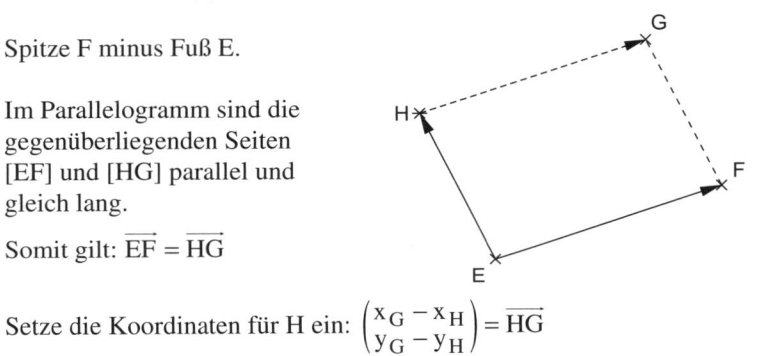

$\begin{pmatrix} x_G - (-2) \\ y_G - 4 \end{pmatrix} = \begin{pmatrix} 3 \\ 1 \end{pmatrix}$

$\Rightarrow x_G + 2 = 3 \quad$ und $\quad y_G - 4 = 1$
$\Leftrightarrow \quad x_G = 1 \quad\quad \Leftrightarrow \quad y_G = 5$

G(1 | 5)

Setze die Koordinaten für H ein: $\begin{pmatrix} x_G - x_H \\ y_G - y_H \end{pmatrix} = \overrightarrow{HG}$

b) $S = M_{[EG]}\left(\dfrac{x_E + x_G}{2} \Big| \dfrac{y_E + y_G}{2}\right)$

$S = M_{[EG]}\left(\dfrac{-1+1}{2} \Big| \dfrac{2+5}{2}\right)$

$S = \mathbf{M_{[EG]}(0 | 3{,}5)}$

Die Diagonalen halbieren sich im Parallelogramm. Somit ist der Schnittpunkt gleich dem Mittelpunkt der Strecken [EG] und [HF].

Kontrolle:

$M_{[HF]}\left(\dfrac{-2+2}{2} \Big| \dfrac{4+3}{2}\right)$

$M_{[HF]}(0 | 3{,}5)$

Lösungen – Grundwissen

Aufgabe 37

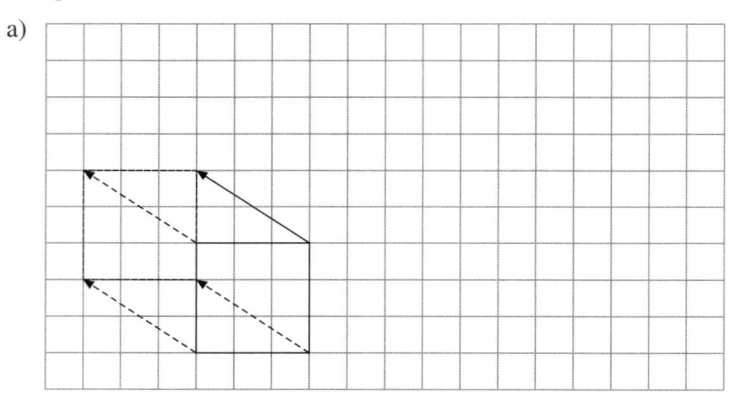

✏ Hinweise und Tipps

a)

Setze den Verschiebungspfeil an jedem Eckpunkt an.
Urfigur und Bildfigur sind kongruent (deckungsgleich).

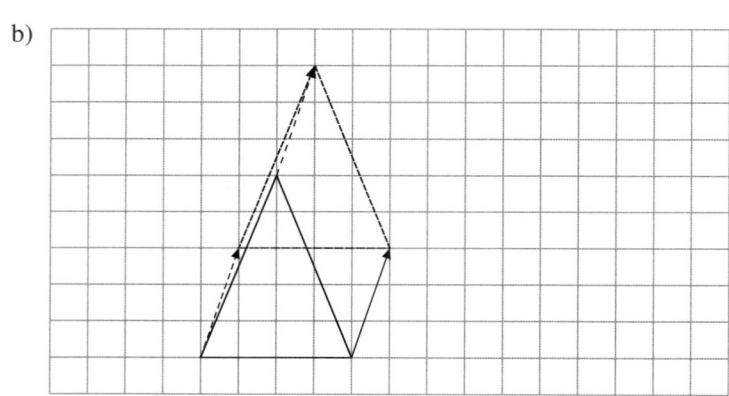

b)

Verschiebungspfeil an jeden Eckpunkt ansetzen.

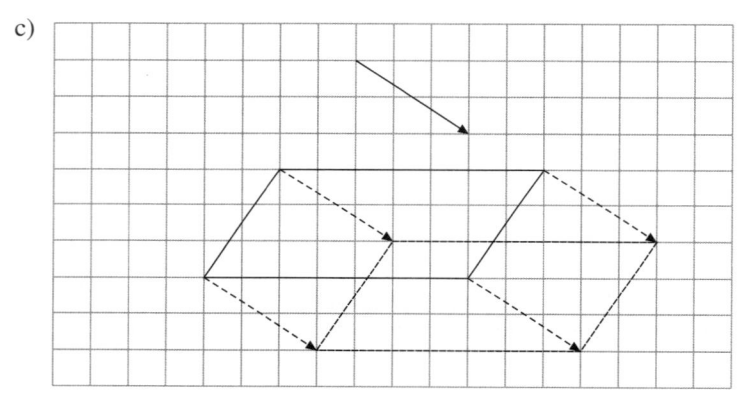

c)

Setze den Verschiebungspfeil an jedem Eckpunkt an.

d)

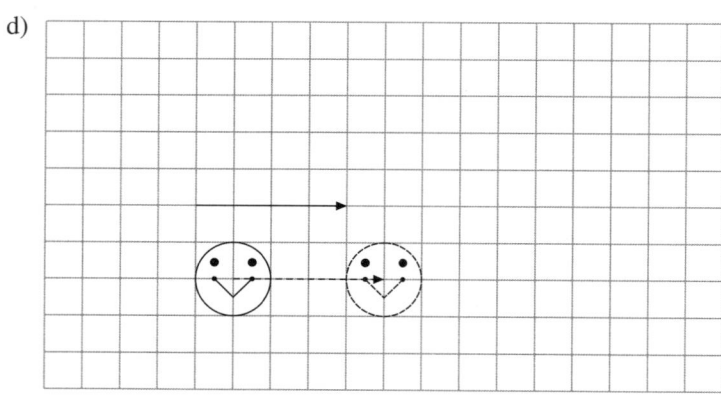

Verschiebe den Mittelpunkt des Kreises.
Da Urfigur und Bildfigur deckungsgleich sein müssen, kannst du Augen und Mund leicht eintragen.

Lösungen – Grundwissen

Aufgabe 38

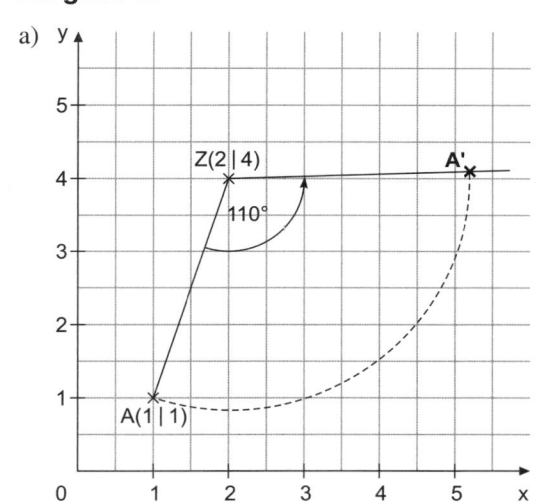

a)

Kontrolle: A'(5,2 | 4,1)

Hinweise und Tipps

Vorgehen:
1. Zeichne [ZA].
2. α = 110° bedeutet Linksdrehung.
3. Antragen des 110°-Winkels an [ZA] im Punkt Z.
4. Zeichne Kreis um Z mit Radius $\overline{ZA}$.

b)

Kontrolle: A'(2,4 | 4,2)

Vorgehen:
1. Zeichne [ZA].
2. α = –70°: Rechtsdrehung!
3. Antragen des –70°-Winkels an [ZA] im Punkt Z.
4. Zeichne Kreis um Z mit Radius $\overline{ZA}$.

Aufgabe 39

a) $\vec{v}' = \begin{pmatrix} -2 \\ -3 \end{pmatrix}$

Setze die Koordinaten in die Formel $\begin{pmatrix} -b \\ a \end{pmatrix}$ ein:
a = –3, b = 2

b) $\vec{v}' = \begin{pmatrix} -7 \\ 0 \end{pmatrix}$

Eine Drehung um –90° entspricht eine Drehung um 270°. Setze in die Formel $\begin{pmatrix} b \\ -a \end{pmatrix}$ ein:
a = 0, b = –7

c) $\vec{v} = \begin{pmatrix} -3 \\ 2 \end{pmatrix}$

$\vec{v}$ erhältst du durch Drehung von $\vec{v}'$ um –270°, was einer Drehung um 90° entspricht.
Setze daher die Koordinaten von $\vec{v}$ in die Formel $\begin{pmatrix} -b \\ a \end{pmatrix}$ ein: a = 2, b = 3

d) $\vec{v} = \begin{pmatrix} 1 \\ -5 \end{pmatrix}$

$\vec{v}$ erhältst du durch Drehung um –180°, was einer Drehung um 180° entspricht. Setze in die Formel $\begin{pmatrix} -a \\ -b \end{pmatrix}$ ein: a = –1, b = 5

Lösungen – Grundwissen

e) $\alpha = 270°$

✏ Hinweise und Tipps

Es gilt: $a = -2$, $b = -4$
Den Bildvektor $\begin{pmatrix} -4 \\ 2 \end{pmatrix}$ erhält man somit mit der Formel $\begin{pmatrix} b \\ -a \end{pmatrix}$, was einer Drehung um 270° entspricht.

Aufgabe 40

a) $\overrightarrow{ZC} = \begin{pmatrix} -4-2 \\ 3-5 \end{pmatrix} = \begin{pmatrix} -6 \\ -2 \end{pmatrix}$

$\Rightarrow \overrightarrow{ZC'} = \begin{pmatrix} 6 \\ 2 \end{pmatrix}$

$\overrightarrow{OC'} = \overrightarrow{OZ} \oplus \overrightarrow{ZC'}$

$\overrightarrow{OC'} = \begin{pmatrix} 2 \\ 5 \end{pmatrix} \oplus \begin{pmatrix} 6 \\ 2 \end{pmatrix}$

$\Rightarrow \overrightarrow{OC'} = \begin{pmatrix} 8 \\ 7 \end{pmatrix}$

$\Rightarrow$ **C'(8|7)**

„Spitze minus Fuß".

$\begin{pmatrix} -6 \\ -2 \end{pmatrix} \xrightarrow{P;180°} \begin{pmatrix} -(-6) \\ -(-2) \end{pmatrix} = \begin{pmatrix} 6 \\ 2 \end{pmatrix}$

Die Vektorkette muss im Fußpunkt 0 beginnen und in der Spitze C' enden.

Die Punktkoordinaten ergeben sich beim Ursprungsvektor aus den Vektorkoordinaten.

b) $\overrightarrow{ZC} = \begin{pmatrix} 2-(-1) \\ -1-(-3) \end{pmatrix} = \begin{pmatrix} 3 \\ 2 \end{pmatrix}$

$\Rightarrow \overrightarrow{ZC'} = \begin{pmatrix} 2 \\ -3 \end{pmatrix}$

$\overrightarrow{OC'} = \overrightarrow{OZ} \oplus \overrightarrow{ZC'}$

$\overrightarrow{OC'} = \begin{pmatrix} -1 \\ -3 \end{pmatrix} \oplus \begin{pmatrix} 2 \\ -3 \end{pmatrix}$

$\Rightarrow \overrightarrow{OC'} = \begin{pmatrix} 1 \\ -6 \end{pmatrix}$

$\Rightarrow$ **C'(1|−6)**

„Spitze minus Fuß".
Der Drehung um −90° entspricht die Drehung im +270°.

$\begin{pmatrix} 3 \\ 2 \end{pmatrix} \xrightarrow{P;270°} \begin{pmatrix} 2 \\ -3 \end{pmatrix}$

Aufgabe 41

Drehung um D mit Drehwinkel $\alpha = 90°$; 180°; 270°.

Da sich im Quadrat die Diagonalen unter einem 90°-Winkel schneiden, bleibt das Quadrat durch Drehung um ganze Vielfache von 90° an der selben Stelle.
Nicht berücksichtigt wurden die Lösungen um einen beliebigen Punkt mit Drehwinkel 0° oder 360°.

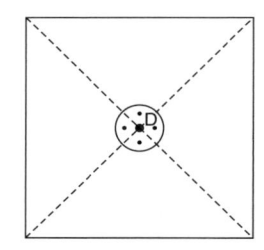

Aufgabe 42

Ja, durch Drehung um D mit $\alpha = 180°$

Da die Seiten unterschiedlich lang sind kommt nur eine Drehung um 180° in Frage.

Aufgabe 43

a)

Hinweise und Tipps

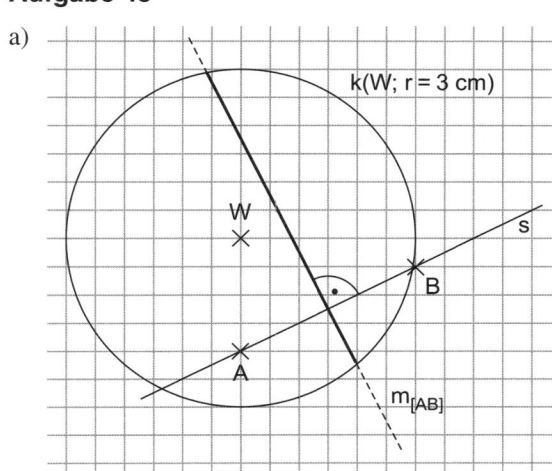

- „nicht weiter als 3 km"
  D. h. Simones Wohnung ist innerhalb eines Kreises mit Mittelpunkt W mit Radius 3 cm. (Maßstab: 1 cm $\hat{=}$ 1 km)
- „von A-Dorf und B-Dorf gleich weit entfernt"
  Damit schränkt sich der mögliche Wohnort auf den Teil der Mittelsenkrechten zur Strecke [AB] ein, der innerhalb des Kreises liegt.

b)

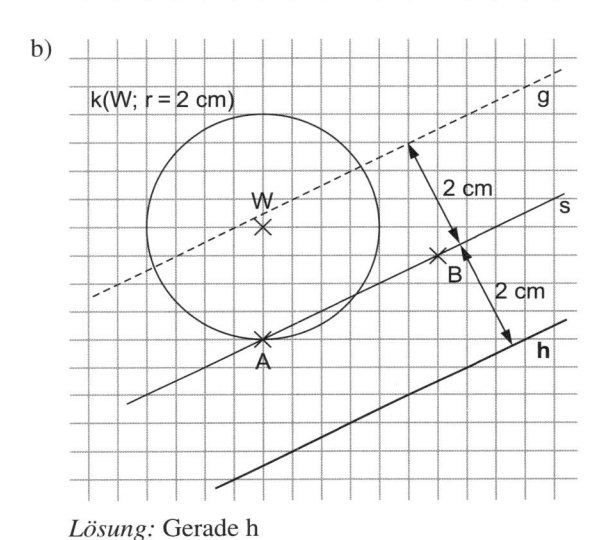

- „Straße parallel zu s"
  Die 2 möglichen Lösungen sind das Parallelenpaar g und h.
- „weiter als 2 km Entfernung"
  Die Straße muss außerhalb des eingezeichneten Kreises verlaufen.
  Das gilt nur für die Gerade h.

Lösung: Gerade h

c)

- „2 km Abstand von A-Dorf"
  Alle möglichen Standorte liegen auf der Kreislinie mit Mittelpunkt A und Radius 2 cm.
- „3 km Abstand von B-Dorf"
  Die Schnittpunkte der Kreise bilden die möglichen Standorte.

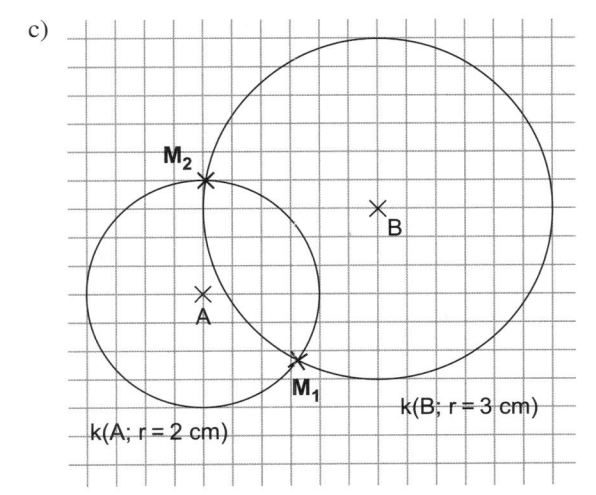

Lösung: Mögliche Standorte sind M_1 und M_2.

Lösungen – Grundwissen

d)

Lösung: w_1 oder w_2.

Hinweise und Tipps

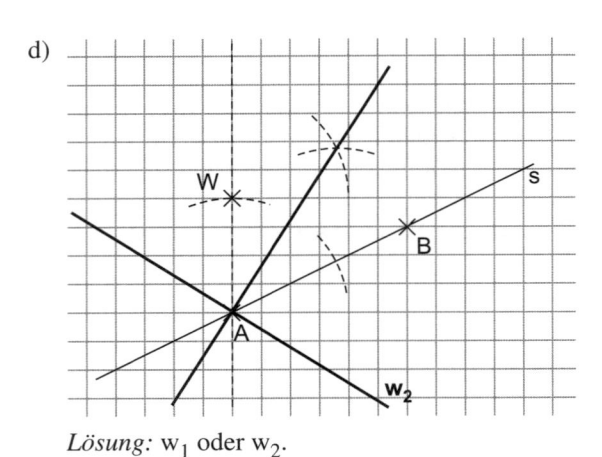

1. Zeichne [AW].
2. Da die Stromleitung von AW und s gleich weit entfernt sein soll, muss diese entlang der Winkelhalbierenden w_1 oder w_2 zu AW und s verlaufen.

Aufgabe 44

Randwinkel	40°	**95°**	100°	**40°**	**127,5°**
Mittelpunktswinkel	**80°**	190°	**200°**	80°	255°

Es gilt: Mittelpunktswinkel = 2 · Randwinkel
$190° : 2 = 95°$
$100° \cdot 2 = 200°$
$80° : 2 = 40°$
$255° : 2 = 127,5°$

Aufgabe 45

a) $\alpha + \beta = 60°$
$\Rightarrow \alpha + 2 \cdot \alpha = 60°$
$\Leftrightarrow 3 \cdot \alpha = 60°$
$\Leftrightarrow \alpha = \mathbf{20°}$
$\Rightarrow \beta = \mathbf{40°}$

Nenne den Randwinkel α und den Mittelpunktswinkel β. Die Summe der Winkel ist 60°.
Außerdem gilt: $\beta = 2 \cdot \alpha$ (Randwinkelsatz);
$2 \cdot \alpha$ einsetzen für β liefert die Gleichung.

b) $\beta = \alpha + 40°$

$\beta = \frac{1}{2}\beta + 40° \quad \left| -\frac{1}{2}\beta \right.$
$\Leftrightarrow \frac{1}{2}\beta = 40° \quad | \cdot 2$
$\Leftrightarrow \beta = \mathbf{80°}$
$\Rightarrow \alpha = \mathbf{40°}$

Nenne den Randwinkel α und den Mittelpunktswinkel β. Beide Winkel sollen sich um 40° unterscheiden. Außerdem ist der Mittelpunktswinkel immer größer als der Randwinkel.
Nach dem Randwinkelsatz gilt: $\alpha = \frac{1}{2} \cdot \beta$. Für α wird daher $\frac{1}{2} \cdot \beta$ eingesetzt.
Anschließend wird die Gleichung gelöst.

Lösungen – Grundwissen

✏ Hinweise und Tipps

Aufgabe 46

Die Punkte F und H liegen auf dem Thaleskreis über [EG].
Somit gilt: ∢ EFG = 90°
∢ GHE = 90°

Weiter ist der ∢ EGH = 20°, da dieser ein Wechselwinkel zum 20°-Winkel ist.
Aufgrund der Winkelsumme von 180° im Dreieck gilt:
∢ FGE = 70°
∢ HEG = 70°

Somit beträgt das Maß der ∢ HEF und ∢ FGH ebenso 90°.
Das Viereck besitzt also vier rechte Winkel und ist somit eine Rechteck.

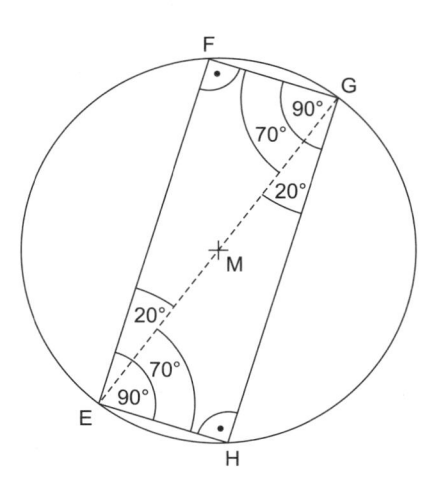

Aufgabe 47

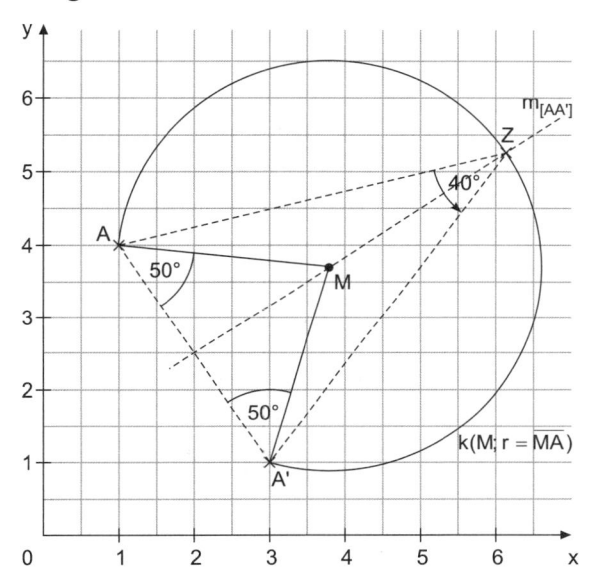

Das Drehzentrum Z muss auf dem Kreisbogen liegen, auf dem die Randwinkel mit dem Maß von 40° liegen.
Vorgehen:
1. Konstruiere den Kreisbogen $\widehat{A'A}$.
2. Zeichne die Mittelsenkrechte $m_{[AA']}$.

Da bei der Drehung gilt: $\overline{ZA} = \overline{ZA'}$, muss das gesuchte Drehzentrum der Schnittpunkt des Kreisbogens mit der Mittelsenkrechten sein.

Aufgabe 48

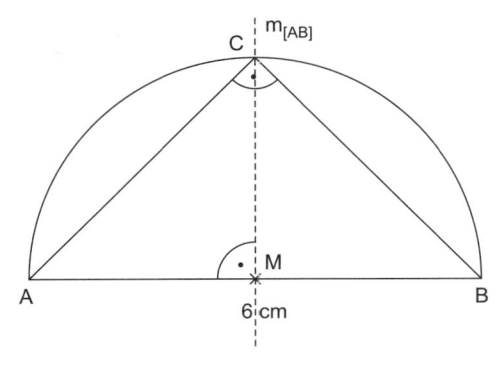

Vorgehen:
1. Zeichne $\overline{AB}$ = 6 cm.
2. Zeichne den Thaleskreis über [AB].
3. Da das Dreieck ABC gleichschenklig ist, muss der Punkt C auf der Mittelsenkrechten $m_{[AB]}$ liegen.
4. Der Schnittpunkt von $m_{[AB]}$ mit dem Thaleskreis ergibt C.

Lösungen – Grundwissen

Aufgabe 49

Sitzplatzeinnahmen:
1 Platz kostet 12 €.
9 534 Plätze kosten 114 408 €.
Stehplatzeinnahmen:
Anzahl der Stehplätze:
12 523 – 9 534 = 2 989
1 Platz kostet 7 €.
2 989 Plätze kosten 20 923 €.
Gesamteinnahmen:
114 408 € + 20 923 € = 135 331 €
Ergebnis: Die Gesamteinnahmen sind **135 331 €**.

✎ Hinweise und Tipps

Berechne getrennt die Sitzplatzeinnahmen und die Stehplatzeinnahmen und addiere die Einnahmen zu den Gesamteinnahmen.
Bei der proportionalen Zuordnung berechnest du durch die Multiplikation mit 9 534 die Einnahmen für 9 534 Plätze.

Aufgabe 50

Die Fläche beträgt
$3{,}6 \text{ m} \cdot 5{,}2 \text{ m} = 18{,}72 \text{ m}^2$.
Für 2,4 m² benötigt man 1 ℓ.
Für 1 m² benötigt man $\frac{1}{2{,}4}$ ℓ.
Für 18,72 m² benötigt man 7,8 ℓ.

1 ℓ Farbe kostet 12,34 €.
7,8 ℓ Farbe kosten 96,25 €.
Ergebnis: Die Farbe für die Fläche kostet **96,25 €**.

Berechne zuerst die zu streichende Fläche und die dafür benötigte Farbe mittels Dreisatz.

$$1 : 2{,}4 = 1 : \frac{24}{10} = 1 \cdot \frac{10}{24} = \frac{5}{12}$$

$$18{,}72 \cdot \frac{5}{12} = \frac{1872}{100} \cdot \frac{5}{12} = 7\frac{4}{5} = 7{,}8$$

Den Preis für die Farbe kannst du wieder mit einem Dreisatz ermitteln.
$7{,}8 \cdot 12{,}34 = 96{,}252 \approx 96{,}25$

Aufgabe 51

Der Lastwagen wird 8 h und 23 min gemietet, also sind 8,5 h zu zahlen.
Nach den ersten beiden Stunden sind noch 6,5 h zu bezahlen.
$\frac{1}{2}$ Stunde kostet 7,50 €.
6,5 Stunden kosten 97,50 €.
Also: 48 € + 97,50 € = 145,50 €
Ergebnis: Der Gesamtpreis beträgt **145,50 €**.

Die Mietzeit kannst du durch Subtraktion berechnen. Berechne dabei zuerst die Minuten, dann die Stunden, zur Kontrolle kannst du die Stunden abzählen, um hier keinen Fehler zu machen. Da jede angefangene halbe Stunde bezahlt werden muss, müssen 8,5 h = 8 h 30 min bezahlt werden.
Erst nach den ersten beiden Stunden ist die Zuordnung proportional, also kannst du für die Preisberechnung von 6,5 Stunden den Dreisatz anwenden.

Aufgabe 52

32 m entsprechen einem Tag.
1 m entspricht $\frac{1}{32}$ Tag.
2 400 m entsprechen 75 Tagen.
Ergebnis: Der Bohrer benötigt **75 Tage** für den Tunnel.

Es handelt sich um eine direkte Proportionalität, die du mittels Dreisatz berechnen kannst.

$$2\,400 \cdot \frac{1}{32} = \frac{2\,400}{32} = \frac{600}{8} = \frac{150}{2} = 75$$

Lösungen – Grundwissen

Aufgabe 53

32,4 ℓ kosten 43,74 €.
1 ℓ kostet 1,35 €.
In der nächsten Woche:
1 ℓ kostet 1,37 € (um 2 Cent erhöht).
37,2 ℓ kosten 50,96 €.
Ergebnis: Das zweite Tanken kostet Herrn Lend **50,96 €**.

Hinweise und Tipps

Durch Division kannst du den Preis von 1 ℓ berechnen.
Beachte, dass 2 Cent = 0,02 € sind, dies musst du zu dem Literpreis addieren, um wieder mittels proportionaler Zuordnung den Preis für 37,2 ℓ berechnen zu können.

Aufgabe 54

15 Kartons ≙ 120 kg |:15
1 Karton ≙ 8 kg |·7
7 Kartons ≙ 56 kg
Ergebnis: 7 Kartons wiegen **56 kg**.

Löse mithilfe des Dreisatzes.
Rechne auf 1 Karton zurück und rechne dann durch Multiplikation mit 7 auf 7 Kartons hoch.

Aufgabe 55

$\dfrac{5}{1,25} = 4$

$\dfrac{3}{0,75} = 4$

$\dfrac{20}{5,00} = 4$

$\dfrac{30}{7,00} = 4,28\ldots$ **falsch!**

Da es sich um eine direkte Proportionalität handelt, müssen alle Zahlenpaare den gleichen Quotientenwert 4 haben.

Aufgabe 56

1. Größe	4	5	**6**	250	**4 000**	0,4	20
2. Größe	6	**7,5**	9	375	6 000	**0,6**	30

Da es sich um eine direkte Proportionalität handelt, muss der Quotient der beiden Zahlen stets gleich sein.
Es gilt: $\dfrac{2.\,\text{Größe}}{1.\,\text{Größe}} = 1{,}5$

Aufgabe 57

4,00 € ≙ 5 Riegel |:4
1,00 € ≙ 1,25 Riegel |·7,5
7,50 € ≙ 9,375 Riegel
Ergebnis: Man kann **9 Riegel** kaufen.

Löse mithilfe des Dreisatzes.
Rechne auf 1,00 € zurück und rechne dann durch Multiplikation mit 7,5 auf 7,50 € hoch.

Aufgabe 58

400 m² ≙ 84 000 € |:4
100 m² ≙ 21 000 € |·5
500 m² ≙ 105 000 €
Ergebnis: 500 m² kosten **105 000 €**.

Löse mithilfe des Dreisatzes.
Rechne auf 100 m² zurück und rechne dann auf 500 m² hoch.

Lösungen – Grundwissen

✏ Hinweise und Tipps

Aufgabe 59

Plattenfläche 1:
$0,3 \text{ m} \cdot 0,2 \text{ m} = 0,06 \text{ m}^2$
Plattenfläche 2:
$0,32 \text{ m} \cdot 0,24 \text{ m} = 0,0768 \text{ m}^2$
$0,06 \cdot 768 = 0,0768 \cdot x$
$0,0768 \cdot x = 46,08$
$\quad\quad x = 600$
Ergebnis: Es können auch **600 größere Platten** verlegt werden.

Die Fläche einer Platte berechnest du mit der Formel Länge · Breite.
Je größer die Platten sind, desto weniger werden benötigt.
Es handelt sich somit um eine indirekte Proportionalität, somit müssen die Zahlenpaare aus Plattenfläche und Plattenzahl x produktgleich sein.

Aufgabe 60

Aufstellen der Gleichung:
$\quad 18 \cdot 48 = 22 \cdot x$
$\Leftrightarrow \quad 864 = 22 \cdot x$
$\Leftrightarrow \quad\quad x \approx 39,3$
Ergebnis: Die Expedition hat Vorräte für ca. **39 Tage**.

Die Aufgabe ist eine indirekte proportionale Zuordnung und du kannst sie lösen, indem du eine Gleichung aufstellst. Die Menge der verfügbaren Vorräte ist gleich der Multiplikation der 18 Teilnehmer mit den 48 Tagen. Dieses Produkt bleibt konstant und ist somit gleich dem Produkt von $18 + 4 = 22$ Teilnehmern mit der Anzahl x der Tage für die die größere Expedition Vorräte hat. Die Anzahl der Tage muss also kleiner werden.

Aufgabe 61

Tatsächlicher Verbrauch: x
Gleichung:
$625 \cdot 7,2 = 600 \cdot x$
$\quad x = \dfrac{625}{600} \cdot 7,2 = 7,5$
Ergebnis: Der tatsächliche Verbrauch beträgt **7,5 Liter pro 100 km**.

Es handelt sich um eine indirekte proportionale Zuordnung, bei der die Tankfüllmenge konstant ist. Deshalb kannst du die zwei verschiedenen Berechnungen des Tankinhaltes $625 \cdot 7,2$ und $600 \cdot x$ gleichsetzen und die Gleichung nach x auflösen.

Aufgabe 62

1. Größe	2	2,4	3,6	4,8	8	12
2. Größe	18	15	10	7,5	4,5	3

Da es sich um eine indirekte Proportionalität handelt, muss das Produkt der beiden Zahlen stets gleich sein. In der ersten Spalte ist das Produkt 36. Durch Division kannst du die anderen Zahlen ermitteln: $36 : 2,4 = 15$; $36 : 3,6 = 10$; $36 : 4,8 = 7,5$; $36 : 8 = 4,5$; $36 : 12 = 3$

Aufgabe 63

x = Preis pro Schüler, wenn nur 24 Schüler mit zum Ausflug gehen
Gleichung:
$28 \cdot 12,60 = 24 \cdot x$
$\quad x = \dfrac{28}{24} \cdot 12,60 = 14,70$
Ergebnis: Bei 24 Schülern muss jeder Schüler **14,70 €** bezahlen.

Es handelt sich um eine indirekte proportionale Zuordnung, bei der der Gesamtpreis für den Ausflug konstant ist. Der Preis ist das Produkt aus der Anzahl der teilnehmenden Schüler und dem Preis pro Schüler.

Lösungen – Grundwissen

Aufgabe 64

x = Anzahl der Tage, an denen drei Katzen das Futter gefressen haben.
Gleichung: $2 \cdot 6 = 3 \cdot x$
$x = 4$
3 Katzen fressen 3 Dosen in 4 Tagen.
Weiter gilt: 3 doppelt so große Dosen sind gleich 6 kleinen Dosen. Damit reichen
3 kleine Dosen für 4 Tage,
6 kleine Dosen für 8 Tage.
Ergebnis: 3 Katzen fressen 3 doppelt so große Dosen in **8 Tagen**.

✏ Hinweise und Tipps

Die Aufgabe kannst du lösen, indem du sie zweigeteilt betrachtest:
Zuerst ist es eine indirekte proportionale Zuordnung. Die Gesamtmenge an Futter ist konstant: Wenn statt 2 Katzen 3 Katzen daran fressen, reicht das Futter weniger lang. Berechne, wie viele Tage das Futter für 3 Katzen ausreicht. Der zweite Teil ist eine proportionale Zuordnung, denn an zweimal so großen Dosen fressen die Katzen doppelt so lange. Berechne mittels Dreisatz, wie lange die Katzen daran fressen.

Aufgabe 65

12 % mehr entspricht 112 %.
$45{,}00\ € \cdot 1{,}12 = 50{,}40\ €$
Ergebnis: Der neue Preis ist **50,40 €**.
Alternativlösung mit Dreisatz:
$100\ \% \triangleq 45{,}00\ €$
$\ \ 1\ \% \triangleq \ \ 0{,}45\ €$
$112\ \% \triangleq 50{,}40\ €$

Gesucht ist der veränderte Grundwert. Alternativ kannst du auch den Prozentwert berechnen und ihn dann zum Grundwert hinzuaddieren:
$45{,}00\ € \cdot 0{,}12 = 5{,}40\ €$
$45{,}00\ € + 5{,}40\ € = 50{,}40\ €$

Der ursprüngliche Preis (100 %) wird um 12 % erhöht, beträgt also nun $100\ \% + 12\ \% = 112\ \%$.

Aufgabe 66

12 % mehr ist gleich 112 %.
$x \cdot 1{,}12 = 319{,}20\ €$
$\ \ \ \ x = 319{,}20\ € : 1{,}12 = 285{,}00\ €$
Ergebnis: Der ursprüngliche Preis war **285,00 €**.
Alternativlösung mit Dreisatz:
$112\ \% \triangleq 319{,}20\ €$
$\ \ \ 1\ \% \triangleq \ \ \ 2{,}85\ €$
$100\ \% \triangleq 285{,}00\ €$

Gesucht ist der Grundwert, gegeben ist der veränderte Grundwert.

Der Preis von 319,20 € beinhaltet die Teuerung um 12 %. Es muss folglich auf den ursprünglichen Preis (also auf 100 %) zurückgerechnet werden.

Aufgabe 67

7 % weniger entspricht
$100\ \% - 7\ \% = 93\ \% = 0{,}93$.
$x \cdot 0{,}93 = 390{,}60\ €$
$\ \ \ \ x = 390{,}60\ € : 0{,}93 = 420{,}00\ €$
Ergebnis: Der ursprüngliche Preis war **420,00 €**.
Alternativlösung mit Dreisatz:
$\ 93\ \% \triangleq 390{,}60\ €$
$\ \ \ 1\ \% \triangleq \ \ \ 4{,}20\ €$
$100\ \% \triangleq 420{,}00\ €$

Gesucht ist der Grundwert, gegeben ist der veränderte Grundwert.

Der Preis bezieht sich auf die bereits um 7 % reduzierte Ware, also auf $100\ \% - 7\ \% = 93\ \%$.

Lösungen – Grundwissen

Aufgabe 68

10 % mehr entspricht 110 % = 1,1;
10 % weniger entspricht 90 % = 0,9.
$85,00 \cdot 1,1 \cdot 0,9 = 84,15$
Ergebnis: Der neue Preis des Handys ist **84,15 €**.

Alternativlösung mit Dreisatz:
100 % ≙ 85,00 €
1 % ≙ 0,85 €
110 % ≙ 93,50 €
100 % ≙ 93,50 €
1 % ≙ 0,935 €
90 % ≙ 84,15 €

Hinweise und Tipps

Da sich die Prozentzahlen auf verschiedene Grundwerte beziehen, musst du die zwei Multiplikationen nacheinander durchführen. Natürlich kannst du auch den Zwischenpreis ausrechnen und diesen dann mit 0,9 multiplizieren.

Berechne zuerst den Preis der Ware nach der Preiserhöhung um 10 %.

Berechnung des Endpreises nach der Reduzierung des neuen Preises (100 %) um 10 %, also auf 100 % – 10 % = 90 %.

Aufgabe 69

3 % teurer entspricht 103 % = 1,03;
8 % billiger entspricht 92 % = 0,92.
$x \cdot 1,03 \cdot 0,92 = 777,03$
$x = \dfrac{777,03}{1,03 \cdot 0,92} \approx 820,00$

Ergebnis: Der ursprüngliche Preis des Artikels ist **820,00 €**.

Da sich die Prozentzahlen auf verschiedene Grundwerte beziehen, musst du die zwei Multiplikationen nacheinander durchführen. Da nur der veränderte Grundwert gegeben ist, setzt du den ursprünglichen Grundwert gleich x und löst die Gleichung nach x auf.

Aufgabe 70

Grund-wert	Prozent-satz	Prozent-wert	veränderter Grundwert
420 €	3,5 %	**14,70 €**	—
420 €	+4,2 %	—	**437,64 €**
360 €	4,75 %	17,10 €	—
457,32 €	+12 %	—	512,20 €
556,74 €	–8 %	—	512,20 €
480 €	**5,5 %**	26,40 €	—
720 €	**+6 %**	—	763,20 €
720 €	**–7,5 %**	—	666,00 €

Prozentwert zu 3,5 % = 0,035: $420 \cdot 0,035 = 14,70$
Veränderter Grundwert zum neuen Prozentwert
100 % + 4,2 % = 104,2 % = 1,042: $420 \cdot 1,042 = 437,64$
Grundwert x zu 4,75 % = 0,0475:
$x \cdot 0,0475 = 17,10 \Rightarrow x = 360,00$
Veränderter Grundwert x zum neuen Prozentwert
100 % + 12 % = 1,12: $x \cdot 1,12 = 512,20 \Rightarrow x = 457,32$
Veränderter Grundwert x zum neuen Prozentwert
100 % – 8 % = 0,92: $x \cdot 0,92 = 512,20 \Rightarrow x = 556,74$
Prozentsatz x ist: $480 \cdot x = 26,40 \Rightarrow x = 0,055 = 5,5\%$
Neuer Prozentsatz x: $720 \cdot x = 763,20 \Rightarrow x = 1,06 = 106\%$,
damit ist der Prozentsatz 106 % – 100 % = 6 %.
Neuer Prozentsatz x: $720 \cdot x = 666,00 \Rightarrow x = 0,925 = 92,5\%$,
damit ist der Prozentsatz 92,5 % – 100 % = –7,5 %.

Aufgabe 71

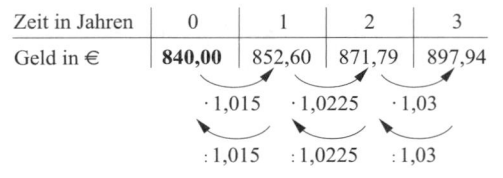

Zeit in Jahren	0	1	2	3
Geld in €	**840,00**	852,60	871,79	897,94

·1,015   ·1,0225   ·1,03
:1,015   :1,0225   :1,03

$897,94 \text{ €} : 1,03 : 1,0225 : 1,015 \approx 840,00 \text{ €}$

Ergebnis: Das Guthaben zu Beginn betrug **840,00 €**

Schreibe immer zuerst die Multiplikationspfeile und ergänze dann die Divisionen in einer Zeile darunter mit denselben Werten.

Lösungen – Grundwissen

Aufgabe 72

Herr Golz benötigt noch
$17\,000\,€ - 16\,721{,}31\,€ = 278{,}69\,€$.
Berechnung der Tage:
8 Monate à 30 Tage = 240 Tage
Berechnung der Jahreszinsen:
240 Tage entsprechen 278,69 €.
1 Tag entspricht $\dfrac{278{,}69}{240}\,€$.
360 Tage entsprechen 418,04 €.
Berechnung des Zinssatzes:
$16\,721{,}31\,€ \cdot x = 418{,}04\,€$
$x \approx 0{,}025 = 2{,}5\,\%$

Ergebnis: Der Zinssatz muss mindestens **2,5 %** betragen.

Hinweise und Tipps

Der Grundwert ist gegeben, der Prozentwert ist die Differenz zwischen den 17 000 € und dem Grundwert. Um den gesuchten Zinssatz zu ermitteln, musst du den Prozentwert von einem Jahr berechnen.

Aufgabe 73

Berechnung der Jahreszinsen:
$1\,342{,}00\,€ \cdot 0{,}015 = 20{,}13\,€$
Berechnung der Tageszinsen:
360 Tage entsprechen 20,13 €.
1 Tag entspricht $\dfrac{20{,}13}{360}\,€$.
188 Tage entsprechen 10,51 €.

Ergebnis: Die anfallenden Zinsen betragen **10,51 €**.

Gesucht ist der Prozentwert, allerdings nicht für ein Jahr, sondern für die Zeit von
16 Tagen + 5 · 30 Tagen + 22 Tagen = 188 Tagen.
Berechne zuerst den Prozentwert für ein Jahr und ermittle dann mittels Dreisatz die Zinsen für 188 Tage.

Aufgabe 74

Kapital	Zinssatz	Zeit	Zinsbetrag
3 600 €	2,5 %	210 Tage	**52,50 €**
6 048 €	2,5 %	100 Tage	42 €
7 200 €	2,75 %	**180 Tage**	99 €
7 200 €	**3,0 %**	250 Tage	150 €

Der Zinsbetrag für 1 Jahr ist der Prozentwert: $3\,600 \cdot 0{,}025 = 90$
Beachte, dass die Zinsen nur für 210 Tage berechnet werden sollen.
360 Tage bringen 90,00 € Zinsen.
210 Tage bringen 52,50 € Zinsen.
Berechne zuerst den Zinsbetrag für 360 Tage:
100 Tage bringen 42,00 € Zinsen.
360 Tage bringen 151,20 € Zinsen.
Der Grundwert x ist $x \cdot 0{,}025 = 151{,}20 \Rightarrow x = 6\,048$.
Berechne den Prozentwert = Zinsen für 1 Jahr:
$7\,200 \cdot 0{,}0275 = 198$
198 € Zinsen bekommt man für 360 Tage.
1 € Zinsen bekommt man für 360 Tage : 198 = 1,82 Tage.
99 € Zinsen bekommt man für 1,82 Tage · 99 = 180 Tage.
Bei der Berechnung des Prozentsatzes musst du beachten, dass der Zinssatz pro Jahr angegeben wird. Du musst zuerst die Zinsen pro Jahr mittels Dreisatz berechnen.
Für 250 Tage bekommt man 150 € Zinsen.
Für 1 Tag bekommt man 150 € : 250 = 0,6 € Zinsen.
Für 360 Tage bekommt man 360 · 0,6 € = 216 € Zinsen.
Zinssatz x: $7\,200 \cdot x = 216 \Rightarrow x = 0{,}03 = 3\,\%$

Lösungen – Grundwissen

Aufgabe 75

Nach 2 Jahren hat er
12 300 € · 1,024 · 1,024 = 12 897,48 €.
Zu 13 000 € fehlen noch
13 000 € − 12 897,48 € = 102,52 €.
Jahreszinsen für 12 897,48 €:
12 897,48 € · 0,028 = 361,13 €
Dreisatz:
361,13 € erhält er für 360 Tage.
1 € erhält er für $\frac{360}{361,13}$ Tage.
102,51 € erhält er für 102 Tage.

Ergebnis: Das Geld muss noch **102 Tage** auf dem Konto bleiben.

/ Hinweise und Tipps

2,4 % Zinsen bedeutet Multiplikation des Grundwertes mit 1,024 % für jedes Jahr. Beachte, dass die angegebenen 2,8 % Jahreszinsen sind.

Aufgabe 76

Anfang 1. Jahr: 36 000 €
Ende 1. Jahr: 36 000 € · 1,025 = 36 900 €
Anfang 2. Jahr: 36 900 € − 5 000 € = 31 900 €
Ende 2. Jahr: 31 900 € · 1,025 = 32 697,50 €
Anfang 3. Jahr: 32 697,50 € − 5 000 € = 27 697,50 €
Ende 3. Jahr: 27 697,50 € · 1,025 = 28 389,94 €
Anfang 4. Jahr: 28 389,94 € − 5 000 € = 23 389,94 €

Ergebnis: Zu Beginn des 4. Jahres hat Frau van Luck noch **23 389,94 €**.

Bei einer solch komplizierten Aufgabe solltest du Jahr für Jahr berechnen.
Den veränderten Grundwert zu 2,5 % berechnest du, indem du den jeweiligen Grundwert mit dem neuen Prozentsatz 100 % + 2,5 % = 102,5 % = 1,025 multiplizierst. Der Prozentsatz bleibt all die Jahre konstant, jedoch ändert sich der Grundwert. Nachdem du die Zinsen pro Jahr berechnet hast, musst du jeweils die Auszahlung vom Grundwert abziehen.

Aufgabe 77

a) Vollerhebung
   Eine Klasse hat höchstens 35 Schüler, sodass hier problemlos alle Schüler vom Klassenleiter befragt werden können.

b) Stichprobe
   Nürnberg besitzt über 500 000 Einwohner. So viele können unmöglich befragt werden.

c) Vollerhebung
   Alle Schüler können problemlos befragt werden, z. B. durch Klassenleiter.

d) Vollerhebung
   Hier ist sogar eine Vollerhebung gesetzlich vorgeschrieben.

e) Stichprobe
   Sinnvoll wäre es, die Buchstaben einer Zeile (oder einer Seite) zu zählen und auf das ganze Buch hochzurechnen.

f) Stichprobe
   Hierzu dürfen aber nur Motorradfahrer bezüglich ihres Alters befragt werden, damit die Stichprobe repräsentativ ist.

Nicht sinnvoll, d. h. nicht repräsentativ, wäre eine Probe im Stadion des 1. FC Nürnberg.

Lösungen – Grundwissen

/ Hinweise und Tipps

g) Vollerhebung/Stichprobe
Bei kleinen Ortschaften könnte durchaus eine Vollerhebung stattfinden. Findet bei größeren Städten eine Umfrage statt, so sollten nach Möglichkeit nicht nur Radfahrer befragt werden.

Aufgabe 78

a) Wie schnell breitet sich ein ansteckendes Virus aus?

b) Crashtest mit Autos

c) Wie viele Handys von 100 000 produzierten sind verkratzt?

d) Wie viele Deutsche lesen täglich Zeitung?

e) Karies bei Haifischen

Aufgabe 79

$h = \dfrac{50 \text{ P.}}{1\,000 \text{ P.}} = \dfrac{5}{100} = 5\,\%$

$h = \dfrac{112 \text{ P.}}{1\,000 \text{ P.}} = 0{,}112 \approx 11\,\%$

Anzahl der Befragungen: 1 000 Personen
Mitglieder in Partei X: 50 Personen

Mitglieder in Partei Y: 112 Personen

Aufgabe 80

a)
Anzahl aller Autos	100	1 000	5 000	10 000
Anzahl Lkws	17	255	1 401	2 784
relative Häufigkeit	$\dfrac{17}{100} = 17\,\%$	$\dfrac{225}{1\,000} = 0{,}255$ $= 25{,}5\,\%$	$\dfrac{1\,401}{5\,000} = 0{,}2802$ $= 28{,}0\,\%$	$\dfrac{2\,784}{10\,000} = 0{,}2784$ $= 27{,}8\,\%$

b)
- Verkehrszählung am Sonntag, somit wäre die Stichprobe nicht repräsentativ, da an diesem Tag aufgrund des Sonntagsfahrverbots für Lkws deutlich weniger Lkws auf Autobahnen unterwegs wären.
- Verkehrszählung nur zu einer bestimmten Tageszeit, z. B. morgens von 7:00 bis 10:00 Uhr.
- Verkehrszählung im Winter bei Schneefall bzw. schlechtem Wetter.

Aufgabe 81

a) Die 2. Möglichkeit ist wahrscheinlicher, denn nach dem Gesetz der großen Zahlen stabilisiert sich die relative Häufigkeit, Kopf zu werfen, um den Wert $\frac{1}{2} = 50\,\%$, je häufiger geworfen wird.

Möglichkeit 1: relative Häufigkeit $= \frac{5}{10} = 50\,\%$
Möglichkeit 2: relative Häufigkeit $= \frac{500}{1\,000} = 50\,\%$

b) Nach dem Gesetz der großen Zahlen ist hier Möglichkeit 1 wahrscheinlicher, denn bei 1 000 Versuchen müsste die relative Häufigkeit näher beim rechnerischen Wert 50 % liegen.

Möglichkeit 1: relative Häufigkeit $= \frac{1}{10} = 10\,\%$
Möglichkeit 2: relative Häufigkeit $= \frac{100}{1\,000} = 10\,\%$

Lösungen – Grundwissen

Aufgabe 82

✎ Hinweise und Tipps

Für alle Teilaufgaben beträgt die Anzahl der möglichen Ereignisse
n = 6 · 6 = 36:
$\underbrace{11, 12, \ldots, 16}_{6\,\text{Stück}}, \underbrace{21, 22, \ldots, 26}_{6\,\text{Stück}}, \ldots \underbrace{61, 62, \ldots, 66}_{6\,\text{Stück}}$

a) $P(\text{„11"}) = \dfrac{1}{36}$ Die Zahl „11" kann nur einmal auftreten. $\Rightarrow$ m = 1

b) $P(\text{„66"}) = \dfrac{1}{36}$ Die Zahl „66" kann ebenfalls nur einmal auftreten.

c) $P(E) = \dfrac{6}{36} = \dfrac{1}{6}$ Mögliche Zahlen: „11", „12", … „16" $\Rightarrow$ m = 6

d) $P(E) = \dfrac{18}{36} = \dfrac{1}{2}$ Gerade Zahl endet mit 2, 4, 6 $\Rightarrow$ m = 6 · 3 = 18

e) $P(< 20) = \dfrac{6}{36} = \dfrac{1}{6}$ Zahl kleiner als 20: 11 bis 16 $\Rightarrow$ m = 6

f) $P(> 58) = \dfrac{6}{36} = \dfrac{1}{6}$ Zahl größer als 58: 61 … 66 $\Rightarrow$ m = 6

g) $P(QS = 6) = \dfrac{5}{36}$ Mögliche Zahlen: 15, 51, 24, 42, 33 $\Rightarrow$ m = 5

Aufgabe 83

Für alle Teilaufgaben beträgt die Anzahl der möglichen Ereignisse n = 10:
4 rote Rosen + 3 gelbe Rosen + 3 gelbe Tulpen = 10 Blumen

a) $P(\text{Rose}) = \dfrac{7}{10}$ Anzahl Rosen = 7

b) $P(\text{gelb}) = \dfrac{6}{10} = \dfrac{3}{5}$ Anzahl gelb = 3 gelbe Rosen + 3 gelbe Tulpen = 6

c) $P(\text{rote Rose}) = \dfrac{4}{10}$ rote Rosen = 4

Aufgabe 84

Mögliche Reihenfolgen:
(w g s), (w s g), (g w s), (g s w), (s g w), (s w g)
      ↑ ↑ ↑
Autofarbe 1 2 3
Gesamtzahl der möglichen Kombinationen: n = 6

a) $P(E) = \dfrac{1}{6}$ Nur die Reihenfolge (w g s) möglich.

b) $P(E) = \dfrac{4}{6} = \dfrac{2}{3}$ Möglichkeiten: (w g s), (w s g), (g w s), (g s w)

c) $P(E) = \dfrac{2}{6} = \dfrac{1}{3}$ Möglichkeiten: (w g s), (g w s)

d) $P(E) = \dfrac{4}{6} = \dfrac{2}{3}$ Möglichkeiten: (w s g), (w g s), (s g w), (g s w)

Notizen

▶ **Original-Tests**

Jahrgangsstufentest 2010 – Mathematik 8. Klasse Realschule
Wahlpflichtfächergruppe I

Aufgabe 1

Ein 1,75 m langer Holzpfahl steckt zu einem Fünftel seiner Länge im Boden.

Gib an, wie lang der Teil des Holzpfahls ist, der aus dem Boden ragt.

Aufgabe 2

Kreuze alle richtigen Ergebnisse an.

$(-0,5) \cdot (-0,04) =$

☐ 0,002 ☐ −0,02 ☐ 0,02

☐ $\frac{2}{1000}$ ☐ $-\frac{2}{100}$ ☐ $\frac{1}{50}$

Aufgabe 3

Bei jedem der drei abgebildeten Spielwürfel ist die Summe der Augenzahlen auf einander gegenüberliegenden Flächen 7.

Gib den kleinsten Wert an, den die Summe der Augenzahlen auf den vier einander berührenden Flächen haben kann.

Aufgabe 4

Mit Streichhölzern kann man, wie abgebildet, eine Kette aus Quadraten legen.
Beispielsweise benötigt man 13 Streichhölzer, um eine Kette aus vier Quadraten zu legen.

4.1 Gib die Anzahl der Streichhölzer an, die man benötigt, um eine solche Kette aus acht Quadraten zu legen.

4.2 Welcher Term beschreibt die Anzahl der Streichhölzer, die man benötigt, um eine solche Kette aus x Quadraten (x ∈ ℕ) zu legen? Kreuze alle richtigen Antworten an.

☐ $x^2 - 3$ ☐ $3x + 1$ ☐ $4 + 3 \cdot (x - 1)$ ☐ $4x - 3$

Aufgabe 5

Anna hat eine Tüte mit gelben, roten und blauen Bonbons.
Sie stellt fest: „Ein Drittel der Bonbons ist gelb, ein Viertel der Bonbons ist rot, die restlichen Bonbons sind blau."
Ihr Freund Bert behauptet: „Dann hast du am wenigsten blaue Bonbons."
Hat Bert recht? Begründe deine Antwort.

Aufgabe 6

6.1 Du ziehst verdeckt eine Karte aus einem gut gemischten Stapel Spielkarten, der aus einer Drei, einer Vier, einem Buben, einer Dame, einem König und einem Ass besteht.

Wie groß ist die Wahrscheinlichkeit, dass die gezogene Karte das Ass ist?

6.2 Kreuze an, welche der vier abgebildeten Spielkarten punktsymmetrisch ist.

Aufgabe 7

Der MP3-Player *Dur'n'moll* kommt am 1. Juli auf den Markt. Er kostet 200 €.
Zum 1. August wird der Preis um 10 % erhöht. Daraufhin geht die Nachfrage deutlich zurück. Deshalb wird der Preis zum 1. September um 10 % gesenkt.
Wie viel kostet der *Dur'n'moll* ab dem 1. September?

Aufgabe 8

Eine Firma stellt die Entwicklung ihres Umsatzes wie abgebildet dar.
Kreuze die richtige Aussage an.

☐ Im Zeitraum von 2007 bis 2009 war der Umsatz im Jahr 2008 am niedrigsten.

☐ Der Umsatz im Jahr 2009 war höher als der Umsatz im Jahr 2007.

☐ Im Jahr 2009 war der Umsatz wieder gleich hoch wie im Jahr 2006.

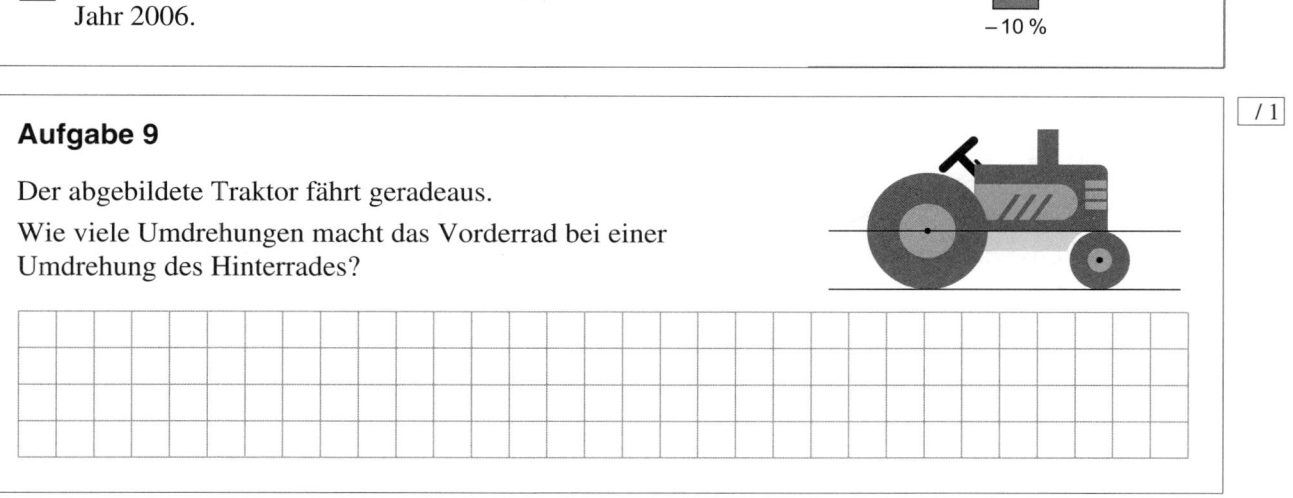

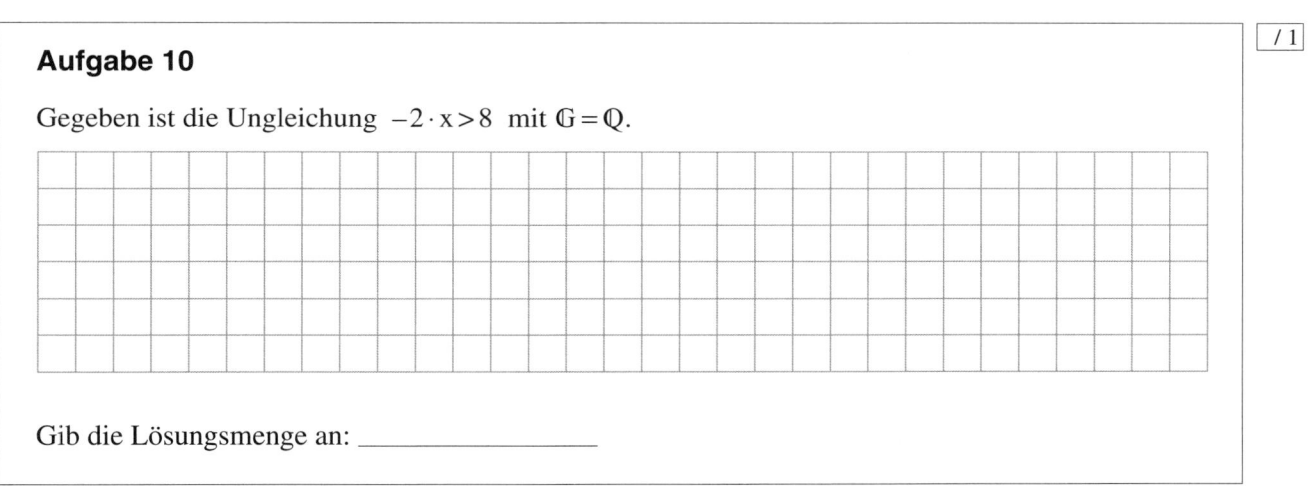

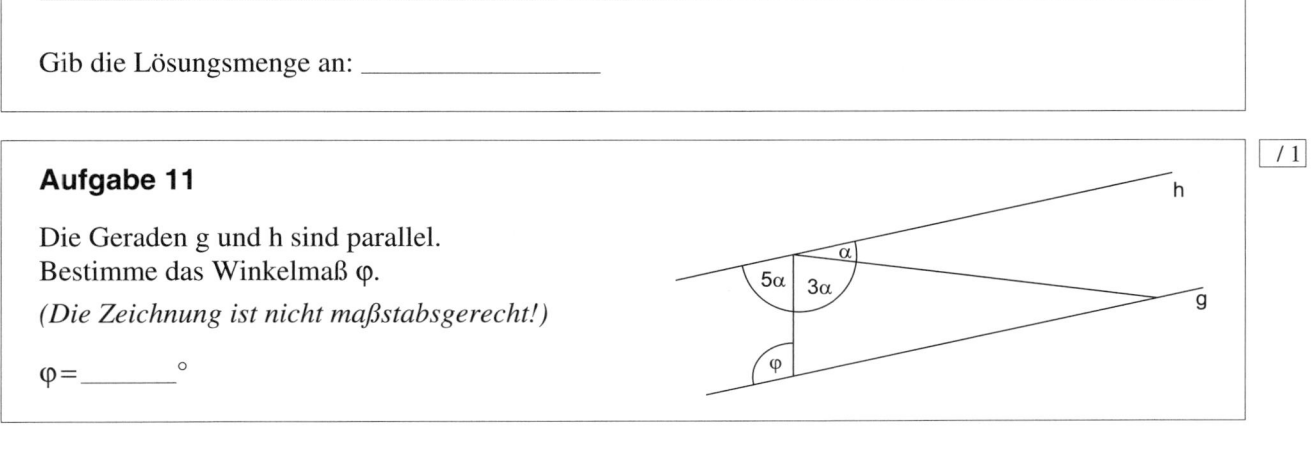

Aufgabe 9

Der abgebildete Traktor fährt geradeaus.
Wie viele Umdrehungen macht das Vorderrad bei einer Umdrehung des Hinterrades?

Aufgabe 10

Gegeben ist die Ungleichung $-2 \cdot x > 8$ mit $\mathbb{G} = \mathbb{Q}$.

Gib die Lösungsmenge an: _____

Aufgabe 11

Die Geraden g und h sind parallel.
Bestimme das Winkelmaß φ.
(Die Zeichnung ist nicht maßstabsgerecht!)

φ = _____ °

Aufgabe 12

Bei einer Befragung in einem Supermarkt werden Kunden zwei Sorten Äpfel gezeigt. Vom optischen Eindruck her bevorzugen zwei Drittel der Befragten die Sorte *Knackig rot*, das restliche Drittel bevorzugt die Sorte *Degusto*. In Abb. 1 ist dies grafisch dargestellt.

Jeder Befragte probiert anschließend beide Sorten. Nach dem Probieren wechselt ein Viertel der Personen, die *Knackig rot* bevorzugt hatten, zu *Degusto*, jedoch niemand andersherum.

Schraffiere in Abb. 2, welcher Anteil der Befragten nun *Degusto* bevorzugt.

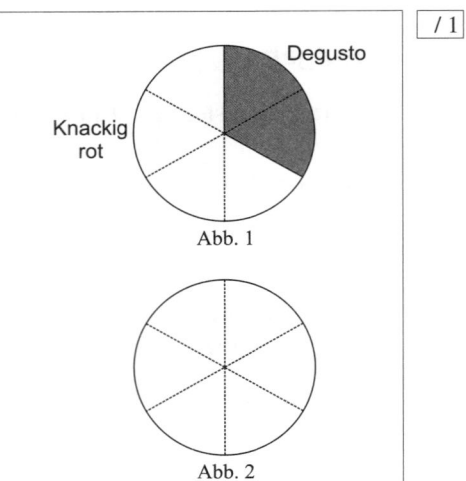

Aufgabe 13

In einem Eimer sind 20 Lose. Ein Viertel der Lose sind Gewinnlose.

Wie viele Lose muss man höchstens ziehen, damit man mit Sicherheit ein Gewinnlos hat? Kreuze die richtige Antwort an.

☐ 4   ☐ 5   ☐ 6   ☐ 10   ☐ 15   ☐ 16

Aufgabe 14

Max und Moritz haben, jeder für sich, Knobelaufgaben gelöst. Max hat acht mehr geschafft als Moritz. Zählt man die Anzahl der von Max und Moritz gelösten Knobelaufgaben zusammen, so ergibt sich 96.

Wie viele Knobelaufgaben hat Moritz gelöst?

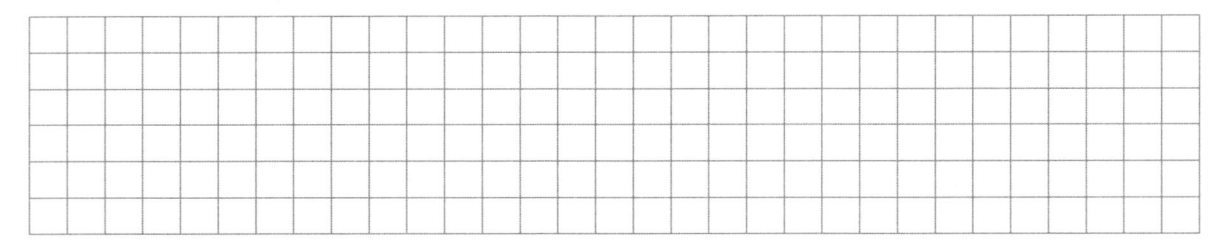

Aufgabe 15

Rechne in die angegebene Maßeinheit um:

15.1 Länge eines ICE-3-Zuges der Deutschen Bahn: 0,2 km = _____ m

15.2 Maximales Tankvolumen eines Airbus A380:   320 m³ = _____ ℓ

Aufgabe 16

Zwei gleich große Blätter Papier überdecken sich teilweise (siehe Abbildung).

Wie groß ist der Flächeninhalt des überdeckten Bereichs, wenn der Flächeninhalt des sichtbaren Bereichs des dunklen Blattes 56 cm² beträgt?

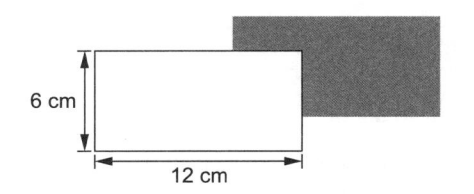

Aufgabe 17

In das nebenstehende Koordinatensystem sind die Punkte A, A' und B eingezeichnet.

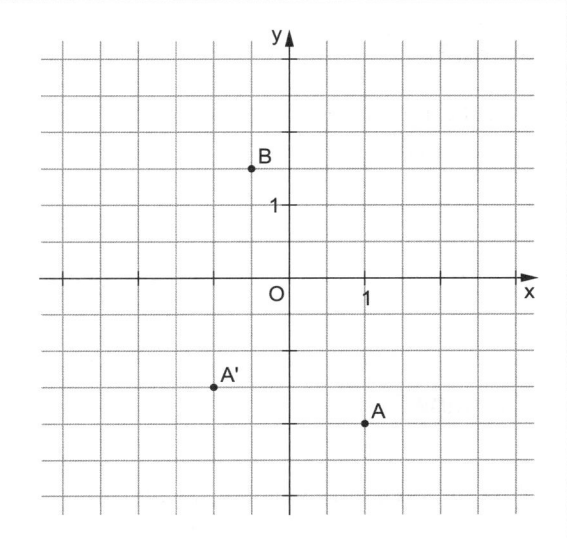

17.1 Gib die Koordinaten des Pfeils $\overrightarrow{AA'}$ an.

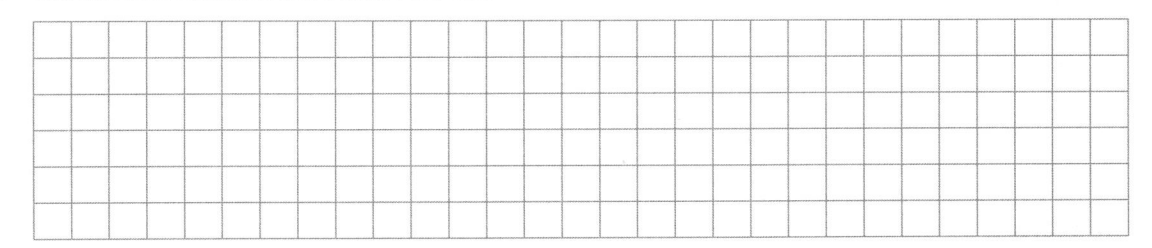

17.2 Die Strecke [AB] wird durch Parallelverschiebung auf die Strecke [A'B'] abgebildet. Zeichne den Punkt B' in das Koordinatensystem ein.

Wahlpflichtfächergruppe II/III

Aufgabe 1

Ein 1,50 m langer Holzpfahl steckt zu einem Fünftel seiner Länge im Boden.
Gib an, wie lang der Teil des Holzpfahls ist, der aus dem Boden ragt.

Aufgabe 2

Kreuze alle richtigen Ergebnisse an.

$(-0,3) \cdot (-0,2) =$

☐ 0,6   ☐ –0,6   ☐ 0,06

☐ $\frac{6}{1000}$ ☐ $-\frac{6}{100}$ ☐ $\frac{3}{50}$

Aufgabe 3

Bei jedem der beiden abgebildeten Spielwürfel ist die Summe der Augenzahlen auf einander gegenüberliegenden Flächen 7.
Gib den größten Wert an, den die Summe der Augenzahlen auf den beiden sich berührenden Flächen haben kann.

Aufgabe 4

Mit Streichhölzern kann man, wie abgebildet, eine Kette aus Quadraten legen.
Beispielsweise benötigt man 13 Streichhölzer, um eine Kette aus vier Quadraten zu legen.

4.1 Gib die Anzahl der Streichhölzer an, die man benötigt, um eine solche Kette aus acht Quadraten zu legen.

_____

4.2 Welcher Term beschreibt die Anzahl der Streichhölzer, die man benötigt, um eine solche Kette aus x Quadraten ($x \in \mathbb{N}$) zu legen? Kreuze die richtige Antwort an.

☐ $x^2 - 3$ ☐ $3x + 1$ ☐ $2x + 5$ ☐ $4x - 3$

Aufgabe 5

Anna hat eine Tüte mit gelben, roten und blauen Bonbons.
Sie stellt fest: „Ein Drittel der Bonbons ist gelb, ein Viertel der Bonbons ist rot, die restlichen Bonbons sind blau."
Ihr Freund Bert behauptet: „Dann hast du am wenigsten blaue Bonbons."

Hat Bert recht? Begründe deine Antwort.

Aufgabe 6

6.1 Du ziehst verdeckt eine Karte aus einem gut gemischten Stapel Spielkarten, der aus einer Drei, einer Vier, einem Buben, einer Dame, einem König und einem Ass besteht.

Wie groß ist die Wahrscheinlichkeit, dass die gezogene Karte das Ass ist?

_____

6.2 Kreuze an, welche der vier abgebildeten Spielkarten punktsymmetrisch ist.

Aufgabe 7

Der MP3-Player *Dur'n'moll* kommt am 1. Juli auf den Markt. Er kostet 200 €.
Zum 1. August wird der Preis um 10 % erhöht. Daraufhin geht die Nachfrage deutlich zurück.
Deshalb wird der Preis zum 1. September um 10 % gesenkt.

Wie viel kostet der *Dur'n'moll* ab dem 1. September?

Aufgabe 8

Eine Firma stellt die Entwicklung ihres Umsatzes wie abgebildet dar.

Kreuze die richtige Aussage an.

☐ Im Zeitraum von 2007 bis 2009 war der Umsatz im Jahr 2008 am niedrigsten.

☐ Der Umsatz im Jahr 2009 war höher als der Umsatz im Jahr 2007.

☐ Im Jahr 2009 war der Umsatz wieder gleich hoch wie im Jahr 2006.

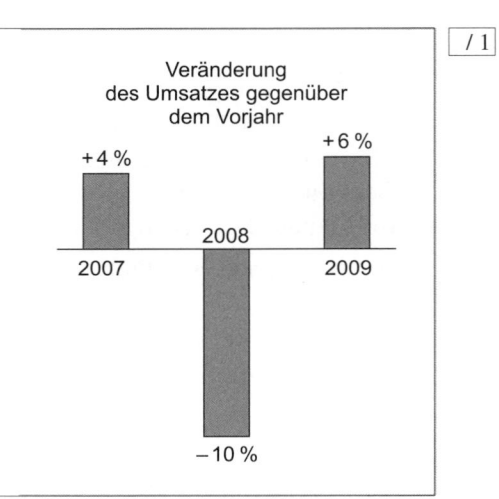

Aufgabe 9

Der abgebildete Traktor fährt geradeaus.

Wie viele Umdrehungen macht das Vorderrad bei einer Umdrehung des Hinterrades?

Aufgabe 10

Gegeben ist die Gleichung $-2 \cdot x + 8 = 4$ mit $\mathbb{G} = \mathbb{N}$.

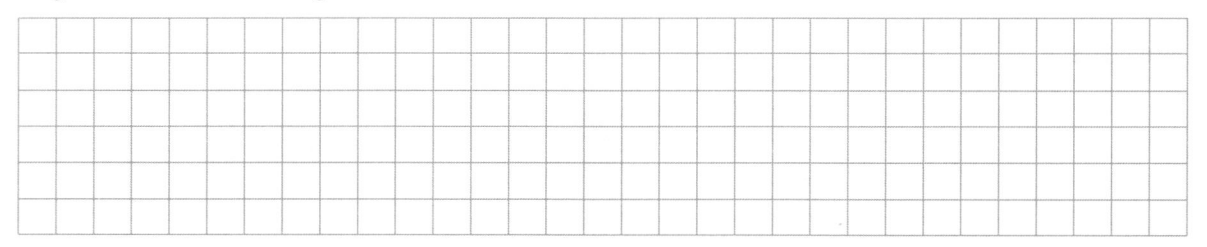

Gib die Lösungsmenge an: _____

Aufgabe 11

Die Geraden g und h sind parallel.
Bestimme das Winkelmaß γ.
(Die Zeichnung ist nicht maßstabsgerecht!)

$\gamma =$ _____ °

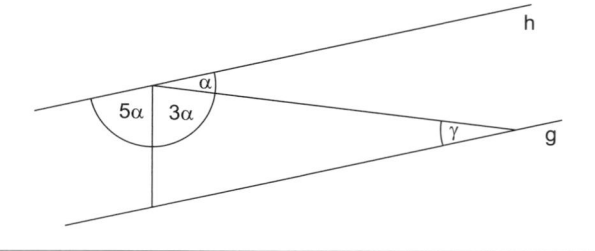

Aufgabe 12

Bei einer Befragung in einem Supermarkt werden Kunden zwei Sorten Äpfel gezeigt. Vom optischen Eindruck her bevorzugen zwei Drittel der Befragten die Sorte *Knackig rot*, das restliche Drittel bevorzugt die Sorte *Degusto*. In Abb. 1 ist dies grafisch dargestellt.

Jeder Befragte probiert anschließend beide Sorten. Nach dem Probieren wechselt ein Viertel der Personen, die *Knackig rot* bevorzugt hatten, zu *Degusto*, jedoch niemand andersherum.

Schraffiere in Abb. 2, welcher Anteil der Befragten nun *Degusto* bevorzugt.

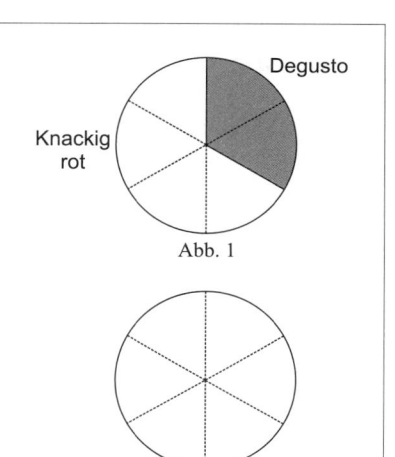

Aufgabe 13

In einem Eimer sind 20 Lose. Ein Viertel der Lose sind Gewinnlose.

Wie viele Lose muss man höchstens ziehen, damit man mit Sicherheit ein Gewinnlos hat?
Kreuze die richtige Antwort an.

☐ 4   ☐ 5   ☐ 6   ☐ 10   ☐ 15   ☐ 16

Aufgabe 14

Leon und Luis haben, jeder für sich, Knobelaufgaben gelöst. Leon hat zwei mehr geschafft als Luis. Zählt man die Anzahl der von Leon und Luis gelösten Knobelaufgaben zusammen, so ergibt sich 24.
Wie viele Knobelaufgaben hat Luis gelöst?

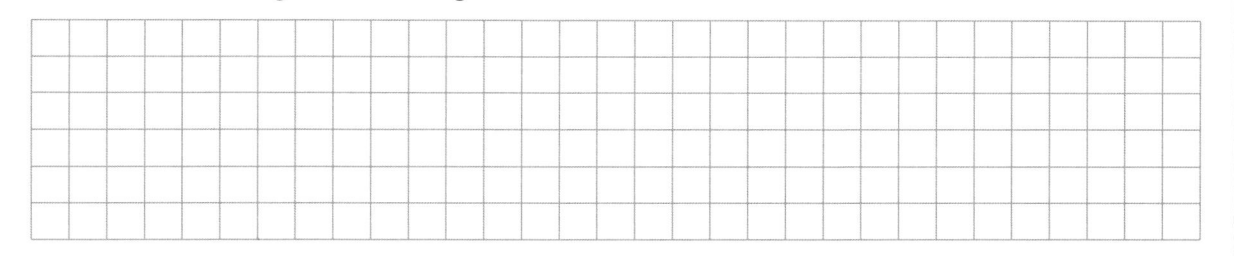

Aufgabe 15

Rechne in die angegebene Maßeinheit um:

15.1   Länge eines ICE-3-Zuges der Deutschen Bahn: 0,2 km = _____ m

15.2   Maximales Tankvolumen eines Airbus A380:   320 m³ = _____ ℓ

Aufgabe 16

Zwei gleich große Blätter Papier überdecken sich teilweise (siehe Abbildung).

Wie groß ist der Flächeninhalt des überdeckten Bereichs, wenn der Flächeninhalt des sichtbaren Bereichs des dunklen Blattes 56 cm² beträgt?

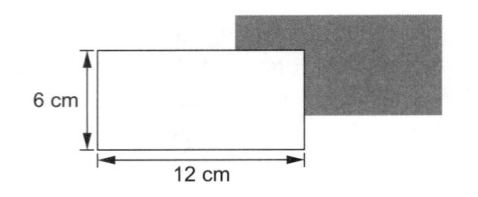

Aufgabe 17

In das nebenstehende Koordinatensystem sind die Punkte A, A' und B eingezeichnet.

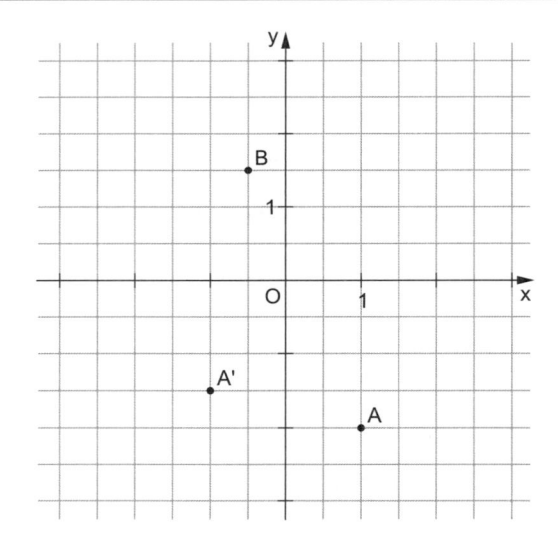

17.1 Gib die Koordinaten des Pfeils $\overrightarrow{AA'}$ an.

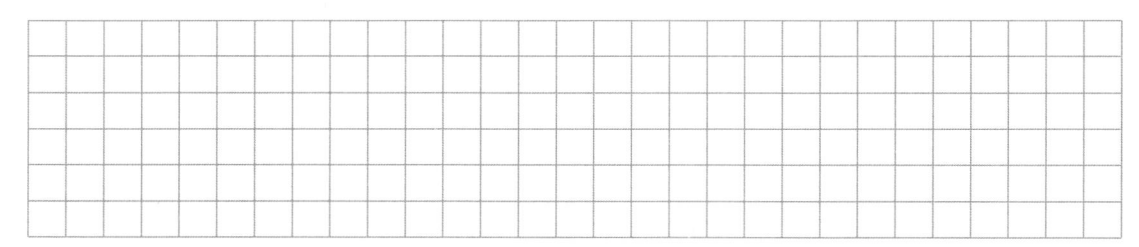

17.2 Die Strecke [AB] wird durch Parallelverschiebung auf die Strecke [A'B'] abgebildet. Zeichne den Punkt B' in das Koordinatensystem ein.

Jahrgangsstufentest Mathematik 8. Klasse – Wahlpflichtfächergruppe I – 2010: Lösungen

Lösungen

Wahlpflichtfächergruppe I

Aufgabe 1

✏ Hinweise und Tipps

$\frac{5}{5} \triangleq 1{,}75\text{ m} \quad |:5$

$\frac{1}{5} \triangleq 35\text{ cm} \quad |\cdot 4$

$\frac{4}{5} \triangleq 140\text{ cm}$

Rechne um: 1,75 m = 175 cm
Der ganze Pfahl entspricht $\frac{5}{5}$.
$\frac{1}{5}$ steckt im Boden, somit schauen $\frac{4}{5}$ des Pfahls heraus.

1,40 m ragen heraus.

Aufgabe 2

☐ 0,002
☐ −0,02
☒ 0,02
☐ $\frac{2}{1000}$
☐ $-\frac{2}{100}$
☒ $\frac{1}{50}$

$(-0{,}5)\cdot(-0{,}04) = \left(-\frac{5}{10}\right)\cdot\left(-\frac{4}{100}\right)$ gemeinsamer Bruchstrich

$= +\frac{5\cdot 4}{10\cdot 100}$

$= \frac{\cancel{20}^{1}}{\cancel{1000}_{50}}$ kürzen mit 20

$= \frac{1}{50}$

$= 0{,}02$

Aufgabe 3

9

Die Augensumme der gegenüberliegenden Flächen beträgt 7.
Würfel 1: Der Augenzahl 4 liegt die Augenzahl 3 gegenüber.
Die kleinste verbleibende Zahl bei Würfel 1 ist somit 1.

Würfel 2: Da die Augensumme der gegenüberliegenden Flächen 7 beträgt, ist hier egal, wie der Würfel liegt, die Summe ist immer 7.

Würfel 3 entspricht Würfel 1.

Daraus folgt für die kleinste mögliche Summe: 1 + 7 + 1 = 9

Aufgabe 4

4.1 1 Quadrat: 4 Hölzer
    2 Quadrate: 4 + 3 Hölzer
    3 Quadrate: 4 + 3 + 3 Hölzer
    4 Quadrate: 4 + 3 + 3 + 3 Hölzer
    ...
    8 Quadrate: $4 + \underbrace{3 + \ldots + 3}_{7\cdot 3}$ Hölzer

$= 4 + 21 = \mathbf{25\text{ Hölzer}}$

1 Quadrat besteht aus 4 Hölzern.
Die Anzahl der Hölzer nimmt mit jedem angefügten Quadrat um 3 Hölzer zu, da durch das Ansetzen an ein bestehendes Quadrat 1 Holz gespart wird.

Jahrgangsstufentest Mathematik 8. Klasse – Wahlpflichtfächergruppe I – 2010: Lösungen

4.2 ☐ $x^2 - 3$

☒ $3x + 1$

☒ $4 + 3 \cdot (x - 1)$

☐ $4x - 3$

Hinweise und Tipps

Pro Quadrat werden 3 Hölzer benötigt.
⇒ Anzahl bei x Quadraten: $3 \cdot x$
Lediglich beim 1. Quadrat kommt 1 Holz hinzu.
⇒ Anzahl bei x Quadraten: $3 \cdot x + 1$ (Lösung 2)
Prüfe die Lösung 3:
$4 + 3 \cdot (x - 1)$ Distributivgesetz
$= 4 + 3x - 3$
$= 1 + 3x$ Kommutativgesetz
$= 3x + 1$

Aufgabe 5

Bert hat **nicht** recht.
Da $\frac{1}{3}$ der Bonbons gelb ist, aber weniger als $\frac{1}{3}$ der Bonbons rot ist, ist mehr als $\frac{1}{3}$ der Bonbons blau, um $1 = \frac{3}{3}$ zu erhalten.

$\frac{1}{4} < \frac{1}{3}$

Alternative Lösung über die Berechnung des Anteils an blauen Bonbons:

$1 - \frac{1}{3} - \frac{1}{4} = \frac{12}{12} - \frac{4}{12} - \frac{3}{12} = \frac{5}{12}$

$\frac{5}{12}$ (blaue Bonbons) $> \frac{4}{12} = \frac{1}{3}$ (gelbe Bonbons) $> \frac{3}{12} = \frac{1}{4}$ (rote Bonbons)

Aufgabe 6

6.1 $\dfrac{1}{6}$

Insgesamt hast du 6 Karten (Drei, Vier, Bube, Dame, König und Ass).
Die Wahrscheinlichkeit, das Ass zu ziehen, liegt somit bei $\frac{1}{6}$.

$P = \dfrac{\text{„Anzahl günstige Ereignisse" (Ass)}}{\text{„Gesamtheit" (alle Karten)}}$

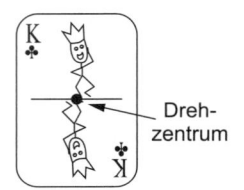

6.2 ☒ Antwort 3

Der untere König muss auf dem Kopf stehen; beim oberen König steht der linke Ellenbogen heraus, also muss beim unteren König der rechte Ellenbogen herausstehen.

Aufgabe 7

1. Juli: 200 €

       ↓ +10 % ($\hat{=}$ 20 €)

1. August: 220 €

       ↓ −10 % ($\hat{=}$ 22 €)

1. September: **198 €**

10 % von 200 € $= \dfrac{10 \cdot 200}{100} = 20$ €

10 % von 220 € $= \dfrac{10 \cdot 220}{100} = 22$ €

Jahrgangsstufentest Mathematik 8. Klasse – Wahlpflichtfächergruppe I – 2010: Lösungen

✏ Hinweise und Tipps

Aufgabe 8

[X] Im Zeitraum von 2007 bis 2009 war der Umsatz im Jahre 2008 am niedrigsten.

[ ] Der Umsatz im Jahr 2009 war höher als der Umsatz im Jahr 2007.

[ ] Im Jahr 2009 war der Umsatz wieder gleich hoch wie im Jahr 2006.

Aussage 1 ist richtig, da der Umsatz im Jahr 2007 und 2009 jeweils anstieg.

Aussage 2 ist falsch, da der Umsatz 2008 um 10 % fiel, im Folgejahr 2009 aber nur um 6 % (also weniger als der Rückgang im Vorjahr) anwuchs.

Aussage 3 ist falsch. Eine Abnahme um 10 % und eine Zunahme von insgesamt 10 % gleichen sich nicht aus. Dies siehst du gut anhand des Zahlenbeispiels mit dem MP3-Player aus Aufgabe 7.

Aufgabe 9

2

Der Radius des Hinterrades ist doppelt so groß wie der Radius des Vorderrades.

Für den Umfang U eines Kreises gilt: $U = 2 \cdot \text{Radius} \cdot 3{,}14$

Somit beträgt der Radumfang des Vorderrades genau die Hälfte des Umfangs des Hinterrades, muss sich also doppelt so oft drehen.

Aufgabe 10

$\mathbb{L} = \{x \mid x < -4\}$

$-2 \cdot x > 8 \quad |: (-2)$
$\Leftrightarrow \quad x < -4$

Beachte das Inversionsgesetz:
Bei Division oder Multiplikation einer Ungleichung mit einer negativen Zahl dreht sich das Ungleichheitszeichen um.

Aufgabe 11

$\varphi = 80°$

$5\alpha + 3\alpha + \alpha = 180°$ (gestreckter Winkel)
$\Leftrightarrow \quad 9\alpha = 180° \quad |: 9$
$\quad \alpha = 20°$

$\varphi = 3\alpha + \alpha$ (Wechselwinkel)
$\varphi = 4\alpha$
$\varphi = 4 \cdot 20°$
$\varphi = 80°$

Aufgabe 12

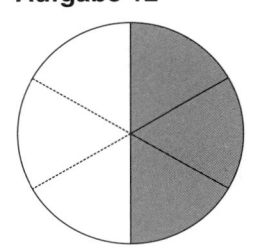

Der Anteil „Knackig rot" beträgt in der Abbildung 4 Felder. Nach dem Probieren geht $\frac{1}{4}$ der Personen von „Knackig rot" zu „Degusto", das entspricht 1 Feld. Somit hat „Knackig rot" nur noch einen Anteil von 3 Feldern.

2010-13

Aufgabe 13

☐ 4
☐ 5
☐ 6
☐ 10
☐ 15
☒ 16

Hinweise und Tipps

$\frac{1}{4}$ der 20 Lose sind Gewinnlose, also 5 Stück.

Somit befinden sich im Eimer 15 Nieten.
Im ungünstigsten Fall werden zunächst die 15 Nieten gezogen und erst ab dem 16. Los ein Gewinnlos.

Aufgabe 14

$$x + x + 8 = 96$$
$$\Leftrightarrow 2x + 8 = 96 \quad |-8$$
$$\Leftrightarrow 2x = 88 \quad |:2$$
$$\Leftrightarrow x = 44$$

Moritz hat **44** Aufgaben gelöst.

Anzahl der von Moritz gelösten Knobelaufgaben: x

Max hat 8 Aufgaben mehr gelöst als Moritz.
$\Rightarrow$ Anzahl der von Max gelösten Aufgaben: $x + 8$

Insgesamt 96 gelöste Aufgaben: $\underbrace{x}_{Moritz} + \underbrace{x+8}_{Max} = 96$

Aufgabe 15

15.1 0,2 km = **200 m**

15.2 320 m³ = **320 000 ℓ**

1 km = 1 000 m   (Kilo bedeutet 1 000)
0,2 km = 0,2 · 1 000 m = 200 m

1 m³ = 1 000 dm³   (Umrechnungszahl 1 000)
$\Rightarrow$ 320 m³ = 320 000 dm³
        = 320 000 ℓ   (1 dm³ $\hat{=}$ 1 ℓ)

Aufgabe 16

$A_{Papier} = 6\,cm \cdot 12\,cm$
$\qquad = 72\,cm^2$

$72\,cm^2 - 56\,cm^2 = \mathbf{16\,cm^2}$

Der Flächeninhalt eines Rechtecks berechnet sich mithilfe der Formel:
$A_{Rechteck} =$ Länge · Breite.

Vom Flächeninhalt des Rechtecks muss der Flächeninhalt des sichtbaren Bereichs subtrahiert werden.

Aufgabe 17

17.1 $\overrightarrow{AA'} = \begin{pmatrix} -1 - 1 \\ -1,5 - (-2) \end{pmatrix}$

$\overrightarrow{AA'} = \begin{pmatrix} -2 \\ 0,5 \end{pmatrix}$

Wende die Regel „Spitze – Fuß" an.
Es gilt: Spitze A', Fuß A

Lies die Koordinaten aus der Zeichnung ab: A(1|−2) und A'(−1|−1,5).

17.2

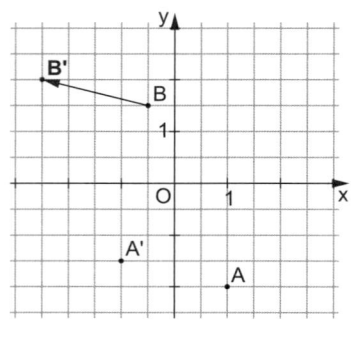

Da es sich um eine Parallelverschiebung handelt, hat der Pfeil $\overrightarrow{BB'}$ dieselben Koordinaten wie der Pfeil $\overrightarrow{AA'}$.

Wahlpflichtfächergruppe II/III

Aufgabe 1

$\frac{5}{5} \triangleq 1{,}50 \text{ m} \quad |:5$

$\frac{1}{5} \triangleq 30 \text{ cm} \quad |\cdot 4$

$\frac{4}{5} \triangleq 120 \text{ cm}$

1,20 m ragen heraus.

Hinweise und Tipps

Rechne um: 1,50 m = 150 cm
Der ganze Pfahl entspricht $\frac{5}{5}$.
$\frac{1}{5}$ steckt im Boden, somit schauen $\frac{4}{5}$ des Pfahls heraus.

Aufgabe 2

☐ 0,6
☐ −0,6
☒ 0,06
☐ $\frac{6}{1\,000}$
☐ $-\frac{6}{100}$
☒ $\frac{3}{50}$

$(-0{,}3)\cdot(-0{,}2) = \left(-\frac{3}{10}\right)\cdot\left(-\frac{2}{10}\right)$ gemeinsamer Bruchstrich

$= +\frac{3\cdot 2}{10\cdot 10}$

$= \frac{\cancel{6}^{\,3}}{\underset{50}{\cancel{100}}}$ kürzen mit 2

$= \frac{3}{50}$

$= 0{,}06$

Aufgabe 3

11

Die Augensumme der gegenüberliegenden Flächen beträgt 7.
Würfel 1: Der Augenzahl 1 liegt die Augenzahl 6 gegenüber. Die größte verbleibende Zahl ist somit die Augenzahl 5.
Würfel 2: Der Augenzahl 4 liegt die Augenzahl 3 gegenüber. Die größte verbleibende Zahl ist somit die Augenzahl 6.
Daraus folgt für die größtmögliche Augensumme: 5 + 6 = 11

Aufgabe 4

4.1 1 Quadrat: 4 Hölzer
 2 Quadrate: 4 + 3 Hölzer
 3 Quadrate: 4 + 3 + 3 Hölzer
 4 Quadrate: 4 + 3 + 3 + 3 Hölzer
 ...
 8 Quadrate: $4 + \underbrace{3 + \ldots + 3}_{7\cdot 3}$ Hölzer

$= 4 + 21 = $ **25 Hölzer**

1 Quadrat besteht aus 4 Hölzern.
Die Anzahl der Hölzer nimmt mit jedem angefügten Quadrat um 3 Hölzer zu, da durch das Ansetzen an ein bestehendes Quadrat 1 Holz gespart wird.

Jahrgangsstufentest Mathematik 8. Klasse – Wahlpflichtfächergruppe II / III – 2010: Lösungen

✏ Hinweise und Tipps

4.2 ☐ $x^2 - 3$

☒ $3x + 1$

☐ $2x + 5$

☐ $4x - 3$

Pro Quadrat werden 3 Hölzer benötigt.
⇒ Anzahl bei x Quadraten: $3 \cdot x$
Lediglich beim 1. Quadrat kommt 1 Holz hinzu.
⇒ Anzahl bei x Quadraten: $3 \cdot x + 1$ (Lösung 2)

Aufgabe 5 bis Aufgabe 9

Siehe Lösungen Wahlpflichtfächergruppe I.

Aufgabe 10

$\mathbb{L} = \{2\}$

$ -2 \cdot x + 8 = 4 \quad |-8$
$\Leftrightarrow -2 \cdot x = -4 \quad |:(-2)$
$\Leftrightarrow x = 2$

Aufgabe 11

$\gamma = 80°$

$5\alpha + 3\alpha + \alpha = 180°$ (gestreckter Winkel)
$\Leftrightarrow 9\alpha = 180° \quad |:9$
$\alpha = 20°$

$\gamma = \alpha = 20°$ (Wechselwinkel)

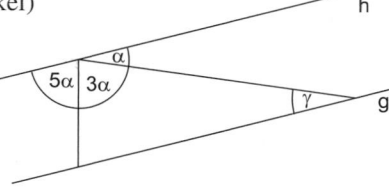

Aufgabe 12 und Aufgabe 13

Siehe Lösungen Wahlpflichtfächergruppe I.

Aufgabe 14

$ x + x + 2 = 24$
$\Leftrightarrow 2x + 2 = 24 \quad |-2$
$\Leftrightarrow 2x = 22 \quad |:2$
$\Leftrightarrow x = 11$

Luis hat **11** Aufgaben gelöst.

Anzahl der von Luis gelösten Knobelaufgaben: x
Leon hat 2 Aufgaben mehr gelöst als Luis.
⇒ Anzahl der von Leon gelösten Aufgaben: x + 2
Insgesamt 24 gelöste Aufgaben: $\underbrace{x}_{\text{Luis}} + \underbrace{x + 2}_{\text{Leon}} = 24$

Aufgabe 15 bis Aufgabe 17

Siehe Lösungen Wahlpflichtfächergruppe I.

Jahrgangsstufentest 2011 – Mathematik 8. Klasse Realschule
Wahlpflichtfächergruppe I

Aufgabe 1

In der Abbildung siehst du das Kantengerüst eines Würfels, das aus gleichen kleinen Würfeln zusammengebaut wurde.
Wie viele kleine Würfel brauchst du noch, um den Würfel vollständig auszufüllen?

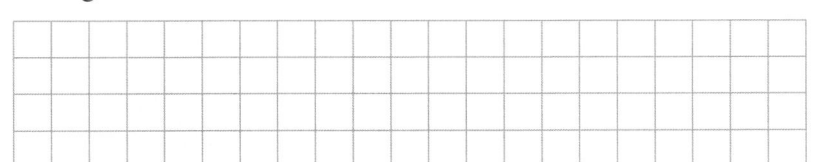

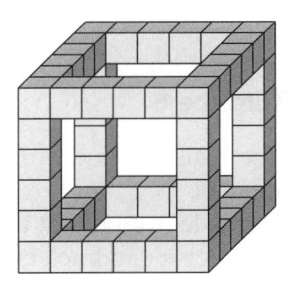

Aufgabe 2

Gegeben sind die Zahlen –4; –2; 4; 6 und 10.

2.1 Setze in jedes Symbol eine der gegebenen Zahlen so ein, dass die Aufgabe stimmt. Jede der Zahlen darf nur einmal verwendet werden.

$$\triangle \cdot \square - \bigcirc = -16$$

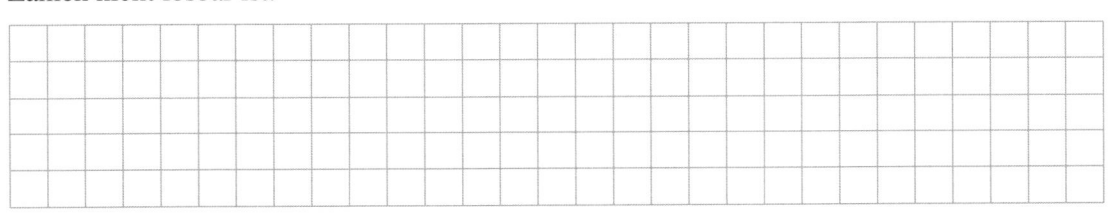

2.2 Begründe ohne Rechnung, warum die Aufgabe $\triangle \cdot \square - \bigcirc = -5$ mit den oben gegebenen Zahlen nicht lösbar ist.

Aufgabe 3

Frau Müller geht in Karlsruhe spazieren. Die Flagge markiert den Ausgangs- und Endpunkt ihres Weges, der gestrichelt ist. Kreuze an, welches der vier Diagramme am besten zum Spaziergang von Frau Müller passt.

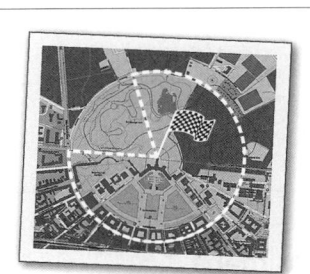

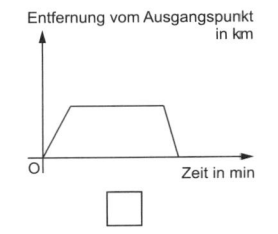

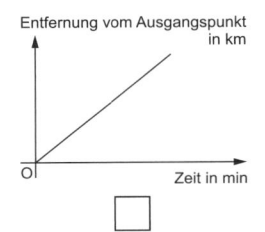

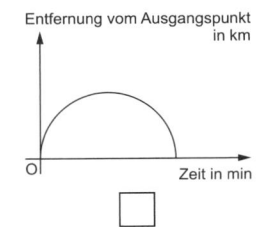

Aufgabe 4

Berechne:

$\dfrac{3^{29}}{3^{31}} = $ _____

Aufgabe 5

Eine Bausparkasse wirbt mit nebenstehendem Angebot.
Begründe, warum mit der abgebildeten Grafik ein falscher Eindruck erzeugt werden kann.

Alle, die vor ihrem 16. Geburtstag mit dem Bausparen starten, können sich einen zusätzlichen Bonus sichern.

| Ab 20 000 € Bausparsumme | 200 € Bonus |

Aufgabe 6

Frau Vogel kandidiert in Michelbach für das Bürgermeisteramt. Wahlberechtigt waren 50 000 Einwohner. Die Wahlbeteiligung betrug 70 %. Frau Vogel erhielt 60 % der Stimmen.

6.1 Wie viele Stimmen hat Frau Vogel auf sich vereinigt?

6.2 Wie viel Prozent der Wahlberechtigten haben Frau Vogel gewählt?

Aufgabe 7

Gerda wirft beim „Mensch-ärgere-dich-nicht"-Spiel dreimal hintereinander eine Sechs. Nun würfelt sie ein viertes Mal. Wie groß ist die Wahrscheinlichkeit, dass Gerda dieses Mal eine Sechs würfelt?

Aufgabe 8

Kreuze die wahre Aussage an.
Verdoppelt man den Radius eines Kreises, so ...

☐ verdoppeln sich der Umfang und der Flächeninhalt.

☐ verdoppelt sich der Umfang und vervierfacht sich der Flächeninhalt.

☐ vervierfacht sich der Umfang und verdoppelt sich der Flächeninhalt.

☐ vervierfachen sich der Umfang und der Flächeninhalt.

Aufgabe 9

In einem Gefäß befinden sich eine gelbe, eine rote und eine blaue Kugel gleicher Größe. Vera soll eine Kugel mit verbundenen Augen ziehen.
Mit welcher Wahrscheinlichkeit zieht sie nicht die rote Kugel?

Aufgabe 10

Herr Weise plant für seine Familie ein Einfamilienhaus. Dazu erstellt er den Plan des Hauses auf einem DIN-A4-Blatt.
Welcher Maßstab ist dafür sinnvoll? Kreuze an.

☐ 1 : 10   ☐ 1 : 100   ☐ 1 : 1 000   ☐ 1 : 10 000

Aufgabe 11

Die rechts abgebildete gemusterte Figur ist auf eine durchsichtige Folie gedruckt.
Welche der unten abgebildeten gemusterten Figuren lassen sich mit der obigen Figur so zur Deckung bringen, dass dann alles dunkel erscheint?
Kreuze die passenden Figuren an.

Aufgabe 12

Der Mittelpunkt M der Strecke [AC] ist der Mittelpunkt des Kreises k. Die Punkte A, B, C und D liegen auf der Kreislinie.
Das Maß des Winkels BAD beträgt 120°.
Wie groß ist das Maß des Winkels DCB?

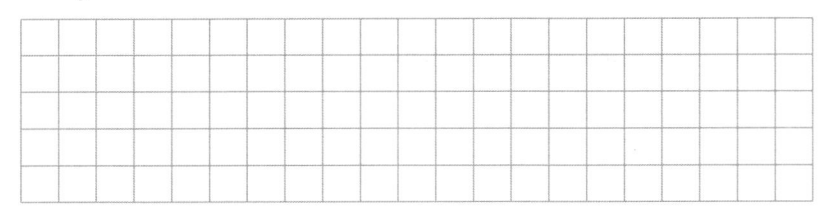

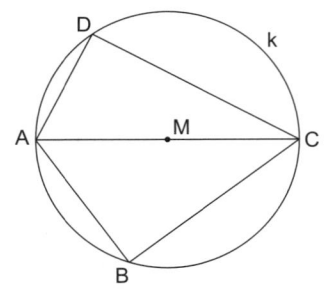

Skizze nicht maßstabsgetreu

Aufgabe 13

Vom Parallelogramm ABCD sind die Eckpunkte A(–1|0), B(3|2) und C(2|7) gegeben.
Berechne mithilfe von Vektoren die Koordinaten des Eckpunktes D.

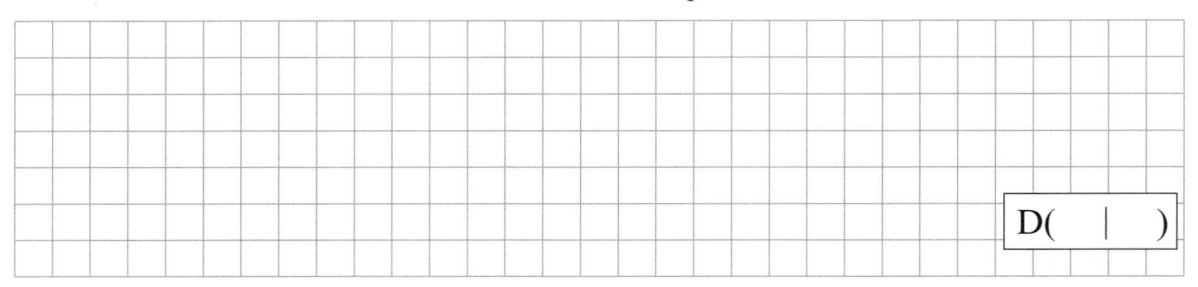

D(|)

Aufgabe 14

Im nebenstehenden Diagramm sind die Fahrten zweier Züge A und B dargestellt.
Zeichne in das Diagramm den Graphen für die Fahrt des Zugs C ein, der doppelt so schnell fährt wie der Zug B.

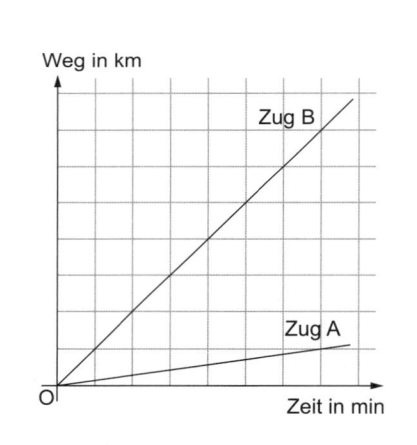

Aufgabe 15

Auf einem Bauernhof leben Schweine und doppelt so viele Hühner. Zusammen haben sie 105 Köpfe und 280 Beine.
Welche Gleichung ist richtig, wenn x die Anzahl der Schweine ist?

☐ $x + 2x = 280$ ☐ $4x + 2x = 105$ ☐ $4x + 4x = 280$

Aufgabe 16

Ein Esel und ein Pferd kosten ohne Mehrwertsteuer jeweils 500 €. Wer einen Esel kauft, bezahlt 19 % Mehrwertsteuer, wer ein Pferd kauft nur 7 %.
Um wie viel Euro ist der der Esel aufgrund der Mehrwertsteuer teurer als das Pferd?

Aufgabe 17

Nenne die kleinste natürliche sechsstellige Zahl, in der eine Ziffer zweimal vorkommt, die anderen Ziffern aber nur jeweils einmal vorkommen.

Aufgabe 18

Eine Schule kauft 250 Packungen Kopierpapier mit je 500 Blatt ein. Beim Kopieren wird festgestellt, dass in den Packungen jeweils nur 480 Blatt sind. Nachdem sich die Schule beim Lieferanten beschwert, erhält sie einen Preisnachlass von 9 ct auf jede Packung. Sie muss damit statt der ursprünglich geforderten 3,00 € nur 2,91 € pro Packung bezahlen.
Überprüfe, ob die Höhe des Preisnachlasses in Ordnung ist.

Aufgabe 19

Gegeben ist die Ungleichung $50 + 10x - 5x > 100$ mit $\mathbb{G} = \mathbb{Q}$.

Gib die Lösungsmenge an: _____

Wahlpflichtfächergruppe II/III

Aufgabe 1

In der Abbildung siehst du das Kantengerüst eines Würfels, das aus gleichen kleinen Würfeln zusammengebaut wurde.
Wie viele kleine Würfel brauchst du noch, um den Würfel vollständig auszufüllen?

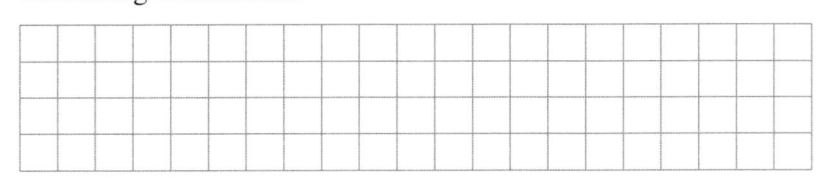

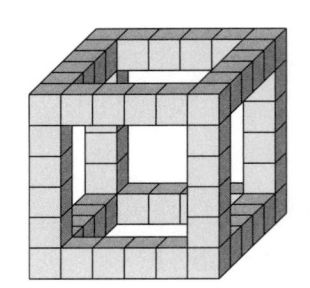

Aufgabe 2

Gegeben sind die Zahlen –4; –2; 4; 6 und 10.

2.1 Setze in jedes Symbol eine der gegebenen Zahlen so ein, dass die Aufgabe stimmt. Jede der Zahlen darf nur einmal verwendet werden.

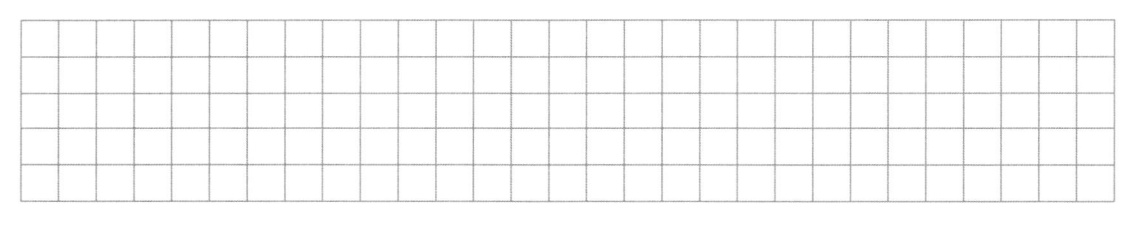

△ · □ − ○ = −16

2.2 Begründe <u>ohne Rechnung</u>, warum die Aufgabe △ · □ − ○ = −5 mit den oben gegebenen Zahlen nicht lösbar ist.

Aufgabe 3

Frau Müller geht in Karlsruhe spazieren. Die Flagge markiert den Ausgangs- und Endpunkt ihres Weges, der gestrichelt ist. Kreuze an, welches der vier Diagramme am besten zum Spaziergang von Frau Müller passt.

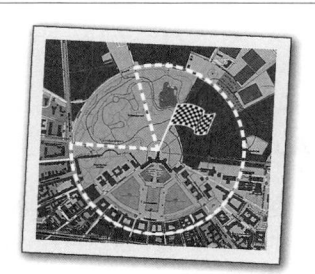

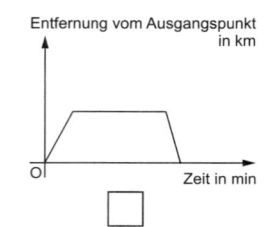

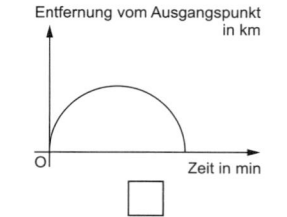

Aufgabe 4

Berechne:

$$\frac{3^{31}}{3^{29}} = \underline{\qquad}$$

Aufgabe 5

Eine Bausparkasse wirbt mit nebenstehendem Angebot.
Begründe, warum mit der abgebildeten Grafik ein falscher Eindruck erzeugt werden kann.

> Alle, die vor ihrem 16. Geburtstag mit dem Bausparen starten, können sich einen zusätzlichen Bonus sichern.
>
> Ab 20 000 € Bausparsumme   200 € Bonus

Aufgabe 6

Frau Vogel kandidiert in Michelbach für das Bürgermeisteramt. Wahlberechtigt waren 50 000 Einwohner. Die Wahlbeteiligung betrug 70 %. Frau Vogel erhielt 60 % der Stimmen.

6.1 Wie viele Stimmen hat Frau Vogel auf sich vereinigt?

6.2 Wie viel Prozent der Wahlberechtigten haben Frau Vogel gewählt?

Aufgabe 7

Gerda wirft beim „Mensch-ärgere-dich-nicht"-Spiel dreimal hintereinander eine Sechs. Nun würfelt sie ein viertes Mal. Wie groß ist die Wahrscheinlichkeit, dass Gerda dieses Mal eine Sechs würfelt?

Aufgabe 8

Kreuze die wahre Aussage an.
Verdreifacht man die Länge der Seiten eines Quadrates, so …

☐ verdreifachen sich der Umfang und der Flächeninhalt.

☐ verdreifacht sich der Umfang und verneunfacht sich der Flächeninhalt.

☐ versechsfacht sich der Umfang und verdreifacht sich der Flächeninhalt.

☐ versechsfachen sich der Umfang und der Flächeninhalt.

Aufgabe 9

In einem Gefäß befinden sich eine gelbe, eine rote und eine blaue Kugel gleicher Größe. Vera soll eine Kugel mit verbundenen Augen ziehen.
Mit welcher Wahrscheinlichkeit zieht sie <u>nicht</u> die rote Kugel?

Aufgabe 10

Herr Weise plant für seine Familie ein Einfamilienhaus. Dazu erstellt er den Plan des Hauses auf einem DIN-A4-Blatt.
Welcher Maßstab ist dafür sinnvoll? Kreuze an.

☐ 1 : 10   ☐ 1 : 100   ☐ 1 : 1 000   ☐ 1 : 10 000

Aufgabe 11

Die rechts abgebildete gemusterte Figur ist auf eine durchsichtige Folie gedruckt.
Welche der unten abgebildeten gemusterten Figuren lassen sich mit der obigen Figur so zur Deckung bringen, dass dann alles dunkel erscheint?
Kreuze die passenden Figuren an.

Aufgabe 12

Das Winkelmaß α beträgt 40°. Berechne das Winkelmaß γ.

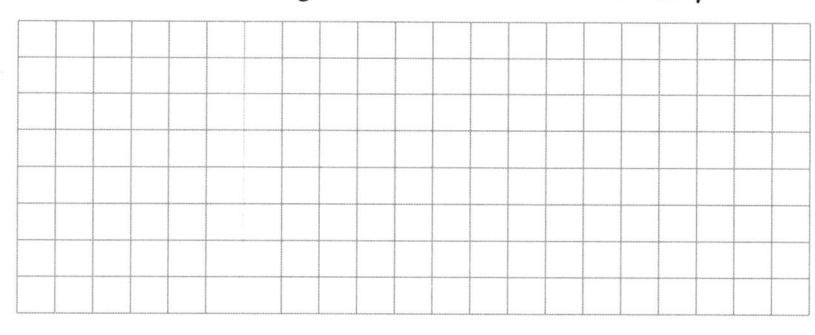

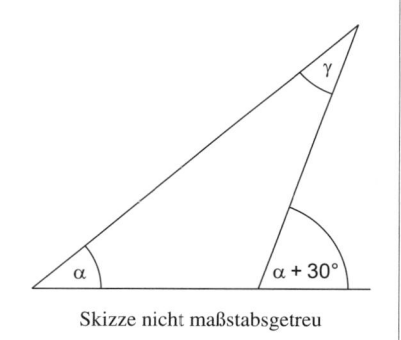

Skizze nicht maßstabsgetreu

Aufgabe 13

Vom Parallelogramm ABCD sind die Eckpunkte A(0|0), B(3|2) und C(2|7) gegeben.
Berechne mithilfe von Vektoren die Koordinaten des Eckpunktes D.

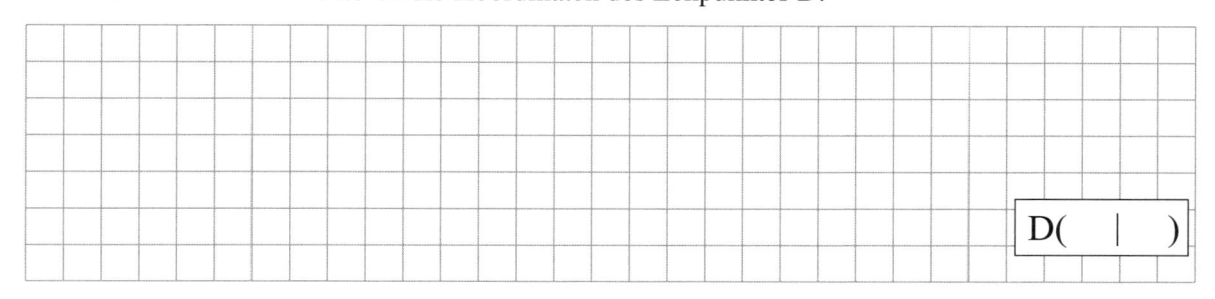

D(|)

Aufgabe 14

Im nebenstehenden Diagramm ist die Fahrt des Zugs A dargestellt.
Zeichne in das Diagramm den Graphen für die Fahrt des Zugs B ein, der halb so schnell fährt wie der Zug A.

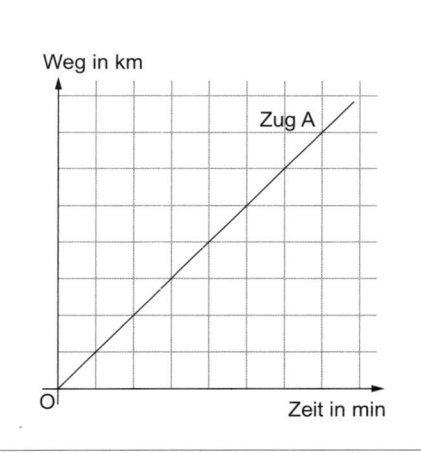

Aufgabe 15

Auf einem Bauernhof leben Schweine und doppelt so viele Hühner. Zusammen haben sie 105 Köpfe und 280 Beine.
Welche Gleichung ist richtig, wenn x die Anzahl der Schweine ist?

☐ x + 2x = 280   ☐ 4x + 2x = 105   ☐ 4x + 4x = 280

Aufgabe 16

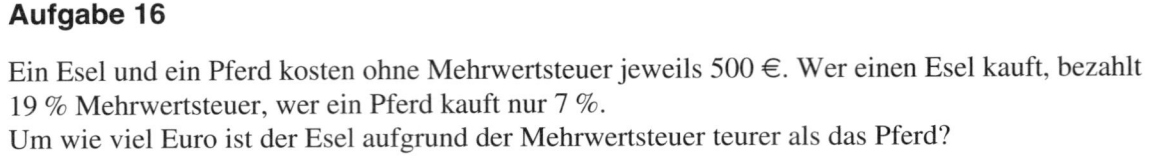

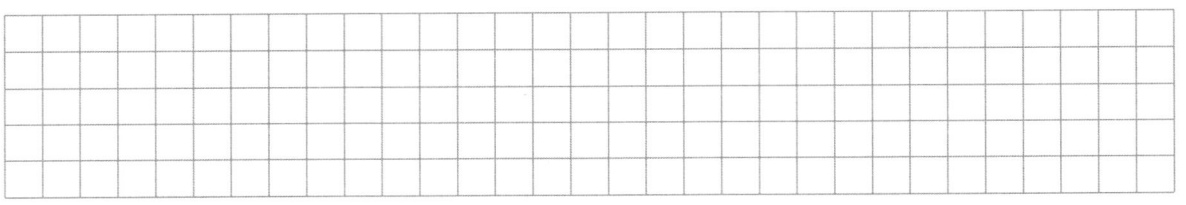

Ein Esel und ein Pferd kosten ohne Mehrwertsteuer jeweils 500 €. Wer einen Esel kauft, bezahlt 19 % Mehrwertsteuer, wer ein Pferd kauft nur 7 %.
Um wie viel Euro ist der Esel aufgrund der Mehrwertsteuer teurer als das Pferd?

Aufgabe 17

Nenne die kleinste natürliche sechsstellige Zahl, in der eine Ziffer zweimal vorkommt, die anderen Ziffern aber nur jeweils einmal vorkommen.

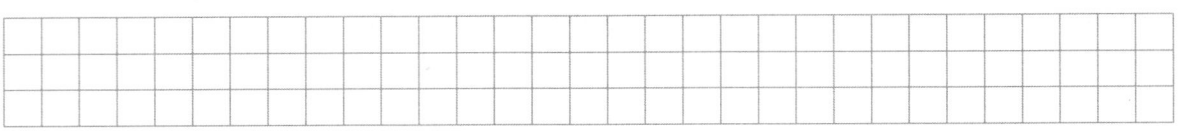

Aufgabe 18

Hans möchte bei einem Fotoversand für sich und seine Mitschüler 30 Abzüge des Klassenfotos bestellen. Ein Foto der Größe 10×15 cm kostet dort 0,10 €, die Versandkosten betragen 2,49 €. Florian behauptet, dass es günstiger ist, die Abzüge im benachbarten Fotoladen in Auftrag zu geben. Dort ist der Preis pro Foto um 50 % höher, es entfallen aber die Versandkosten. Kläre, ob Florian recht hat.

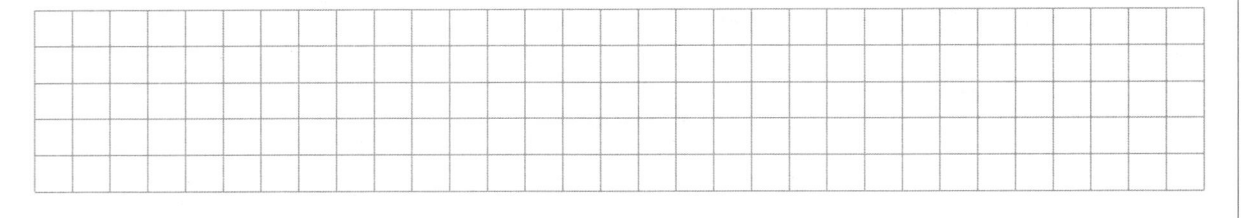

Aufgabe 19

Gegeben ist die Ungleichung $50 + 10x - 5x = 100$ mit $\mathbb{G} = \mathbb{Q}$.

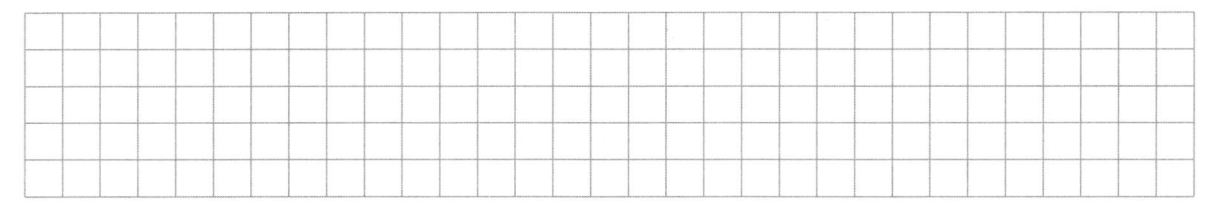

Gib die Lösungsmenge an: _____

Lösungen

Wahlpflichtfächergruppe I

Aufgabe 1
160 Würfel

Hinweise und Tipps

Insgesamt würde der Würfel aus $6 \cdot 6 \cdot 6 = 216$ kleinen Würfeln bestehen.
Die vier stehenden Säulen des Kantengerüsts bestehen aus jeweils 6 kleinen Würfeln, also insgesamt aus $4 \cdot 6 = 24$ Würfeln.
Hinzu kommen zwischen den Säulen noch jeweils 4 kleine Würfel, zusammen $4 \cdot 4 = 16$ Würfel für die unterste Schicht, für die oberste Schicht nochmals 16 Würfel.
Das Gerüst besteht also aus $24 + 16 + 16 = 56$ kleinen Würfeln.
Somit fehlen 216 Würfel $- 56$ Würfel $= 160$ Würfel.

Alternative Lösung:
Bei jeder der 6 Seitenflächen fehlen $4 \cdot 4 = 16$ Würfel.
In der Mitte fehlt ein großer Würfel mit einer Kantenlänge von 4 kleinen Würfeln, also $4 \cdot 4 \cdot 4 = 64$ Würfeln.
Insgesamt fehlen also $6 \cdot 16$ Würfel $+ 64$ Würfel $= 96$ Würfel $+$ Würfel $64 = 160$ Würfel

Aufgabe 2

2.1 $-2 \cdot 10 - (-4) = -16$

$$= \underbrace{-2 \cdot 10}_{-20} \underbrace{- (-4)}_{+4} = -16$$

oder:
$-2 \cdot 6 - 4 = -16$

$$= \underbrace{-2 \cdot 6}_{-12} \underbrace{- 4}_{-4} = -16$$

2.2 Bei allen Zahlen handelt es sich um gerade Zahlen. Addiert (oder subtrahiert) man gerade Zahlen miteinander, so entstehen wieder gerade Zahlen. Da -5 nicht gerade ist, kann es keine Lösung des Terms geben.

Aufgabe 3
Diagramm 1

Betrachte die Flagge als Mittelpunkt einer Kreislinie. Bewegst du dich auf der Kreislinie, so bleibt die Entfernung zur Flagge immer gleich (im Diagramm: Parallele zur Zeitachse).

Diagramm 2 scheidet somit aus, da die Entfernung zur Flagge stets zunehmen würde, was jedoch für den Weg auf der Kreislinie nicht stimmt.

Diagramm 3 scheidet aus, da hier keine Parallele zur Zeitachse (Bewegung auf der Kreislinie) eingezeichnet ist.

Bei Diagramm 4 existiert zwar eine Parallele zur Zeitachse, jedoch würde nach diesem Diagramm Frau Müller nicht mehr an der Flagge ankommen (Entfernung $= 0$ km), da die Entfernung zur Flagge nach der Kreislinie wieder zunimmt (ansteigende Strecke).

Somit kann nur Diagramm 1 die korrekte Lösung sein.

Jahrgangsstufentest Mathematik 8. Klasse – Wahlpflichtfächergruppe I – 2011: Lösungen

Hinweise und Tipps

Aufgabe 4

$\dfrac{3^{29}}{3^{31}} = 3^{29-31}$

$= 3^{-2}$

$= \dfrac{1}{3^2}$

$= \dfrac{\mathbf{1}}{\mathbf{9}}$

Potenzgesetz: $a^x : a^y = a^{x-y}$
Potenzen mit gleicher Basis werden dividiert, indem man ihre Exponenten subtrahiert.

Potenzgesetz: $a^{-n} = \dfrac{1}{a^n}$

Aufgabe 5

Im Vergleich zur Balkenlänge für die Bausparsumme ist der Balken für den Bonus viel zu lang.

200 € ist $\dfrac{1}{100}$ der Bausparsumme 20 000 €.
Somit müsste der Balken für den Bonus $\dfrac{1}{100}$ der Balkenlänge für die Bausparsumme betragen.

Aufgabe 6

6.1 Wahlbeteiligung 70 %:

100 % ≙ 50 000 Wähler | : 100
1 % ≙ 500 Wähler | · 70
70 % ≙ 35 000 Wähler

Stimmenanteil 60 %:

100 % ≙ 35 000 Stimmen | : 100
1 % ≙ 350 Stimmen | · 60
60 % ≙ **21 000 Stimmen**

Berechne zuerst die Anzahl der Einwohner, welche zur Wahl gingen.

Berechne anschließend den Anteil der Stimmen, welche auf Frau Vogel entfielen.

6.2 50 000 Wahlb. ≙ 100 % | : 50
1 000 Wahlb. ≙ 2 % | · 21
21 000 Stimmen ≙ **42 %**

Berechne mithilfe des Dreisatzes.

Aufgabe 7

$\dfrac{1}{6}$

Beim Würfeln handelt es sich um ein Laplace-Experiment, d. h., jedes Ereignis ist gleich wahrscheinlich, also $\dfrac{1}{6}$.
Somit beträgt die Wahrscheinlichkeit für das Ereignis „6" bei jedem Würfeln immer $\dfrac{1}{6}$.

Aufgabe 8

Verdoppelt man den Radius eines Kreises, so …

[X] verdoppelt sich der Umfang und vervierfacht sich der Flächeninhalt.

Formeln: Kreisumfang $u = 2 \cdot \text{Radius} \cdot 3{,}14$
Kreisfläche $A = \text{Radius}^2 \cdot 3{,}14$

Da der Radius zur Kreisflächenberechnung quadriert wird, vervierfacht sich die Kreisfläche.

Jahrgangsstufentest Mathematik 8. Klasse – Wahlpflichtfächergruppe I – 2011: Lösungen

Aufgabe 9

$\dfrac{2}{3}$

Hinweise und Tipps

„Nicht die rote Kugel" bedeutet die gelbe Kugel oder die blaue Kugel.
⇒ Anzahl der günstigen Ereignisse = 2
Anzahl aller möglichen Ereignisse = 3
⇒ $P = \dfrac{2}{3}$

Aufgabe 10

☐ 1 : 10
☒ 1 : 100
☐ 1 : 1 000
☐ 1 : 10 000

Maßstab 1 : 10 bedeutet: 1 cm in der Zeichnung entspricht 10 cm im Original. Da ein Einfamilienhaus ca. 10 m lang ist, würde dies bei folgenden Maßstäben bedeuten:

Maßstab	Länge Haus (ca. 10 m) in der Zeichnung	
1 : 10	1 m	→ Blatt zu klein
1 : 100	10 cm	→ passt aufs Blatt
1 : 1 000	1 cm	→ Haus wird zu klein
1 : 10 000	1 mm	→ Haus nur 1 mm groß

Aufgabe 11

☒ (erste Figur)

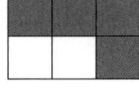

Übereinanderlegen. Figur + Folie = beides

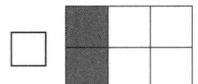

☐ (zweite Figur)

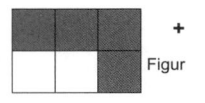

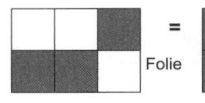

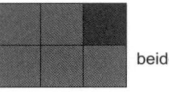

Nur 2 Quadrate bemalt, im Original 3 bemalt. Somit ist ein Abdecken nicht möglich.

☒ (dritte Figur)

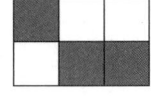

Um 180° drehen, übereinanderlegen. gedrehte Figur + Folie = beides

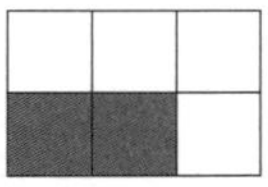

☐ (vierte Figur)

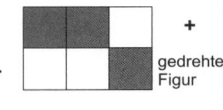

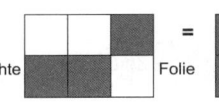

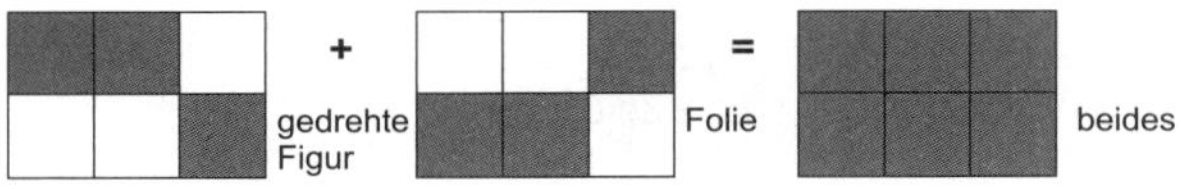

Es sind wieder nur 2 Quadrate bemalt.

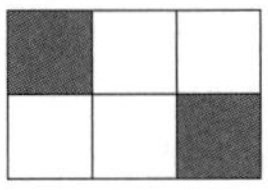

☐ (fünfte Figur)

Es sind wieder nur 2 Quadrate bemalt.

Aufgabe 12

∢DCB = 360° − 120° − 90° − 90° = **60°**

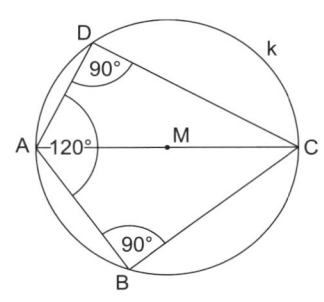

Skizze nicht maßstabsgetreu

∢ADC = 90°
∢CBA = 90° } Thaleskreis über der Strecke [AC]

Die Winkelsumme im Viereck beträgt 360°.

Aufgabe 13

$\overrightarrow{BC} = \begin{pmatrix} 2-3 \\ 7-2 \end{pmatrix}$

$= \begin{pmatrix} -1 \\ 5 \end{pmatrix}$

$\overrightarrow{OD} = \overrightarrow{OA} \oplus \overrightarrow{AD}$

$= \begin{pmatrix} -1 \\ 0 \end{pmatrix} \oplus \begin{pmatrix} -1 \\ 5 \end{pmatrix}$

$= \begin{pmatrix} -1 + (-1) \\ 0 + 5 \end{pmatrix}$

$= \begin{pmatrix} -2 \\ 5 \end{pmatrix}$

D(–2 | 5)

Hinweise und Tipps

Fertige eine Skizze an:

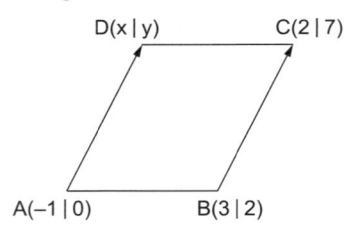

D(x | y) C(2 | 7)

A(–1 | 0) B(3 | 2)

Berechne die Vektorkoordinaten von $\overrightarrow{BC}$ mithilfe der Regel „Spitze minus Fuß".

Aufgrund der Angabe „Parallelogramm" gilt: $\overrightarrow{AD} = \overrightarrow{BC} = \begin{pmatrix} -1 \\ 5 \end{pmatrix}$

Aufgabe 14

Weg in km

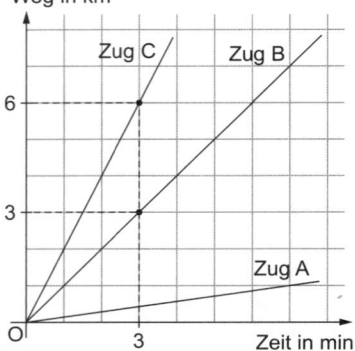

(Diagramm mit Zug C, Zug B, Zug A; Zeit in min)

Da Zug C doppelt so schnell fährt wie Zug B, legt er in z. B. 3 min (siehe Diagramm) doppelt so viel Wegstrecke zurück wie Zug B.

Aufgabe 15

☐ $x + 2x = 280$

☐ $4x + 2x = 105$

☒ $4x + 4x = 280$

Gleichung 1 ist falsch, denn das Ergebnis beträgt 280 Beine. Da Schweine 4 Beine besitzen, muss in der Gleichung für die Beine der Summand 4 · x für die Anzahl der Schweinebeine auftreten.

Gleichung 2 ist ebenso falsch, da es hier Tiere mit 4 Köpfen und mit 2 Köpfen geben müsste.

Aufgabe 16

Preis Esel:
500 € + 95 € = 595 €

Preis Pferd:
500 € + 35 € = 535 €

Preisunterschied:
595 € – 535 € = **60 €**

Berechnung der Mehrwertsteuer von 19 % mit dem Dreisatz:

100 % ≙ 500 € |:100
  1 % ≙ 5 € |·19
19 % ≙ 95 €

Berechnung der Mehrwertsteuer von 7 % mit dem Dreisatz:

1 % ≙ 5 € |·7
7 % ≙ 35 €

Hinweise und Tipps

Aufgabe 17
100 234

Damit die Zahl möglichst klein wird, muss die 1. Ziffer („Hunderttausender") kleinstmöglich sein, also die Ziffer 1 (nicht 0, denn sonst würde die Zahl nicht 6-stellig sein.).
Die kleinsten Ziffern für die 2. und 3. Stelle dürfen jeweils 0 sein.
Somit verbleibt als kleinste Ziffer für die „Hunderter" die Ziffer 2, für die „Zehner" nun die 3 und letztlich für die „Einer" die 4.

Aufgabe 18

- Der prozentuale Anteil fehlender 20 Blätter pro Packung beträgt 4 %.

Dreisatz:
$$500 \text{ Blätter} \triangleq 100\,\% \quad |:50$$
$$10 \text{ Blätter} \triangleq 2\,\% \quad |\cdot 2$$
$$20 \text{ Blätter} \triangleq 4\,\%$$

- Der Preisnachlass von 3,00 € auf 2,91 € pro Packung beträgt nur 3 %.
⇒ **Der Preisnachlass ist zu gering.**

Dreisatz:
$$3,00\,€ \triangleq 100\,\% \quad |:300$$
$$1 \text{ ct} \triangleq \frac{1}{3}\,\% \quad |\cdot 9$$
$$9 \text{ ct} \triangleq \frac{1}{3}\,\% \cdot 9 = \frac{9}{3}\,\% = 3\,\%$$

Aufgabe 19

$$50 + \underbrace{10x - 5x} > 100$$
$$\Leftrightarrow \quad 50 + 5x > 100 \quad |-50$$
$$\Leftrightarrow \quad 5x > 50 \quad |:5$$
$$\Leftrightarrow \quad x > 10$$
$$\mathbb{L} = \{x \mid x > 10\}$$

Vereinfache auf der linken Seite.

Aufgrund von $\mathbb{G} = \mathbb{Q}$ gilt: $\mathbb{L} = \{x \mid x > 10\}$

Jahrgangsstufentest Mathematik 8. Klasse – Wahlpflichtfächergruppe II/III – 2011: Lösungen

Wahlpflichtfächergruppe II/III

Hinweise und Tipps

Aufgabe 1 bis Aufgabe 3

Siehe Lösungen Wahlpflichtfächergruppe I.

Aufgabe 4

$\dfrac{3^{31}}{3^{29}} = 3^{31-29}$
$\phantom{\dfrac{3^{31}}{3^{29}}} = 3^2$
$\phantom{\dfrac{3^{31}}{3^{29}}} = \mathbf{9}$

Wende das Potenzgesetz für Potenzen mit gleicher Basis an.
Exponenten subtrahieren.

Aufgabe 5 bis Aufgabe 7

Siehe Lösungen Wahlpflichtfächergruppe I.

Aufgabe 8

Verdreifacht man die Länge der Seiten eines Quadrates, so …

[X] verdreifacht sich der Umfang und verneunfacht sich der Flächeninhalt.

Formeln: Umfang $u = 4 \cdot a$
 Flächeninhalt $A = a \cdot a$

Da die Seitenlänge bei der Berechnung der Fläche quadriert wird, verneunfacht sich die Fläche bei Verdreifachung der Länge: $3 \cdot 3 = 9$

Aufgabe 9 bis Aufgabe 11

Siehe Lösungen Wahlpflichtfächergruppe I.

Aufgabe 12

$\alpha + \gamma = \alpha + 30° \quad | -\alpha$
$\Leftrightarrow \quad \gamma = \mathbf{30°}$

α, γ: Innenwinkel im Dreieck
$\alpha + 30°$: Außenwinkel im Dreieck

Außenwinkelsatz: Der Außenwinkel ist so groß wie die Summe der beiden nicht anliegenden Innenwinkel.

Aufgabe 13

$\overrightarrow{BC} = \begin{pmatrix} 2-3 \\ 7-2 \end{pmatrix}$
$\phantom{\overrightarrow{BC}} = \begin{pmatrix} -1 \\ 5 \end{pmatrix}$

Fertige eine Skizze an:

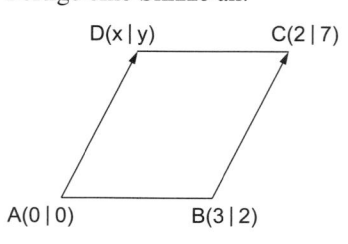

D(x|y) C(2|7)

A(0|0) B(3|2)

Berechne die Vektorkoordinaten von $\overrightarrow{BC}$ mithilfe der Regel „Spitze minus Fuß".

Jahrgangsstufentest Mathematik 8. Klasse – Wahlpflichtfächergruppe II/III – 2011: Lösungen

$\overrightarrow{AD} = \overrightarrow{BC}$

$\overrightarrow{AD} = \begin{pmatrix} -1 \\ 5 \end{pmatrix}$

D(–1 | 5)

/ Hinweise und Tipps

Parallelogramm $\Rightarrow$ [AD] ∥ [BC]

$\overrightarrow{AD} = \overrightarrow{OD}$, da A(0 | 0).

Aufgabe 14

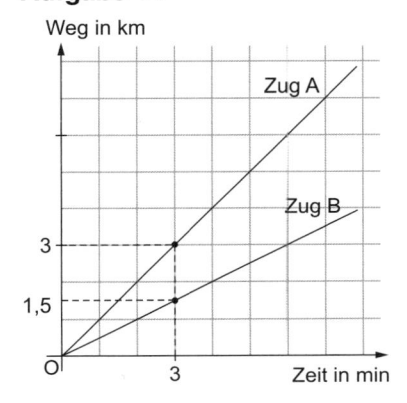

Da Zug B halb so schnell fährt wie Zug A, legt er in z. B. 3 min (siehe Diagramm) nur halb so viel Wegstrecke zurück wie Zug A.

Aufgabe 15 bis Aufgabe 17

Siehe Lösungen Wahlpflichtfächergruppe I.

Aufgabe 18

Florian hat recht.

Im Fotoladen kosten die Bilder insgesamt 4,50 €, beim Fotoversand 5,49 €.

Fotoladen:
100 % ≙ 0,10 €
50 % ≙ 0,05 €
$\Rightarrow$ Preis pro Bild: 0,10 € + 0,05 € = 0,15 €
$\Rightarrow$ Preis 30 Bilder: 30 · 0,15 € = 4,50 €

Fotoversand:
$\Rightarrow$ Preis 30 Bilder: 30 · 0,10 € = 3,00 €
$\Rightarrow$ Preis gesamt: 3,00 € + Versandkosten 2,49 € = 5,49 €

Aufgabe 19

$50 + \underbrace{10x - 5x} = 100$

$\Leftrightarrow\ \ 50 + 5x = 100 \quad |-50$

$\Leftrightarrow \quad\quad\quad 5x = 50 \quad |:5$

$\Leftrightarrow \quad\quad\quad\ x = 10$

$\mathbb{L} = \{10\}$

Vereinfache auf der linken Seite.

Beachte die Grundmenge: $10 \in \mathbb{Q} \Rightarrow \mathbb{L} = \{10\}$

Jahrgangsstufentest 2012 – Mathematik 8. Klasse Realschule
Wahlpflichtfächergruppe I

Aufgabe 1

Auf dem Oktoberfest wirbt die Losbude „Max im Glück" damit, dass jedes 8. Los gewinnt. Die Losbude „Geldsegen" rühmt sich, dass von 1 000 Losen 125 gewinnen.

Kreuze die richtige Aussage an.

☐ Losbude „Max im Glück" bietet größere Gewinnchancen.

☐ Losbude „Geldsegen" bietet größere Gewinnchancen.

☐ Die Gewinnchancen sind gleich groß.

☐ Zu den Gewinnchancen kann man keine genauen Angaben machen.

Aufgabe 2

Das nebenstehende Spielfeld besteht aus 64 kleinen Quadraten und einem 1 cm breiten Rand. Jedes der einzelnen Quadrate hat eine Seitenlänge von 2 cm.

Berechne den Flächeninhalt des gesamten Spielfeldes.

Aufgabe 3

Der rechts abgebildete Skater durchfährt einmal die Half-Pipe.

Welches der unten stehenden Diagramme passt am besten zu der Fahrt des Skaters? Kreuze an.

Aufgabe 4

Löse die Gleichung: $12x - 3x + 7 = -2$ ($\mathbb{G} = \mathbb{Q}$)

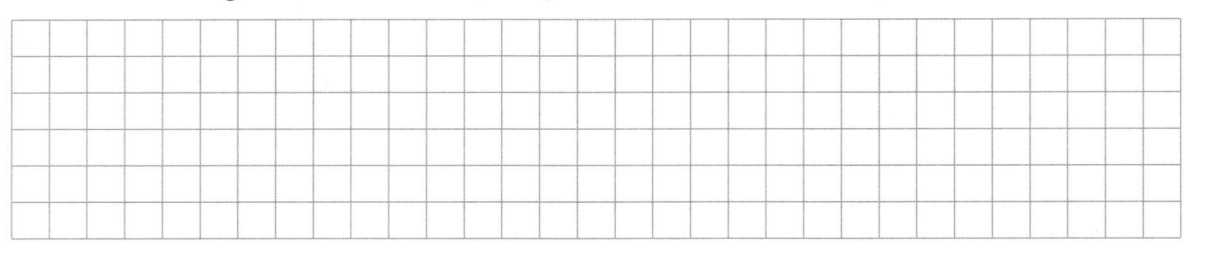

Aufgabe 5

Stelle einen Term zur Berechnung des Umfangs auf.

u(x) = [_____] cm

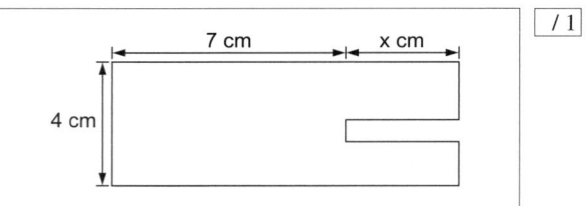

Aufgabe 6

Auf einem rechteckigen Feld sollen Obstbäume nach dem rechts dargestellten Plan angepflanzt werden.

Wie viele Bäume können auf dem Feld insgesamt angepflanzt werden?

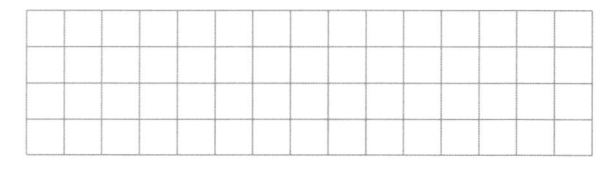

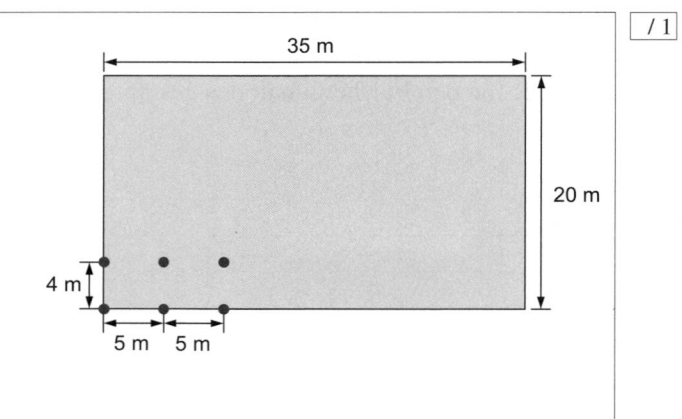

Aufgabe 7

Ermittle das Winkelmaß β.

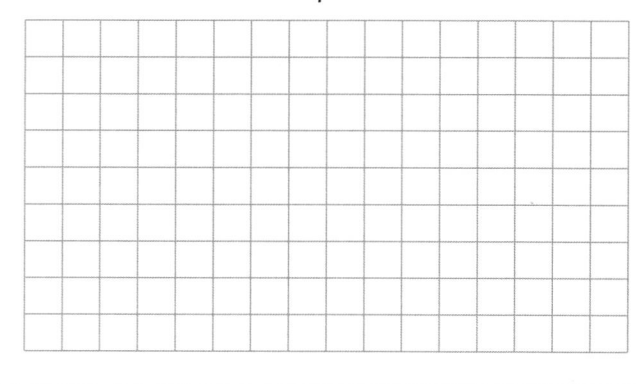

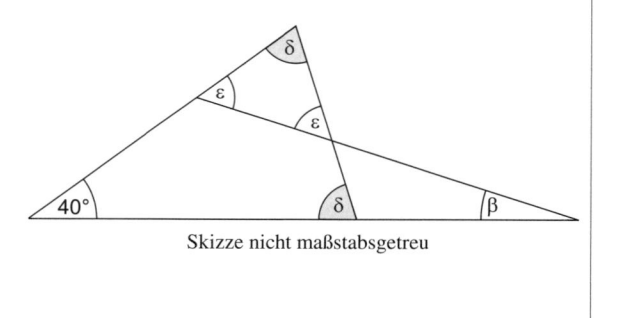

Skizze nicht maßstabsgetreu

Aufgabe 8

Bestimme den Abstand zwischen den parallelen Geraden g und h.

d(g; h) = _____

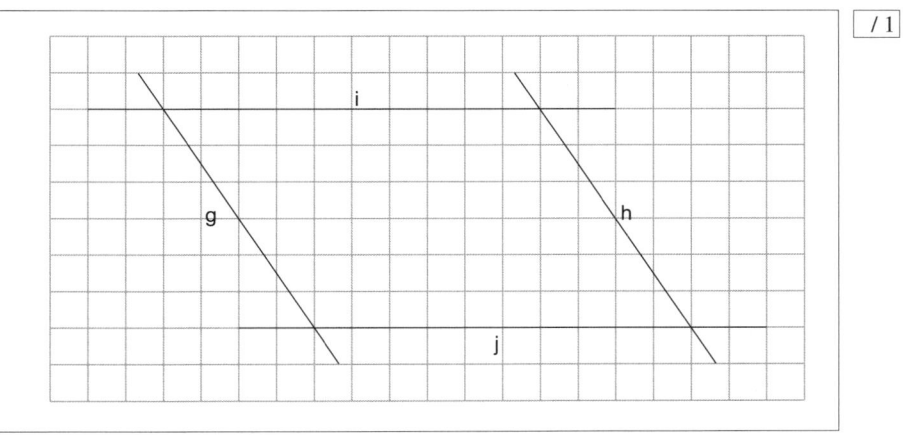

Aufgabe 9

Berechne:

9.1 $(-2)^5 =$ _____

9.2 $\dfrac{10^{19}}{10^{22}} =$ _____

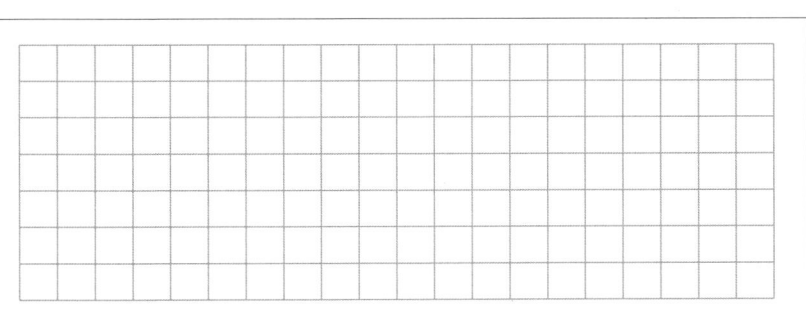

Aufgabe 10

Moritz hat den vierstelligen Zahlencode seines Fahrradschlosses vergessen. Er weiß nur noch, dass der Zahlencode mit 1 beginnt, mit einer 9 endet und dazwischen die Ziffer 0 genau einmal vorkommt. Wie viele Zahlenkombinationen sind möglich?

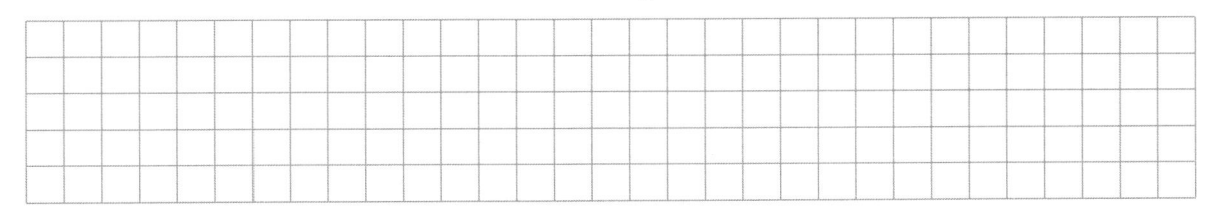

Aufgabe 11

Kinder wurden befragt, welche Sportarten sie betreiben.
Philipp: „Es wurden 18 Kinder befragt."
Anja: „Das muss nicht sein."

Begründe, warum Anja Recht hat.

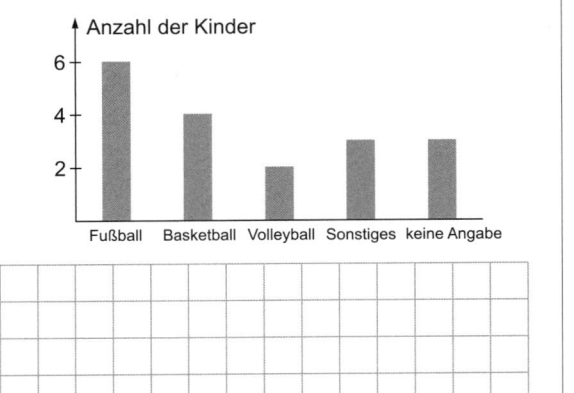

Aufgabe 12

Ergänze die Zahlenfolge passend.

1   1   2   3   5   8   _____   21   _____   55

Aufgabe 13

In einer 8. Klasse wurde im Rahmen eines Projekts eine Untersuchung über die Mediennutzung durchgeführt. Dabei ergaben sich die nebenstehenden Durchschnittswerte in Minuten pro Wochenende.

Medien	Mädchen	Jungen
Fernsehen/Radio/CD	310	260
Internet/PC-Spiele	180	220
Bücher/Zeitungen/Zeitschriften	60	20

Um wie viel Prozent nutzen die Mädchen die Medien insgesamt mehr als die Jungen?

Aufgabe 14

Auf den Seiten eines Würfels wurden die Buchstaben A, B, C, D, E, F gedruckt. In nebenstehender Abbildung sind drei verschiedene Lagen dieses Würfels abgebildet.

Welche Aussage passt <u>nicht</u> zu dem Würfel? Kreuze an.

☐ F liegt gegenüber von D.   ☐ A liegt gegenüber von E.
☐ C liegt gegenüber von F.   ☐ B liegt gegenüber von C.

Aufgabe 15

Frau Spar ärgert sich über ihren tropfenden Wasserhahn. Laut ihren Messungen laufen 50 $m\ell$ Wasser pro 5 Minuten aus dem Wasserhahn. Wie viele Liter sind das an einem Tag?

Aufgabe 16

Das große Rechteck hat die Seitenlängen 25 m und 15 m. Es ist in fünf kleinere Rechtecke unterteilt, von denen jedes einen Flächeninhalt von 75 m² besitzt.

Gib die Seitenlängen des schraffierten Rechtecks an.

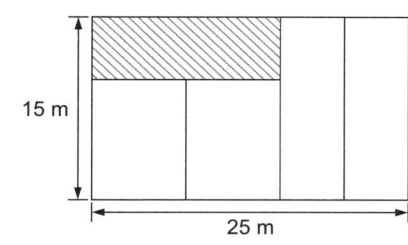

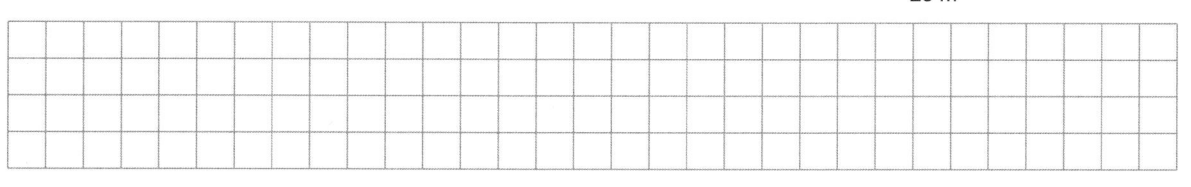

Aufgabe 17

Wolfgang hat mit dem Motorrad eine 600 km lange Strecke in 2 Tagen zurückgelegt. Am 2. Tag fährt er 50 km mehr als am 1. Tag.

Wie viele Kilometer ist er am 2. Tag gefahren?

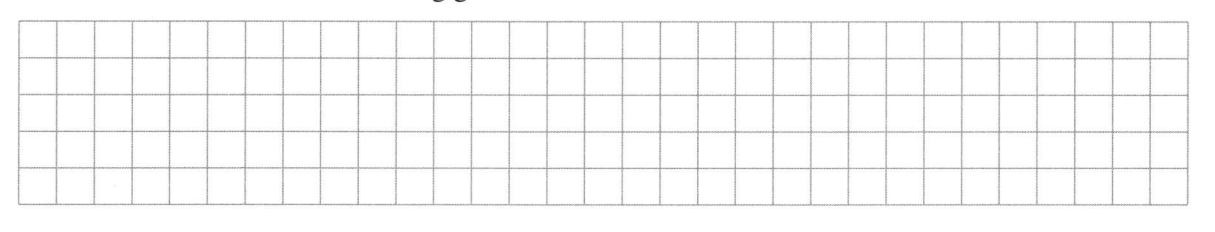

Aufgabe 18

Der Durchschnittswert (arithmetisches Mittel) der Zahlen 15, 20 und 40 ist 25.
Gib fünf unterschiedliche Zahlen an, die das arithmetische Mittel 1 000 haben.

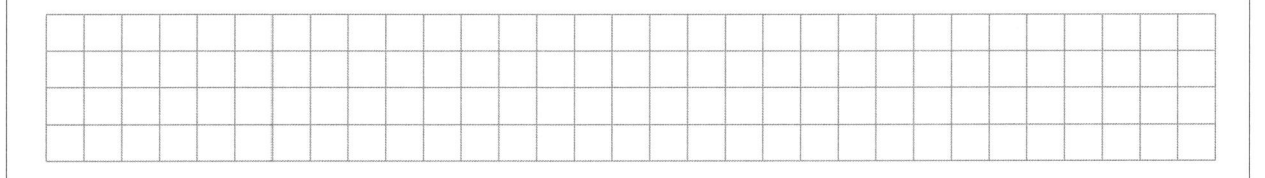

Aufgabe 19

Die Abbildung zeigt das Netz eines Quaders, dessen Volumen 126 cm³ beträgt. Berechne den Wert für x.

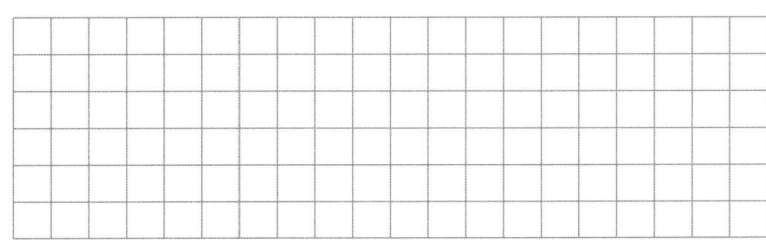

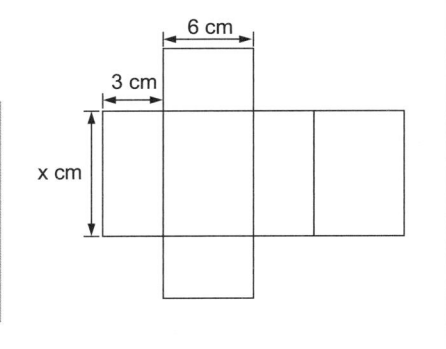

Aufgabe 20

Vom Parallelogramm ABCD sind die Punkte A(0|0), B(5|3) und C(7|6) gegeben.
Berechne die Koordinaten des Punktes D.

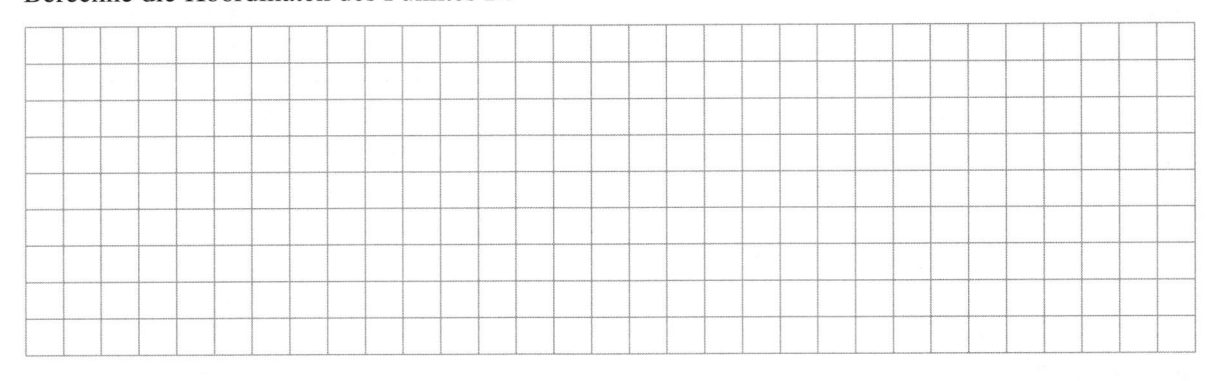

Wahlpflichtfächergruppe II/III

Aufgabe 1

Die abgebildeten Glückskreisel werden gedreht. Bei welchem Kreisel ist die Wahrscheinlichkeit am größten, dass er auf einem Feld mit der Zahl „3" liegen bleibt? Kreuze an.

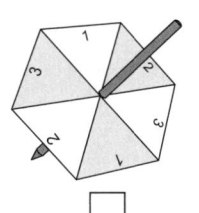

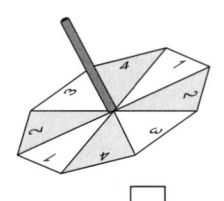

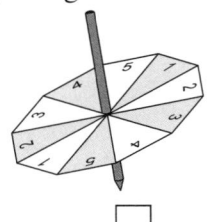

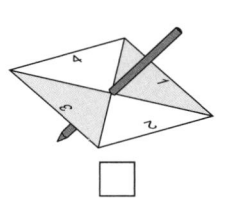

Aufgabe 2

Berechne:

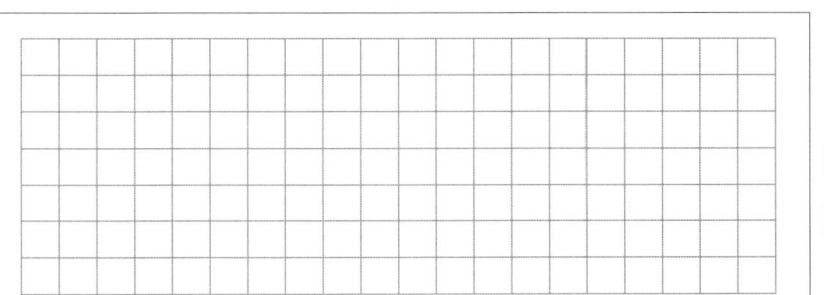

2.1 $0{,}5 \cdot 0{,}06 = $ _____

2.2 $\dfrac{3}{8} : 6 = $ _____

Aufgabe 3

Vom Dreieck ABC wurde die Ecke bei B geradlinig abgeschnitten, die Ecke bei C abgerissen.

Welche Maße hatten die Winkel β und γ?

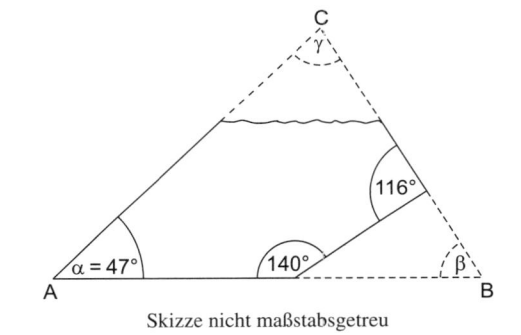

($\alpha = 47°$, 140°, 116°)

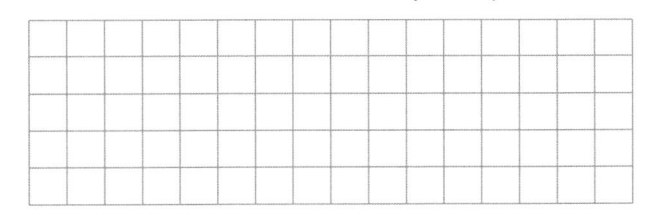

Skizze nicht maßstabsgetreu

Aufgabe 4

Löse die Gleichung: $12x - 3x + 7 = -2$ ($\mathbb{G} = \mathbb{Q}$)

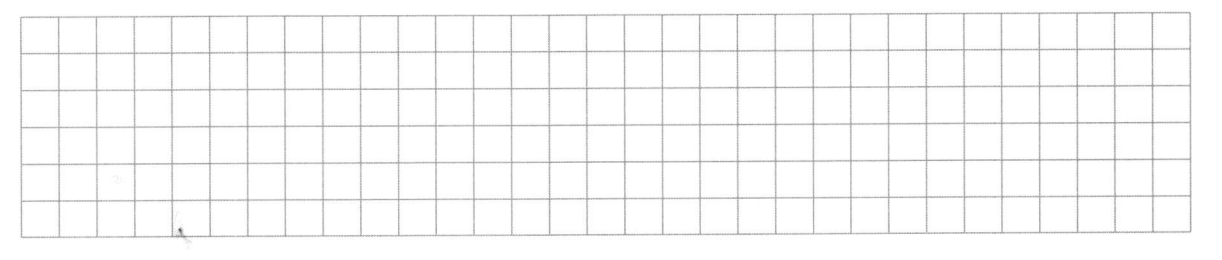

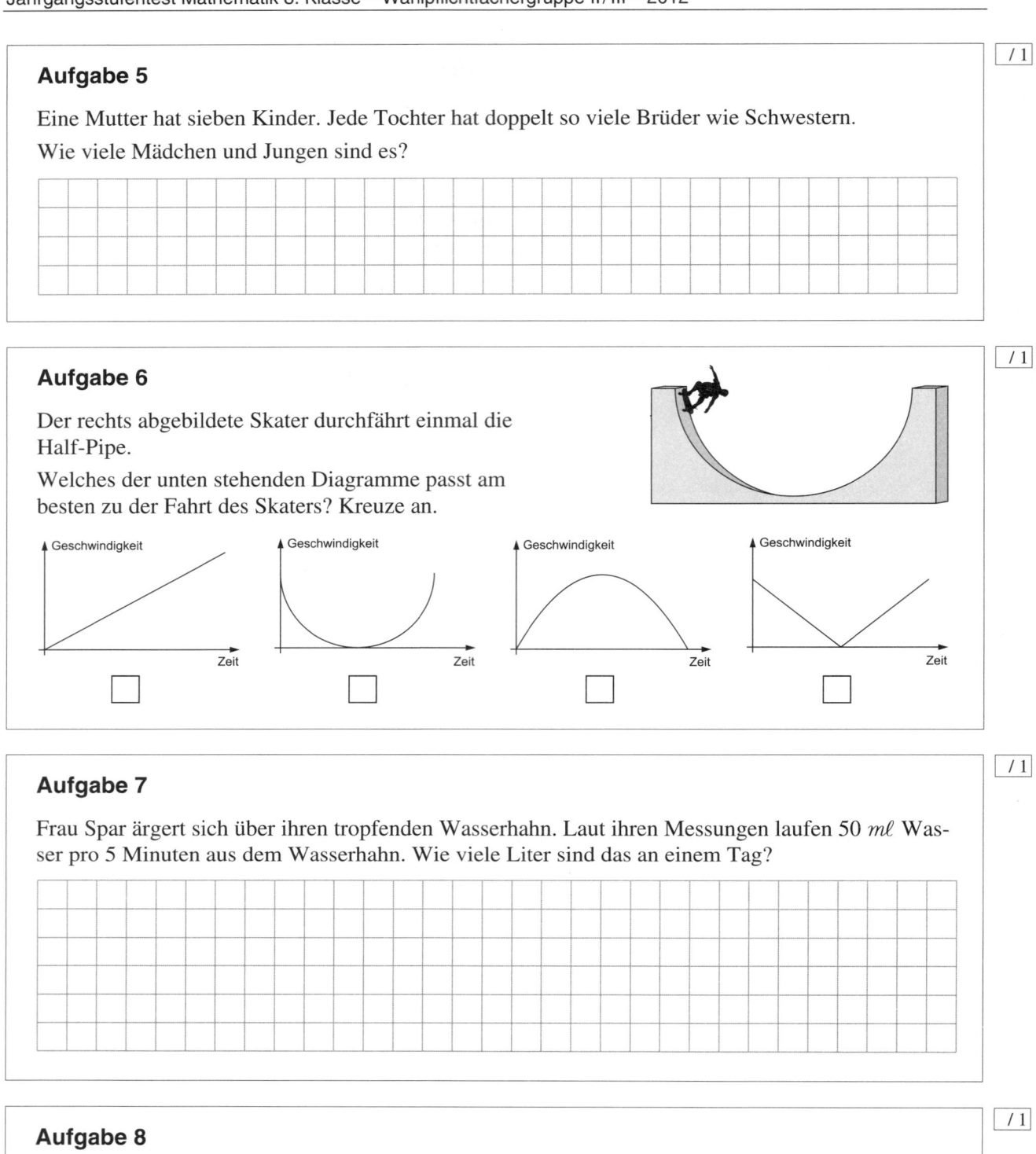

Aufgabe 5

Eine Mutter hat sieben Kinder. Jede Tochter hat doppelt so viele Brüder wie Schwestern.
Wie viele Mädchen und Jungen sind es?

Aufgabe 6

Der rechts abgebildete Skater durchfährt einmal die Half-Pipe.

Welches der unten stehenden Diagramme passt am besten zu der Fahrt des Skaters? Kreuze an.

Aufgabe 7

Frau Spar ärgert sich über ihren tropfenden Wasserhahn. Laut ihren Messungen laufen 50 $m\ell$ Wasser pro 5 Minuten aus dem Wasserhahn. Wie viele Liter sind das an einem Tag?

Aufgabe 8

Berechne die Koordinaten des Pfeils $\overrightarrow{AB}$ mit den Punkten A(3|4) und B(5|2).

Aufgabe 9

In einer 8. Klasse wurde im Rahmen eines Projekts eine Untersuchung über die Mediennutzung durchgeführt. Dabei ergaben sich die nebenstehenden Durchschnittswerte in Minuten pro Wochenende.

Medien	Mädchen	Jungen
Fernsehen/Radio/CD	310	260
Internet/PC-Spiele	180	220
Bücher/Zeitungen/Zeitschriften	60	20

Um wie viel Prozent nutzen die Mädchen die Medien insgesamt mehr als die Jungen?

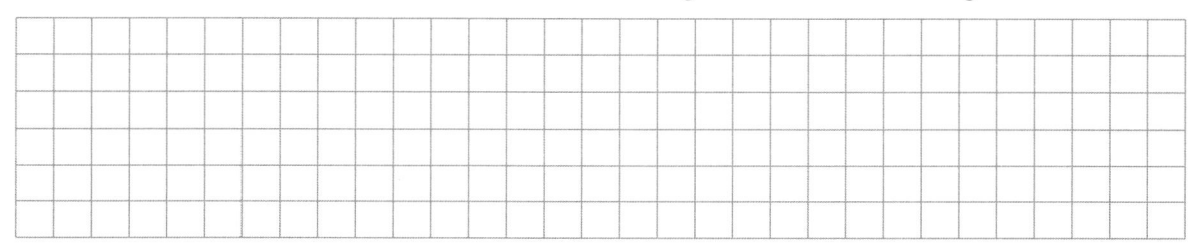

Aufgabe 10

Moritz hat den vierstelligen Zahlencode seines Fahrradschlosses vergessen. Er weiß nur noch, dass der Zahlencode mit 1 beginnt, mit einer 9 endet und dazwischen die Ziffer 0 genau einmal vorkommt. Wie viele Zahlenkombinationen sind möglich?

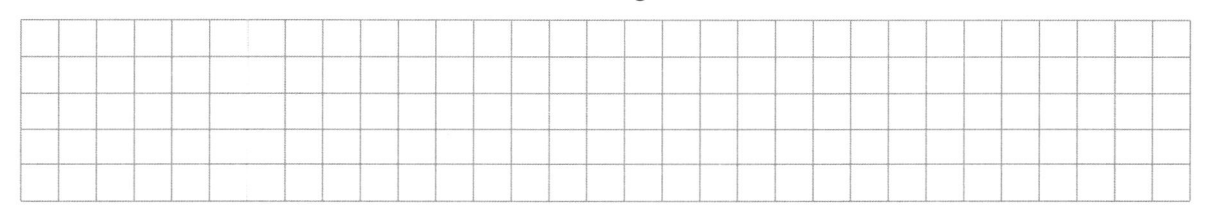

Aufgabe 11

Auf einem rechteckigen Feld sollen Obstbäume nach dem rechts dargestellten Plan angepflanzt werden.

Wie viele Bäume können auf dem Feld insgesamt angepflanzt werden?

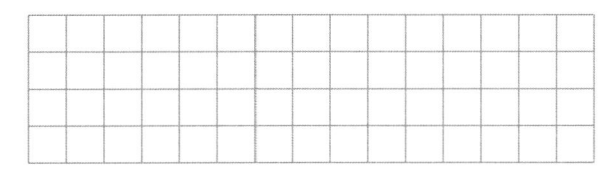

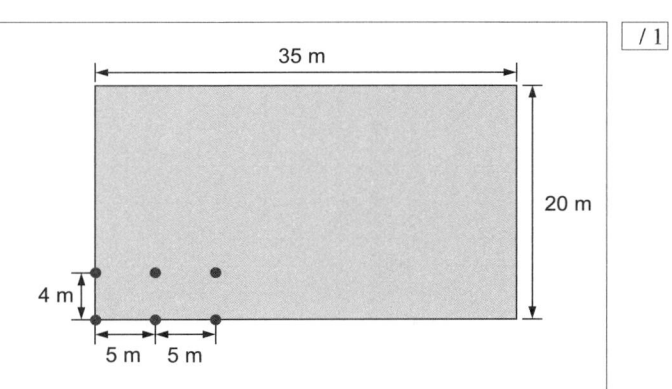

Aufgabe 12

Ergänze die Zahlenfolge passend.

1   1   2   3   5   8   ____   21   ____   55

Aufgabe 13

Auf den Seiten eines Würfels wurden die Buchstaben A, B, C, D, E, F gedruckt. In nebenstehender Abbildung sind drei verschiedene Lagen dieses Würfels abgebildet.

Welche Aussage passt nicht zu dem Würfel? Kreuze an.

☐ F liegt gegenüber von D.   ☐ A liegt gegenüber von E.

☐ C liegt gegenüber von F.   ☐ B liegt gegenüber von C.

Aufgabe 14

Bestimme den Abstand zwischen den parallelen Geraden g und h.

d(g; h) = _____

Aufgabe 15

Kinder wurden befragt, welche Sportarten sie betreiben.
Philipp: „Es wurden 18 Kinder befragt."
Anja: „Das muss nicht sein."

Begründe, warum Anja Recht hat.

Aufgabe 16

Das große Rechteck hat die Seitenlängen 25 m und 15 m. Es ist in fünf kleinere Rechtecke unterteilt, von denen jedes einen Flächeninhalt von 75 m² besitzt.

Gib die Seitenlängen des schraffierten Rechtecks an.

Aufgabe 17

Wolfgang hat mit dem Motorrad eine 600 km lange Strecke in 2 Tagen zurückgelegt.
Am 2. Tag fährt er 50 km mehr als am 1. Tag.
Wie viele Kilometer ist er am 2. Tag gefahren?

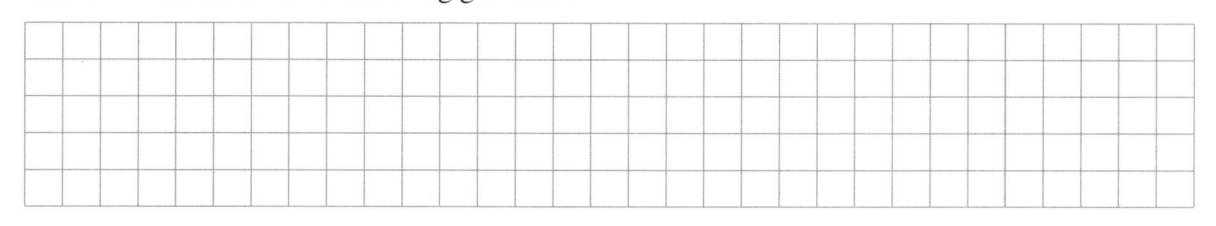

Aufgabe 18

Die Abbildung zeigt das Netz eines Quaders, dessen Volumen 126 cm³ beträgt. Berechne den Wert für x.

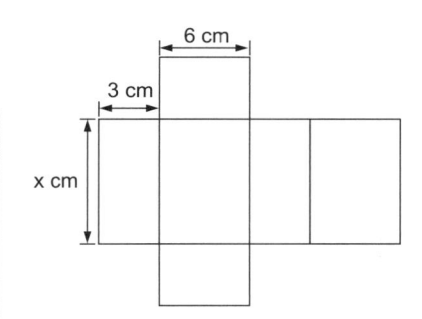

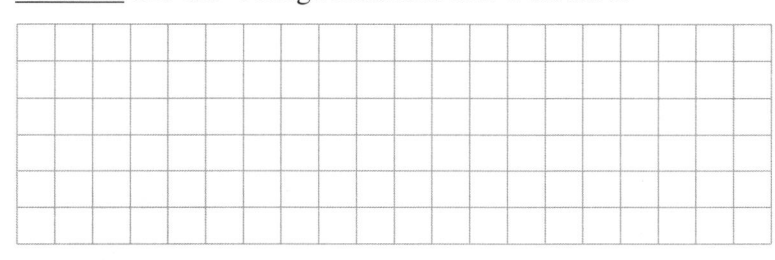

Aufgabe 19

Der Durchschnittswert (arithmetisches Mittel) der Zahlen 15, 20 und 40 ist 25.
Gib fünf unterschiedliche Zahlen an, die das arithmetische Mittel 1 000 haben.

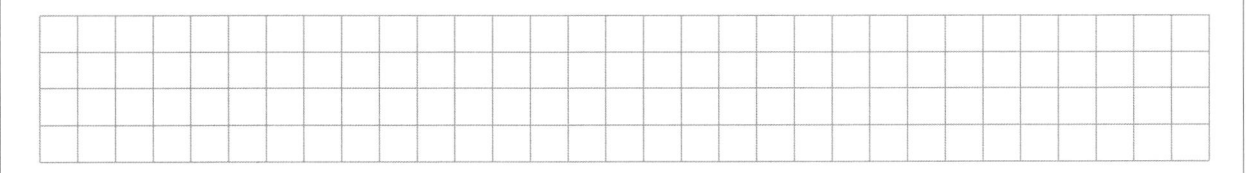

Aufgabe 20

Welchen Flächeninhalt hat die graue Figur?

A = _____ cm²

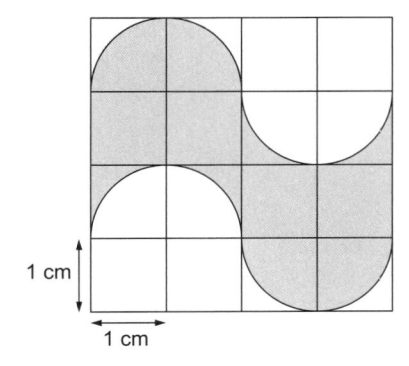

Lösungen

Wahlpflichtfächergruppe I

Aufgabe 1

[X] Die Gewinnchancen sind gleich groß.

Hinweise und Tipps

Losbude „Max im Glück":
„Jedes 8. Los gewinnt" bedeutet, dass die Wahrscheinlichkeit, ein Gewinnlos zu ziehen, $\frac{1}{8}$ beträgt.

Losbude „Geldsegen":
Berechne die Wahrscheinlichkeit P für ein Gewinnlos mithilfe der allgemeinen Formel:

$$P = \frac{\text{„Anzahl der günstigen Ereignisse" (Gewinnlose)}}{\text{„Anzahl der möglichen Ereignisse" (alle Lose)}}$$

$$P = \frac{125}{1000} = \frac{\cancel{125} \cdot 1}{8 \cdot \cancel{125}} = \frac{1}{8}$$

Aufgabe 2

$a = 1\,\text{cm} + 8 \cdot 2\,\text{cm} + 1\,\text{cm}$
$a = 18\,\text{cm}$

$A = a^2$
$A = 18\,\text{cm} \cdot 18\,\text{cm}$
$A = \mathbf{324\,cm^2}$

Berechne zunächst die Seitenlänge a des quadratischen Spielfeldes.

Nun kannst du den Flächeninhalt A des Spielfeldes berechnen.

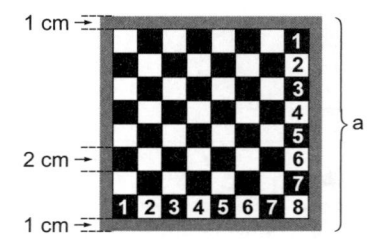

Alternative Lösung:
Berechne zunächst den Flächeninhalt A eines kleinen Quadrates:
$A = 2\,\text{cm} \cdot 2\,\text{cm} = 4\,\text{cm}^2$
Damit ergibt sich als Flächeninhalt aller Quadrate:

$A_{\text{Quadrate}} = 256\,\text{cm}^2$

$A_{\text{Quadrate}} = 64 \cdot 4\,\text{cm}^2 = 256\,\text{cm}^2$

Für die Berechnung des Flächeninhalts des Randes betrachte die nebenstehende Skizze. Es gilt:
$A_1 = 16\,\text{cm} \cdot 1\,\text{cm} = 16\,\text{cm}^2$
$A_2 = 1\,\text{cm} \cdot 1\,\text{cm} = 1\,\text{cm}^2$

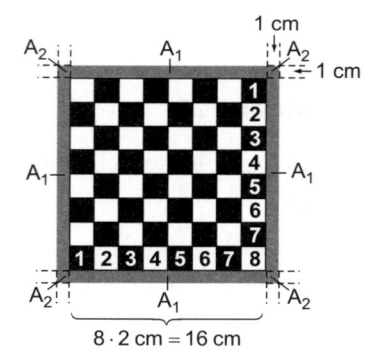

Somit erhält man für die Randfläche:

$A_{\text{Rand}} = 68\,\text{cm}^2$

$A_{\text{Rand}} = 4 \cdot A_1 + 4 \cdot A_2 = 68\,\text{cm}^2$

Für die Spielfeldfläche gilt:

$A_{\text{Spielfeld}} = 256\,\text{cm}^2 + 68\,\text{cm}^2$
$A_{\text{Spielfeld}} = \mathbf{324\,cm^2}$

$A_{\text{Spielfeld}} = A_{\text{Quadrate}} + A_{\text{Rand}}$

Aufgabe 3
Diagramm 3

[X]

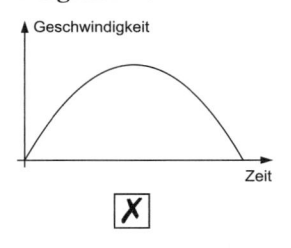

Hinweise und Tipps

Löse mithilfe des Ausschlussprinzips:

Zu Beginn ist die Geschwindigkeit des Skaters null. Bis zum tiefsten Punkt der Half-Pipe nimmt sie ständig zu. Ab da nimmt sie bis zum Erreichen des gegenüberliegenden höchsten Punktes wieder bis null ab.

Die Diagramme 2 und 4 kommen nicht infrage, da die Geschwindigkeit des Skaters zu Beginn nicht null sein würde.

Diagramm 1 scheidet aus, da die Geschwindigkeit des Skaters ständig zunehmen würde, was jedoch nicht zutrifft.

Daher kann nur Diagramm 3 die Lösung sein.

Aufgabe 4

$12x - 3x + 7 = -2$ — Fasse die x-Terme zusammen.
$\Leftrightarrow \quad 9x + 7 = -2 \quad |-7$ — Ordne Zahlen und Variablen.
$\Leftrightarrow \quad 9x = -9 \quad |:9$
$\Leftrightarrow \quad x = -1$

$\mathbb{L} = \{-1\}$ — Beachte die Grundmenge: $-1 \in \mathbb{Q} \Rightarrow \mathbb{L} = \{-1\}$

Aufgabe 5

Ergänze in der Skizze die Längen der fehlenden Strecken. Verwende für unbekannte Streckenlängen Variablen (a, b, c).

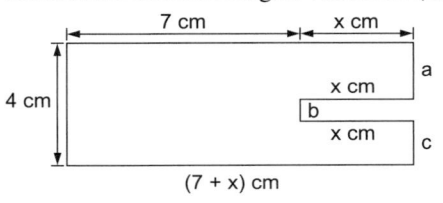

$u(x) = [4 + 7 + x + a + x + b + x + c + (7 + x)]$ cm — Fasse gleichartige Terme zusammen.

$u(x) = [18 + 4x + a + b + c]$ cm — Es gilt: $a + b + c = 4$ cm

$u(x) = [18 + 4x + 4]$ cm

$\mathbf{u(x) = [22 + 4x]\ cm}$

Aufgabe 6

8 Bäume pro Reihe
6 Baumreihen
$\Rightarrow$ insgesamt $6 \cdot 8$ Bäume = **48 Bäume**

Überlege anhand einer Skizze:

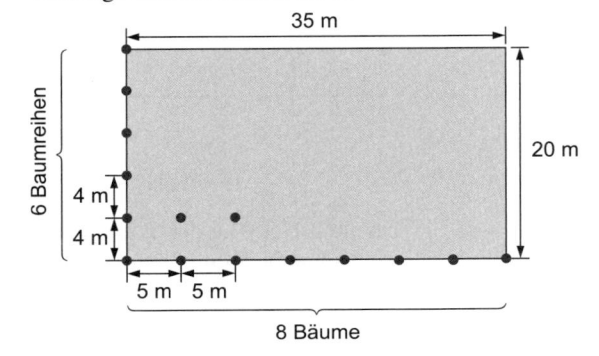

Aufgabe 7

$\delta + \delta + 40° = 180°$ Winkelsumme im Dreieck DEC
$\Leftrightarrow \quad 2\delta = 140°$
$\Leftrightarrow \quad \delta = 70°$

$\varepsilon + \varepsilon + \delta = 180°$ Winkelsumme im Dreieck ABC
$\Leftrightarrow \quad 2\varepsilon = 180° - \delta$
$\Leftrightarrow \quad 2\varepsilon = 180° - 70°$
$\Leftrightarrow \quad 2\varepsilon = 110°$
$\Leftrightarrow \quad \varepsilon = 55°$

$\varepsilon + \beta = \delta$ δ ist Außenwinkel im Dreieck EFB
$\Leftrightarrow \quad \beta = \delta - \varepsilon$ Außenwinkelsatz: Der Außenwinkel ist so groß wie die Summe der beiden
$\Leftrightarrow \quad \beta = 70° - 55°$ nicht anliegenden Innenwinkel.
$\Leftrightarrow \quad \boldsymbol{\beta = 15°}$

(Skizze: Dreieck mit Punkten A, B, C, D, E, F; Winkel δ, ε, β eingezeichnet; Scheitelwinkel bei B; 40° bei D. Skizze nicht maßstabsgetreu)

Aufgabe 8

d(g; h) = 4,2 cm

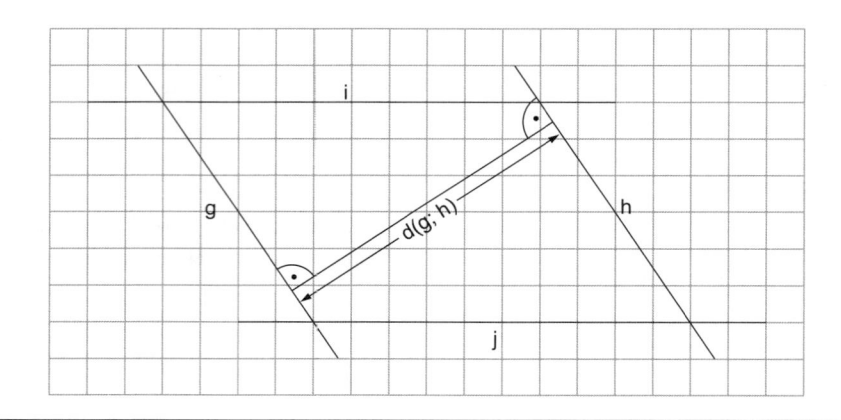

Aufgabe 9

9.1 $(-2)^5 = \boldsymbol{-32}$

$(-2)^5 = (-2) \cdot (-2) \cdot (-2) \cdot (-2) \cdot (-2) = -32$
Beachte das Vorzeichen: $(-) \cdot (-) \cdot (-) \cdot (-) \cdot (-) = (-)$

9.2 $\dfrac{10^{19}}{10^{22}} = \boldsymbol{\dfrac{1}{1\,000}}$

Wende das Potenzgesetz für Potenzen mit gleicher Basis an:
$\dfrac{10^{19}}{10^{22}} = 10^{19-22}$
$\quad\quad = 10^{-3}$
$\quad\quad = \dfrac{1}{10^3}$
$\quad\quad = \dfrac{1}{1\,000}$

Aufgabe 10

Es sind **18** Zahlenkombinationen möglich.

$\underline{1}\ \underbrace{\underline{}\ \underline{}}\ \underline{9}$ (Zahlencode)

Da die Ziffer 0 an der 2. und 3. Stelle nur genau einmal vorkommen darf, sind folgende Kombinationen möglich:

01	02	03	...	09	9 Stück

                                                   +

10	20	30	...	90	9 Stück

Aufgabe 11

Anja hat Recht, da ein Kind auch mehrere Sportarten betreiben kann.

Hinweise und Tipps

Entnimm dem Säulendiagramm die Anzahl der Kinder je Sportart.

Fußball: 6
Basketball: 4
Volleyball: 2 } Insgesamt wurden 18 Antworten gegeben.
Sonstiges: 3
Keine Angabe: 3

Hätte jedes Kind <u>nur eine Antwort</u> gegeben, d. h., würde es nur eine Sportart betreiben, so hätte Philipp Recht.

Da ein Kind aber auch mehrere Sportarten betreiben kann, hat Anja Recht.

Aufgabe 12

1 1 2 3 5 8 **13** 21 **34** 55

Durch die Addition der beiden vorhergehenden Zahlen erhältst du jeweils die nächste Zahl.

$1+1 = 2$ $2+3 = 5$ $5+8 = \mathbf{13}$ $13+21 = \mathbf{34}$
$1+2 = 3$ $3+5 = 8$ $8+13 = 21$ $21+34 = 55$

Aufgabe 13

Die Mädchen nutzen die Medien um **10 %** mehr als die Jungen.

Entnimm der Tabelle die Gesamtanzahl an Minuten, die die Mädchen bzw. Jungen die Medien nutzen.

Mädchen: $310 \text{ min} + 180 \text{ min} + 60 \text{ min} = 550 \text{ min}$
Jungen: $260 \text{ min} + 220 \text{ min} + 20 \text{ min} = 500 \text{ min}$

Damit nutzen die Mädchen die Medien 50 Minuten ($550 - 500 = 50$) länger als die Jungen.

Da gesucht ist, um wie viel Prozent die Mädchen die Medien mehr nutzen als die Jungen, sind die Jungen der Ausgangswert (Grundwert), also 100 %.

$p = \dfrac{\text{Prozentwert}}{\text{Grundwert}}$

$p = \dfrac{50}{500} = \dfrac{1}{10} = 10 \%$

Alternative Lösung: Berechnung mit dem Dreisatz

500 min $\triangleq$ 100 % $|:10$
 50 min $\triangleq$ 10 %

Aufgabe 14

[X] **C liegt gegenüber von F.**

Überlege dir, wie der Würfel bedruckt sein könnte.

Das dazugehörige Netz ist nebenstehend skizziert.

Gegenüberliegende Seiten sind
A und E,
B und C,
D und F.

Damit stimmt nicht:
C liegt gegenüber von F.

Aufgabe 15

5 min $\triangleq$ 50 mℓ	$\vert \cdot 12$	
1 h $\triangleq$ 600 mℓ	$\vert \cdot 24$	
1 Tag $\triangleq$ 14,4 ℓ		

An einem Tag tropfen **14,4 ℓ** aus dem Wasserhahn.

/ Hinweise und Tipps

1 h = 60 min = 5 min $\cdot$ 12
1 Tag = 24 h
600 mℓ $\cdot$ 24 = 14 400 mℓ = 14,4 ℓ (1 $\ell \triangleq$ 1000 mℓ)

Aufgabe 16

Das schraffierte Rechteck hat eine Länge von **15 m** und eine Breite von **5 m**.

Die Rechtecke I, II und III sind deckungsgleich. Somit beträgt die Länge x des schraffierten Rechtecks 15 m.

Für die Breite y des schraffierten Rechtecks ergibt sich:

$$A = x \cdot y$$
$$\Leftrightarrow 75 \text{ m}^2 = 15 \text{ m} \cdot y$$
$$\Leftrightarrow y = 5 \text{ m}$$

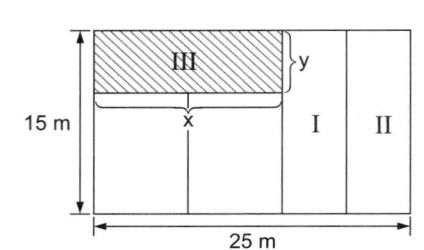

Alternative Lösung:

Da jedes Rechteck einen Flächeninhalt von 75 m² besitzt, beträgt die Breite der Rechtecke I und II jeweils 5 m (75 m² : 15 m = 5 m).

Damit ergibt sich für die Länge x des schraffierten Rechtecks:
x = 25 m – 2 · 5 m = 15 m

Für die Breite y des schraffierten Rechtecks erhält man:

$$A = x \cdot y$$
$$\Leftrightarrow 75 \text{ m}^2 = 15 \text{ m} \cdot y$$
$$\Leftrightarrow y = 5 \text{ m}$$

Aufgabe 17

	$x + x + 50 = 600$	
$\Leftrightarrow$	$2x + 50 = 600$	$\vert -50$
$\Leftrightarrow$	$2x = 550$	$\vert : 2$
$\Leftrightarrow$	$x = 275$	

$275 + 50 = 325$

Wolfgang ist am 2. Tag **325 km** gefahren.

Löse mithilfe einer Gleichung.
Zurückgelegte Strecke (in Kilometer) am 1. Tag: x
Wolfgang ist am 2. Tag 50 km mehr gefahren als am 1. Tag.
$\Rightarrow$ Zurückgelegte Strecke am 2. Tag: $x + 50$

Die Gesamtstrecke beträgt 600 km: $\underbrace{x}_{\text{1. Tag}} + \underbrace{x + 50}_{\text{2. Tag}} = 600$

Zurückgelegte Strecke (in Kilometer) am 2. Tag

Hinweise und Tipps

Aufgabe 18

z. B. **800; 1 200; 900; 1 100; 1 000**

Den Durchschnittswert (das arithmetische Mittel) berechnest du wie folgt:

$$\text{Durchschnittswert} = \frac{\text{Summe der Zahlen}}{\text{Anzahl der Zahlen}}$$

Du sollst 5 unterschiedliche Zahlen angeben, deren arithmetisches Mittel 1 000 beträgt. Es gilt:

$$1\,000 = \frac{5\,000}{5}$$

Damit genügt es, dass du 5 verschiedene Zahlen findest, deren Summe 5 000 ergibt:

$800 + 1\,200 + 900 + 1\,100 + 1\,000 = 5\,000$

Aufgabe 19

$x \cdot 6 \cdot 3 = 126$
$\Leftrightarrow 18 \cdot x = 126 \quad |:18$
$\Leftrightarrow \quad x = 7$

Das Volumen V eines Quaders berechnest du mit der Formel:
$V = \text{Länge} \cdot \text{Breite} \cdot \text{Höhe}$

Der Abbildung (dem Netz des Quaders) kannst du Länge, Breite und Höhe des Quaders entnehmen.
Länge: x cm
Breite: 6 cm
Höhe: 3 cm

Aufgabe 20

$\vec{AB} = \vec{OB} = \begin{pmatrix} 5 \\ 3 \end{pmatrix}$

$\vec{DC} = \begin{pmatrix} 5 \\ 3 \end{pmatrix}$

$\vec{DC} = \begin{pmatrix} 7-x \\ 6-y \end{pmatrix}$

$\Rightarrow \begin{pmatrix} 7-x \\ 6-y \end{pmatrix} = \begin{pmatrix} 5 \\ 3 \end{pmatrix}$

$\Rightarrow 7-x = 5 \quad \text{und} \quad 6-y = 3$
$\Leftrightarrow \quad x = 2 \quad \text{und} \quad y = 3$

D(2 | 3)

Im Parallelogramm ABCD gilt:
[AB] ∥ [DC] und $\vec{AB} = \vec{DC}$
Es folgt: $\vec{AB} = \vec{DC}$

Berechne mithilfe der Beziehung „Spitze (C) minus Fuß (D)".

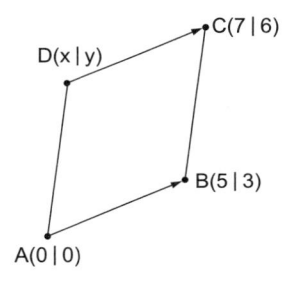

Wahlpflichtfächergruppe II/III

✏️ Hinweise und Tipps

Aufgabe 1

[X] Kreisel 1: $P_1 = \dfrac{2}{6} = \dfrac{1}{3}$

[ ] Kreisel 2: $P_2 = \dfrac{2}{8} = \dfrac{1}{4}$

[ ] Kreisel 3: $P_3 = \dfrac{2}{10} = \dfrac{1}{5}$

[ ] Kreisel 4: $P_4 = \dfrac{1}{4}$

Die Wahrscheinlichkeit, dass der Kreisel auf einem Feld mit der Zahl „3" liegen bleibt, berechnest du mit der allgemeinen Formel:

$$P = \dfrac{\text{„Anzahl der günstigen Ereignisse"}}{\text{„Anzahl der möglichen Ereignisse"}}$$

Hier:

$$P = \dfrac{\text{Anzahl der Felder mit Zahl „3"}}{\text{Anzahl aller Felder}}$$

Es gilt:
$\dfrac{1}{3} > \dfrac{1}{4} > \dfrac{1}{5}$

Aufgabe 2

2.1 $0{,}5 \cdot 0{,}06 = \mathbf{0{,}03}$

$0{,}5 \cdot 0{,}06 = \dfrac{5}{10} \cdot \dfrac{6}{100}$ Schreibe auf einen gemeinsamen Bruchstrich.

$= \dfrac{5 \cdot 6}{10 \cdot 100}$

$= \dfrac{30}{1000}\ \ \ ^{3}_{100}$ Kürze mit 10.

$= \dfrac{3}{100}$

$= 0{,}03$

2.2 $\dfrac{3}{8} : 6 = \mathbf{\dfrac{1}{16}}$

$\dfrac{3}{8} : 6 = \dfrac{3}{8} : \dfrac{6}{1}$ Multipliziere mit dem Kehrbruch.

$= \dfrac{3}{8} \cdot \dfrac{1}{6}$ Schreibe auf einen Bruchstrich.

$= \dfrac{{}^1\!\!\not{3} \cdot 1}{8 \cdot \not{6}_{\,2}}$ Kürze mit 3.

$= \dfrac{1}{16}$

Aufgabe 3

$\delta = 180° - 116° = 64°$ Nebenwinkel zum 116°-Winkel
$\varepsilon = 180° - 140° = 40°$ Nebenwinkel zum 140°-Winkel

$\quad\ \ \beta + \delta + \varepsilon = 180°$ Winkelsumme im Dreieck DBE
$\Leftrightarrow\ \beta + 64° + 40° = 180°$
$\Leftrightarrow\ \quad\ \beta + 104° = 180°$
$\Leftrightarrow\ \quad\quad\quad\ \ \mathbf{\beta = 76°}$

$\quad\ \ \alpha + \beta + \gamma = 180°$ Winkelsumme im Dreieck ABC
$\Leftrightarrow\ 47° + 76° + \gamma = 180°$
$\Leftrightarrow\ \quad\ 123° + \gamma = 180°$
$\Leftrightarrow\ \quad\quad\quad\ \ \mathbf{\gamma = 57°}$

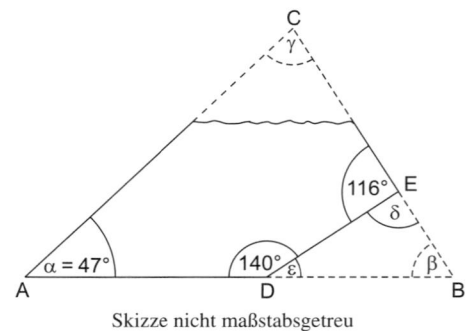

Skizze nicht maßstabsgetreu

Hinweise und Tipps

Alternative Lösung:

Winkelsumme im Viereck ADEC:
$$47° + 140° + 116° + \gamma = 360°$$
$$\Leftrightarrow \quad 303° + \gamma = 360°$$
$$\Leftrightarrow \quad \gamma = 57°$$

Winkelsumme im Dreieck ABC:
$$\alpha + \beta + \gamma = 180°$$
$$\Leftrightarrow \quad 47° + \beta + 57° = 180°$$
$$\Leftrightarrow \quad 104° + \beta = 180°$$
$$\Leftrightarrow \quad \boldsymbol{\beta = 76°}$$

Aufgabe 4

$$12x - 3x + 7 = -2$$
$$\Leftrightarrow \quad 9x + 7 = -2 \quad | -7$$
$$\Leftrightarrow \quad 9x = -9 \quad | :9$$
$$\Leftrightarrow \quad x = -1$$

$\mathbb{L} = \{-1\}$

Fasse die x-Terme zusammen.

Ordne Zahlen und Variablen.

Beachte die Grundmenge: $-1 \in \mathbb{Q} \Rightarrow \mathbb{L} = \{-1\}$

Aufgabe 5

3 Mädchen und 4 Jungen

Löse durch Probieren.

Alternative Lösung mithilfe einer Gleichung:
Da es sieben Kinder sind, hat jede Tochter sechs Geschwister, doppelt so viele Brüder wie Schwestern.

Anzahl der Schwestern: x

Es sind doppelt so viele Brüder wie Schwestern.
$\Rightarrow$ Anzahl der Brüder: 2x

Insgesamt 6 Geschwister: $\underbrace{x}_{\text{Schwestern}} + \underbrace{2x}_{\text{Brüder}} = 6$

$$x + 2x = 6$$
$$\Leftrightarrow \quad 3x = 6 \quad | :3$$
$$\Leftrightarrow \quad x = 2$$

Jede Tochter besitzt also 2 Schwestern und 4 Brüder. Insgesamt sind dies 3 Mädchen und 4 Jungen.

Aufgabe 6

Diagramm 3

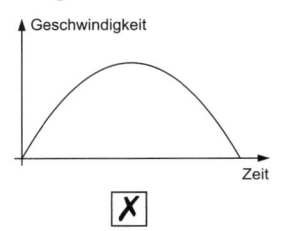

Löse mithilfe des Ausschlussprinzips:

Zu Beginn ist die Geschwindigkeit des Skaters null. Bis zum tiefsten Punkt der Half-Pipe nimmt sie ständig zu. Ab da nimmt sie bis zum Erreichen des gegenüberliegenden höchsten Punktes wieder bis null ab.

Die Diagramme 2 und 4 kommen nicht infrage, da die Geschwindigkeit des Skaters zu Beginn nicht null sein würde.

Diagramm 1 scheidet aus, da die Geschwindigkeit des Skaters ständig zunehmen würde, was jedoch nicht zutrifft.

Daher kann nur Diagramm 3 die Lösung sein.

Jahrgangsstufentest Mathematik 8. Klasse – Wahlpflichtfächergruppe II/III – 2012: Lösungen

Aufgabe 7

5 min $\triangleq$ 50 $m\ell$ | · 12
1 h $\triangleq$ 600 $m\ell$ | · 24
1 Tag $\triangleq$ 14,4 ℓ

An einem Tag tropfen **14,4 ℓ** aus dem Wasserhahn.

/ Hinweise und Tipps

1 h = 60 min = 5 min · 12
1 Tag = 24 h
600 $m\ell$ · 24 = 14 400 $m\ell$ = 14,4 ℓ (1 ℓ $\triangleq$ 1000 $m\ell$)

Aufgabe 8

$\overrightarrow{AB} = \begin{pmatrix} 5-3 \\ 2-4 \end{pmatrix}$

$\overrightarrow{AB} = \begin{pmatrix} 2 \\ -2 \end{pmatrix}$

Berechne mithilfe der Beziehung „Spitze minus Fuß".
Beachte: Spitze B, Fuß A

Aufgabe 9

Die Mädchen nutzen die Medien um **10 %** mehr als die Jungen.

Entnimm der Tabelle die Gesamtanzahl an Minuten, die die Mädchen bzw. Jungen die Medien nutzen.

Mädchen: 310 min + 180 min + 60 min = 550 min
Jungen: 260 min + 220 min + 20 min = 500 min

Damit nutzen die Mädchen die Medien 50 Minuten (550 – 500 = 50) länger als die Jungen.

Da gesucht ist, um wie viel Prozent die Mädchen die Medien mehr nutzen als die Jungen, sind die Jungen der Ausgangswert (Grundwert), also 100 %.

$p = \dfrac{\text{Prozentwert}}{\text{Grundwert}}$

$p = \dfrac{50}{500} = \dfrac{1}{10} = 10\,\%$

Alternative Lösung: Berechnung mit dem Dreisatz

500 min $\triangleq$ 100 % | : 10
 50 min $\triangleq$ 10 %

Aufgabe 10

Es sind **18 Zahlenkombinationen** möglich.

1 __ __ 9   (Zahlencode)

Da die Ziffer 0 an der 2. und 3. Stelle nur genau einmal vorkommen darf, sind folgende Kombinationen möglich:

01   02   03   …   09   9 Stück
                              +
10   20   30   …   90   9 Stück

Aufgabe 11

8 Bäume pro Reihe
6 Baumreihen
$\Rightarrow$ insgesamt $6 \cdot 8$ Bäume = **48 Bäume**

Hinweise und Tipps

Überlege anhand einer Skizze:

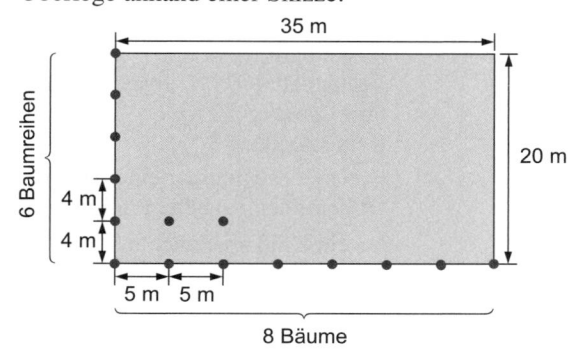

Aufgabe 12

1 1 2 3 5 8 **13** 21 **34** 55

Durch die Addition der beiden vorhergehenden Zahlen erhältst du jeweils die nächste Zahl.

$1+1 = 2$	$2+3 = 5$	$5+8 = \mathbf{13}$	$13+21 = \mathbf{34}$
$1+2 = 3$	$3+5 = 8$	$8+13 = 21$	$21+34 = 55$

Aufgabe 13

[X] **C liegt gegenüber von F.**

Überlege dir, wie der Würfel bedruckt sein könnte.

Das dazugehörige Netz ist nebenstehend skizziert.

Gegenüberliegende Seiten sind
A und E,
B und C,
D und F.

Damit stimmt nicht:
C liegt gegenüber von F.

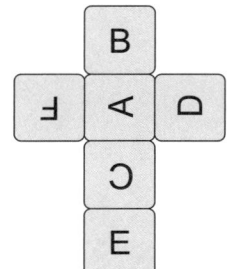

Aufgabe 14

d(g; h) = 4,2 cm

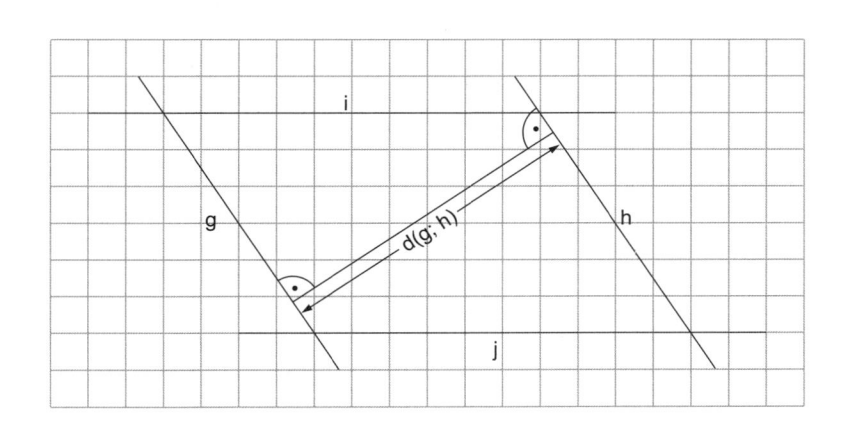

Aufgabe 15

Anja hat Recht, da ein Kind auch mehrere Sportarten betreiben kann.

✎ Hinweise und Tipps

Entnimm dem Säulendiagramm die Anzahl der Kinder je Sportart.

Fußball: 6
Basketball: 4
Volleyball: 2   ⎫ Insgesamt wurden 18 Antworten gegeben.
Sonstiges: 3
Keine Angabe: 3

Hätte jedes Kind <u>nur eine Antwort</u> gegeben, d. h., würde es nur eine Sportart betreiben, so hätte Philipp Recht.

Da ein Kind aber auch mehrere Sportarten betreiben kann, hat Anja Recht.

Aufgabe 16

Das schraffierte Rechteck hat eine Länge von **15 m** und eine Breite von **5 m**.

Anhand der Zeichnung erkennst du, dass y = 15 m lang ist.

Da der Flächeninhalt des schraffierten Rechtecks 75 m² beträgt, ergibt sich für die Breite x:

$A = x \cdot y$
$\Leftrightarrow 75 \text{ m}^2 = x \cdot 15 \text{ m}$
$\Leftrightarrow x = 5 \text{ m}$

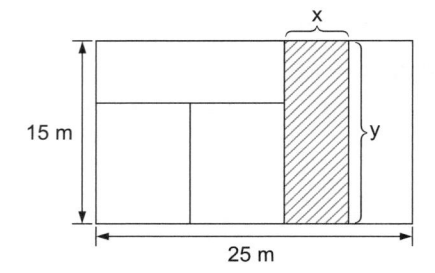

Aufgabe 17

$x + x + 50 = 600$
$\Leftrightarrow 2x + 50 = 600 \quad |-50$
$\Leftrightarrow 2x = 550 \quad |:2$
$\Leftrightarrow x = 275$

$275 + 50 = 325$

Wolfgang ist am 2. Tag **325 km** gefahren.

Löse mithilfe einer Gleichung.

Zurückgelegte Strecke (in Kilometer) am 1. Tag: x
Wolfgang ist am 2. Tag 50 km mehr gefahren als am 1. Tag.
⇒ Zurückgelegte Strecke am 2. Tag: x + 50

Die Gesamtstrecke beträgt 600 km: $\underbrace{x}_{1.\text{Tag}} + \underbrace{x + 50}_{2.\text{Tag}} = 600$

Zurückgelegte Strecke (in Kilometer) am 2. Tag

Aufgabe 18

$x \cdot 6 \cdot 3 = 126$
$\Leftrightarrow 18 \cdot x = 126 \quad |:18$
$\Leftrightarrow \mathbf{x = 7}$

Das Volumen V eines Quaders berechnest du mit der Formel:
V = Länge · Breite · Höhe

Der Abbildung (dem Netz des Quaders) kannst du Länge, Breite und Höhe des Quaders entnehmen.
Länge: x cm
Breite: 6 cm
Höhe: 3 cm

Jahrgangsstufentest Mathematik 8. Klasse – Wahlpflichtfächergruppe II/III – 2012: Lösungen

/ Hinweise und Tipps

Aufgabe 19

z. B. **800; 1 200; 900; 1 100; 1 000**

Den Durchschnittswert (das arithmetische Mittel) berechnest du wie folgt:
$$\text{Durchschnittswert} = \frac{\text{Summe der Zahlen}}{\text{Anzahl der Zahlen}}$$

Du sollst 5 unterschiedliche Zahlen angeben, deren arithmetisches Mittel 1 000 beträgt. Es gilt:
$$1\,000 = \frac{5\,000}{5}$$

Damit genügt es, dass du 5 verschiedene Zahlen findest, deren Summe 5 000 ergibt:
$$800 + 1\,200 + 900 + 1\,100 + 1\,000 = 5\,000$$

Aufgabe 20

$A = 8 \text{ cm}^2$

Anhand der Skizze erkennst du, dass die weißen und die grauen Flächen gleich groß sind.

Der Flächeninhalt des gesamten Quadrates beträgt 16 cm².
(4 cm · 4 cm = 16 cm²)

Somit hat die graue Figur einen Flächeninhalt von 8 cm².
(16 cm² : 2 = 8 cm²)

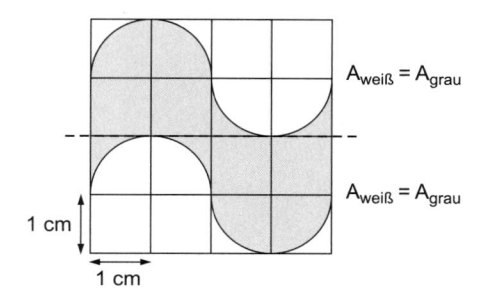

$A_{\text{weiß}} = A_{\text{grau}}$

$A_{\text{weiß}} = A_{\text{grau}}$

Jahrgangsstufentest 2013 – Mathematik 8. Klasse Realschule
Wahlpflichtfächergruppe I

Aufgabe 1

Bestimme die Lösungsmenge der folgenden Gleichung ($\mathbb{G} = \mathbb{Q}$): $-3x + 5 + 7x = 65$

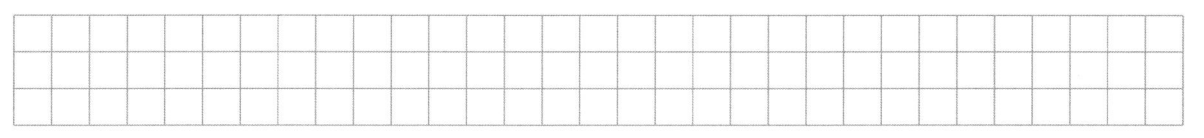

Aufgabe 2

Petra legt mit den abgebildeten Zahlenkärtchen fünfstellige Zahlen. Gib die zweitgrößte ungerade Zahl an, die sie so legen kann.

___ ___ ___ ___ ___

Aufgabe 3

Max soll eine Zahl mit 102 multiplizieren. Er hat jedoch die Null dabei vergessen und nur mit 12 multipliziert. Sein Ergebnis ist 180. Gib das Ergebnis an, das Max hätte berechnen sollen.

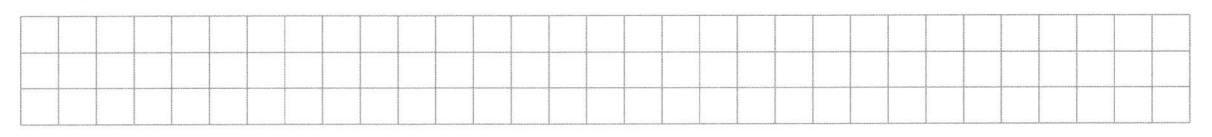

Aufgabe 4

Die folgenden Zahlenpaare gehören zu einer **indirekten** Proportionalität. Bestimme und ergänze die fehlenden Werte.

x	3	6	18	
y	24	12		0,5

Aufgabe 5

Bestimme die Wahrscheinlichkeit, eine durch 3 teilbare Zahl mit einem Zwölferwürfel (Zahlen von 1 bis 12, vgl. Abbildung) zu würfeln.

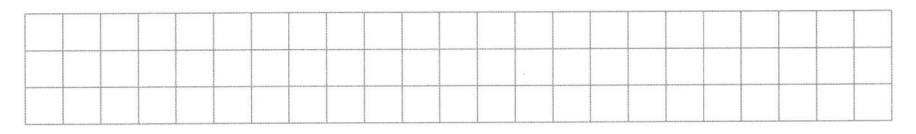

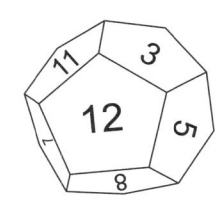

Aufgabe 6

Berechne: $0{,}5 + 2\dfrac{1}{2} \cdot (-4) =$

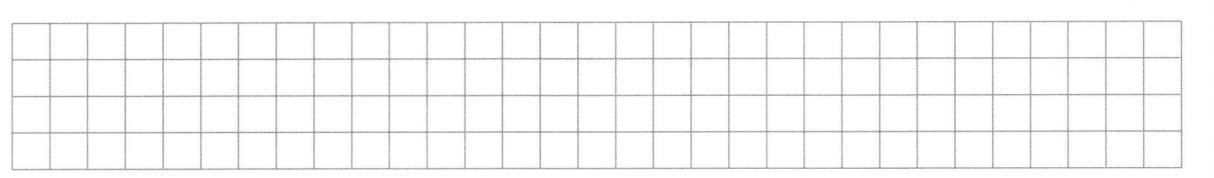

Aufgabe 7

Du hast Quader wie in nebenstehender Abbildung zur Verfügung. Wie viele solcher Quader benötigst du, wenn du aus ihnen einen möglichst kleinen Würfel zusammenbauen sollst?

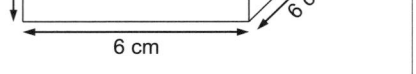

Antwort: _____ Quader

Aufgabe 8

Ein rechteckiges Blatt Papier wird wie abgebildet zweimal gefaltet und dann eingeschnitten:

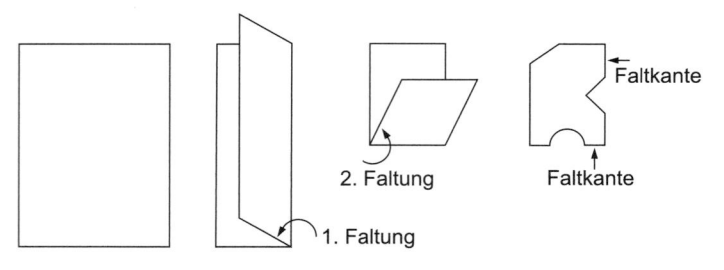

Welches der vier folgenden Bilder zeigt das auseinandergefaltete Blatt Papier? Kreuze an.

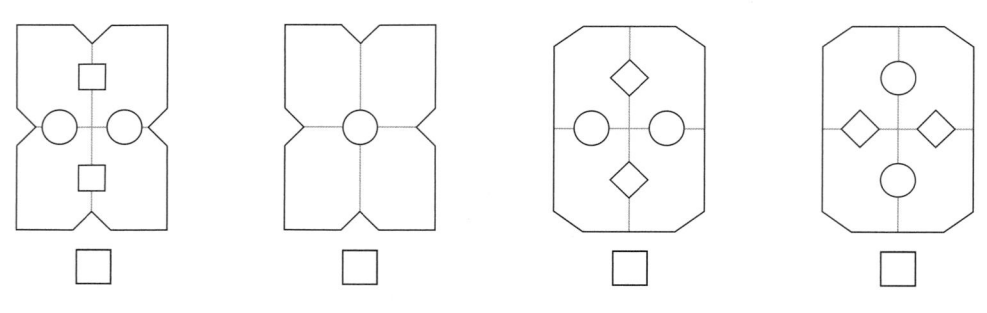

Aufgabe 9

Uli sucht drei aufeinanderfolgende natürliche Zahlen, deren Summe 48 ist.
Er hat folgende Gleichung aufgeschrieben: $(n-1) + n + (n+1) = 48$
Wofür steht das n? Kreuze an.

☐ n steht für die kleinste der drei natürlichen Zahlen.

☐ n steht für die zweitgrößte der drei natürlichen Zahlen.

☐ n steht für die größte der drei natürlichen Zahlen.

☐ n steht für die Differenz zwischen der größten und der kleinsten der drei natürlichen Zahlen.

Aufgabe 10

Ein Würfel wird aus seiner Startlage heraus nacheinander auf die Gitterquadrate A bis D gekippt (siehe Abbildung). Welche Augenzahl liegt oben, wenn der Würfel auf dem Feld D zum Liegen kommt?

Tipp: Die Augensumme zweier gegenüberliegender Seiten ist stets sieben.

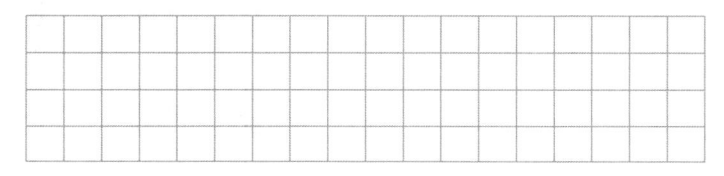

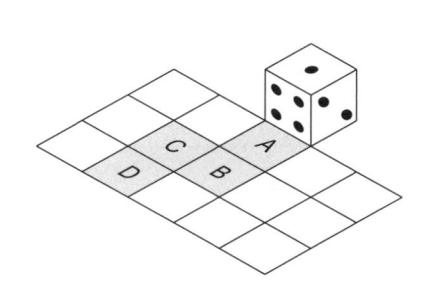

Aufgabe 11

In der nicht maßstabsgetreuen Abbildung gilt: a∥b und g∥h
Berechne das Maß von α.

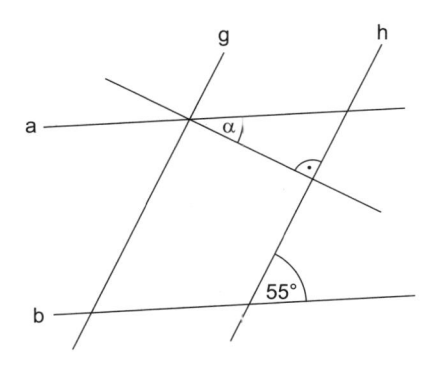

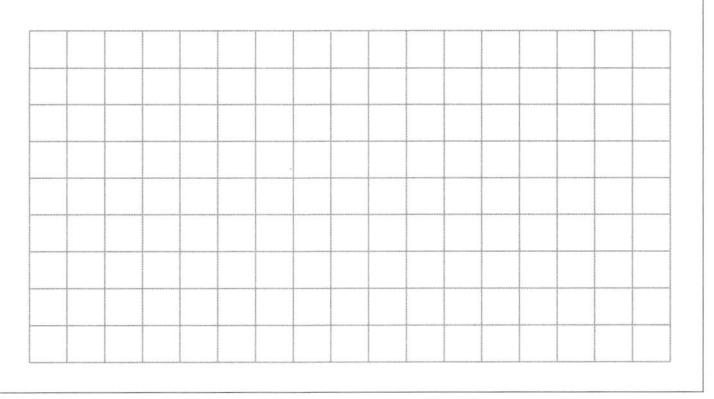

Aufgabe 12

In ein Quadrat ist ein schwarzes Kreuz wie in nebenstehender Abbildung eingezeichnet. Der Umfang des schwarzen Kreuzes beträgt 60 cm.
Gib den Flächeninhalt des schwarzen Kreuzes an.

Antwort: _____ cm²

Aufgabe 13

Vom Dreieck ABC mit A(0|0) sind die Pfeile $\overrightarrow{AB} = \begin{pmatrix} 5 \\ 1 \end{pmatrix}$ und $\overrightarrow{BC} = \begin{pmatrix} -2 \\ 3 \end{pmatrix}$ gegeben.
Berechne die Koordinaten des Punktes C.

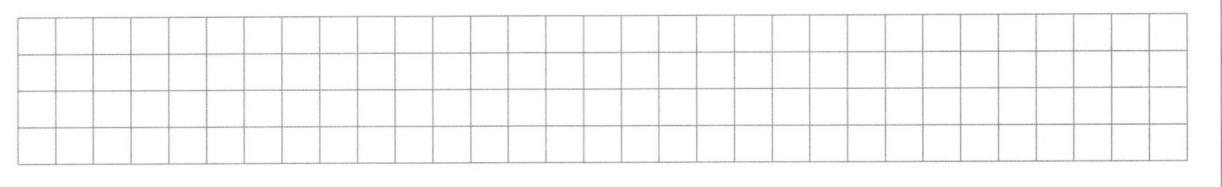

Aufgabe 14

Einem Quadrat sind vier gleich große Kreise wie abgebildet einbeschrieben. Berechne den Flächeninhalt eines Kreises.

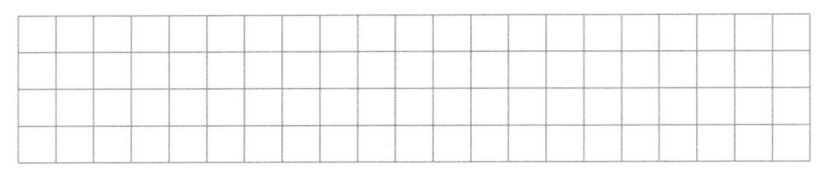

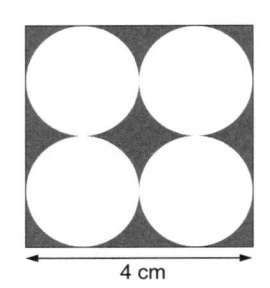

4 cm

Aufgabe 15

Gib das Maß von α im abgebildeten Dreieck an.

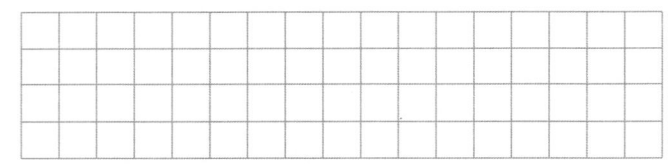

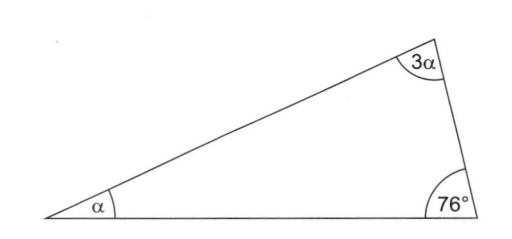

Aufgabe 16

Lisa behauptet: „Wenn man eine Seite eines Quadrats um 1 cm verkürzt und gleichzeitig die andere Seite um 1 cm verlängert, so entsteht ein Rechteck, das den gleichen Flächeninhalt wie das Quadrat hat."

Hat Lisa recht? Begründe mithilfe eines selbstgewählten Beispiels.

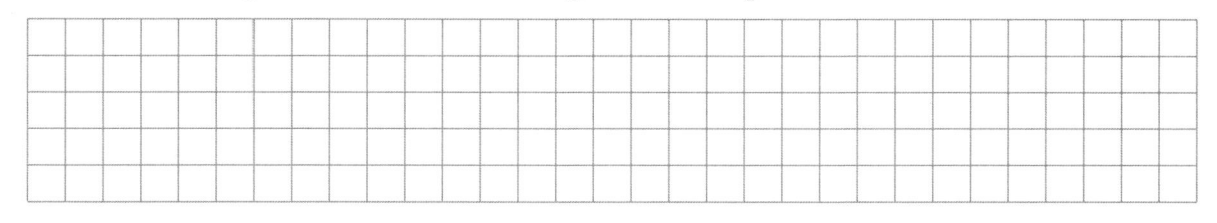

Aufgabe 17

Streichhölzchen werden nach folgender Regel angeordnet:

1. Figur   2. Figur   3. Figur

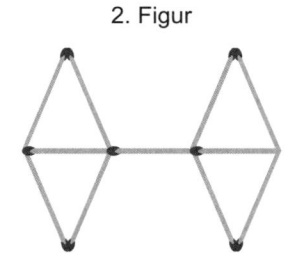

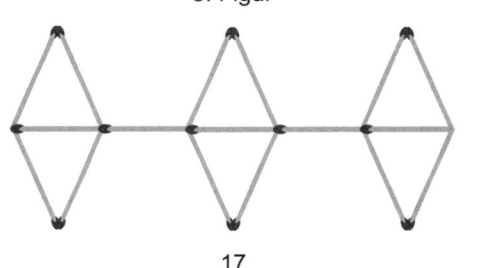

usw.

Anzahl: 5   11   17

Überprüfe für jeden der Terme, ob man damit die Anzahl der Streichhölzchen für die x-te Figur richtig berechnen kann. Kreuze an.

	ja	nein
$T_1 = 6x - 1$	☐	☐
$T_2 = 5 + 6 \cdot (x-1)$	☐	☐
$T_3 = 5 + 5 \cdot (x-1)$	☐	☐

Aufgabe 18

Theresa machte mit ihrer Grundschulklasse einen Ausflug zur Landesgartenschau nach Bamberg. Dort war das Modell einer Fliege aus Stahl ausgestellt (Größenverhältnisse siehe Foto).

Die Länge des Modells soll mit der Länge einer echten Fliege verglichen werden.
Wie viel Mal so lang ist das Modell ungefähr?
Kreuze an.

10-mal   100-mal   1 000-mal   10 000-mal
☐   ☐   ☐   ☐

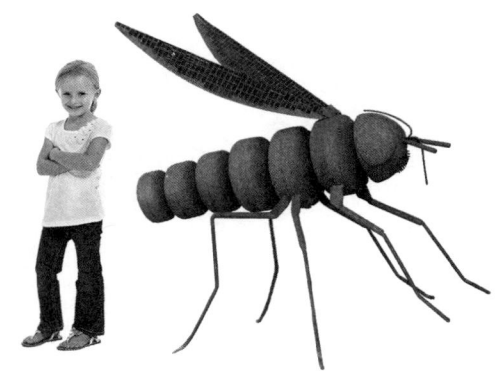

Stahlfliege: Förderverein zur Nachhaltigkeit der Landesgartenschau Bamberg 2012 e.V. Fotograf Klaus Reuter - 2012.
Mädchen: © michaeljung / 123RF

Aufgabe 19

Ein Sägeblatt lässt sich, wie in der nebenstehenden Abbildung veranschaulicht, in deckungsgleiche rechtwinklige Dreiecke zerlegen.

Wie viele Sägezähne hätte ein solches Sägeblatt für $\alpha = 15°$?

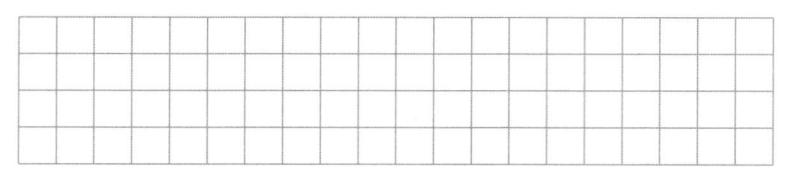

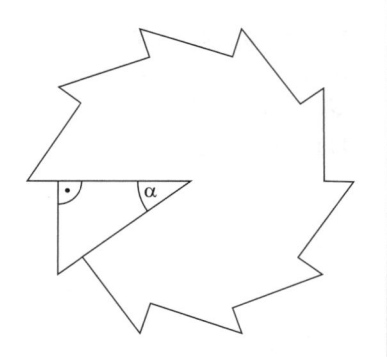

Aufgabe 20

Setze den passenden Exponenten ein.

$$\left(\frac{1}{2}\right)^{\square} = \frac{1}{64}$$

Aufgabe 21

Rechts siehst du Figuren, die aus gleich großen kreisförmigen Plättchen gebildet wurden.

Gib an, wie viele dieser Plättchen an die Figur F_3 angelegt werden müssen, damit die nächstgrößere Figur F_4 entsteht.

Antwort: _____ Plättchen

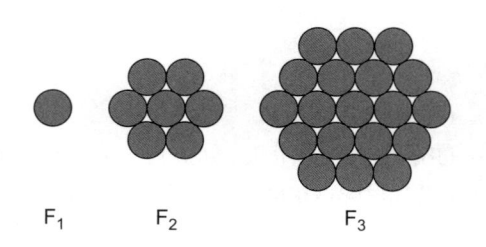

Wahlpflichtfächergruppe II/III

Aufgabe 1

Bestimme die Lösungsmenge der folgenden Gleichung ($\mathbb{G} = \mathbb{Q}$): $-3x + 5 + 7x = 65$

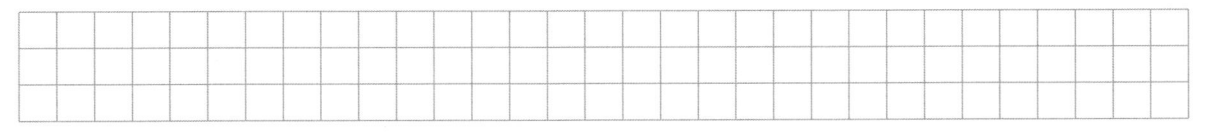

Aufgabe 2

Setze beim Ergebnis das Komma an die richtige Stelle:

$25{,}7 \cdot 0{,}123 = 0\ 3\ 1\ 6\ 1\ 1$

$5 : 6{,}25 = 0\ 8\ 0\ 0$

Aufgabe 3

Max soll eine Zahl mit 102 multiplizieren. Er hat jedoch die Null dabei vergessen und nur mit 12 multipliziert. Sein Ergebnis ist 180. Gib das Ergebnis an, das Max hätte berechnen sollen.

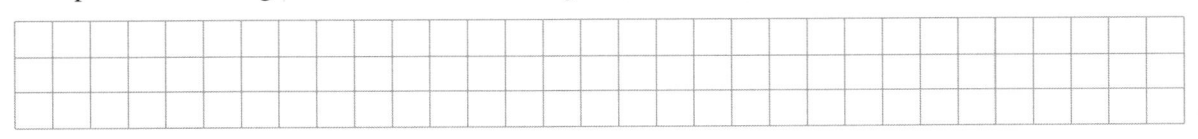

Aufgabe 4

Die folgenden Zahlenpaare gehören zu einer **indirekten** Proportionalität. Bestimme und ergänze die fehlenden Werte.

x	3	6	18	
y	24	12		0,5

Aufgabe 5

Bestimme die Wahrscheinlichkeit dafür, eine gerade Zahl mit einem Zwölferwürfel (Zahlen von 1 bis 12, vgl. Abbildung) zu würfeln.

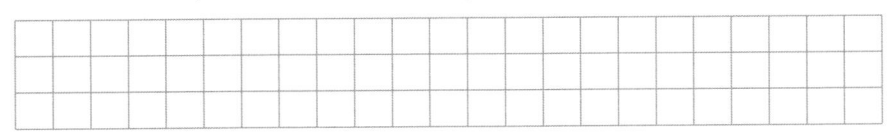

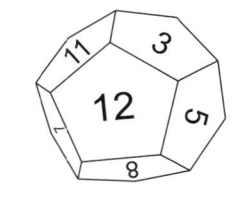

Aufgabe 6

Berechne: $0{,}5 + 2\frac{1}{2} \cdot (-4) =$

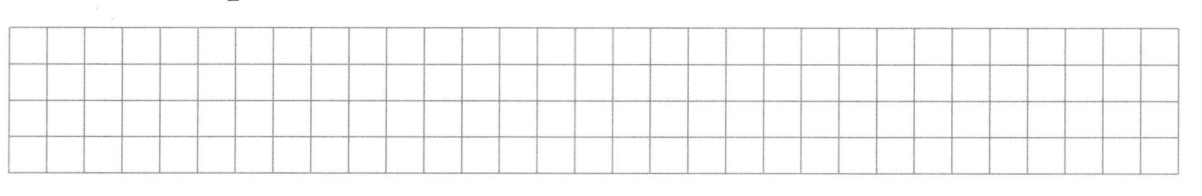

Aufgabe 7

Einem Quadrat sind zwei gleich große Halbkreise wie abgebildet einbeschrieben. Berechne den Flächeninhalt eines Halbkreises.

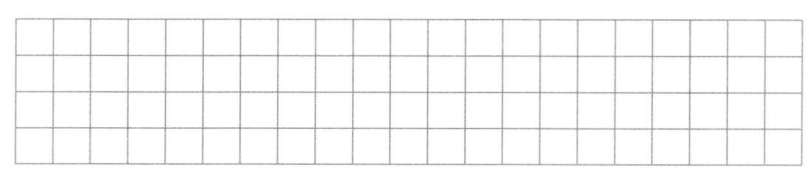

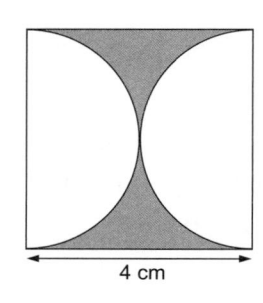

4 cm

Aufgabe 8

Marias Taschengeld hat sich von ursprünglich 10 Euro auf mittlerweile 25 Euro pro Monat erhöht. Gib an, um wie viel Prozent ihr Taschengeld angestiegen ist.

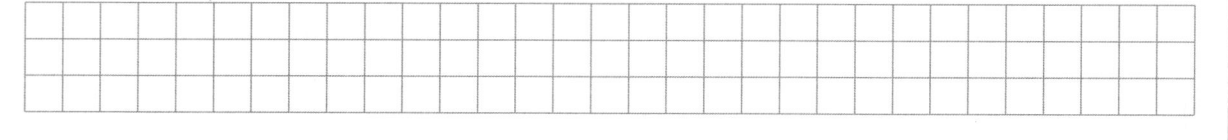

Aufgabe 9

Ein rechteckiges Blatt Papier wird wie abgebildet zweimal gefaltet und dann eingeschnitten:

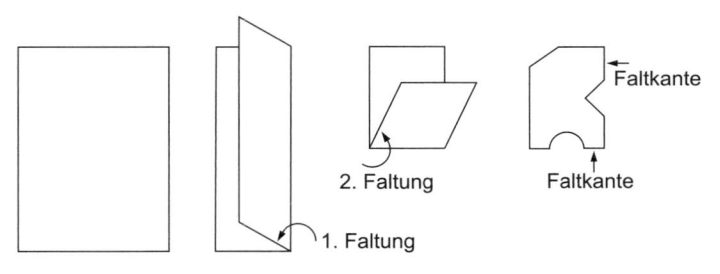

Welches der vier folgenden Bilder zeigt das auseinandergefaltete Blatt Papier?
Kreuze an.

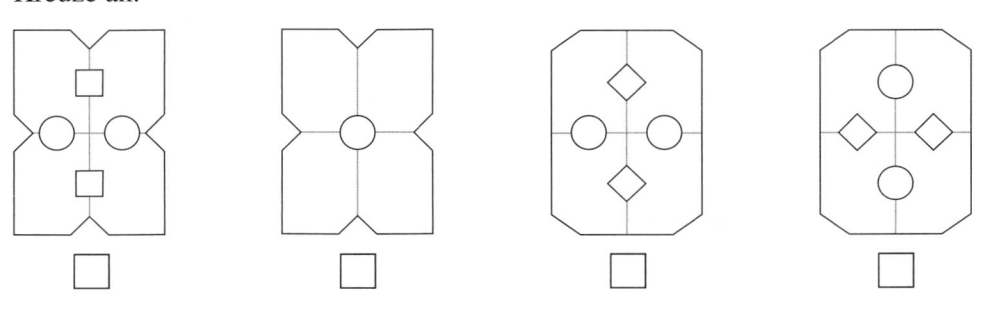

Aufgabe 10

Alle Schülerinnen und Schüler einer 8. Klasse wurden zur Länge ihres Schulweges befragt. Das Ergebnis ist in dem nebenstehenden Balkendiagramm dargestellt.

Wie viele Schülerinnen und Schüler haben einen Schulweg von mindestens 2 km?

Antwort: Es sind _____ Schülerinnen und Schüler.

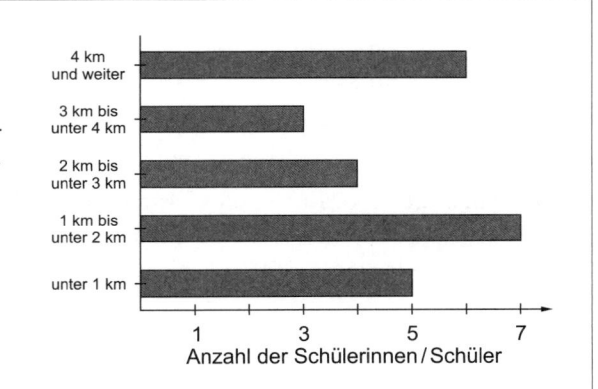

Aufgabe 11

Ein Würfel wird aus seiner Startlage heraus nacheinander auf die Gitterquadrate A bis D gekippt (siehe Abbildung). Welche Augenzahl liegt oben, wenn der Würfel auf dem Feld D zum Liegen kommt?

Tipp: Die Augensumme zweier gegenüberliegender Seiten ist stets sieben.

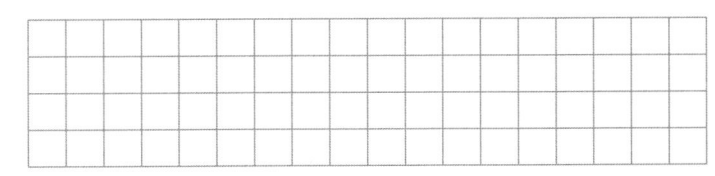

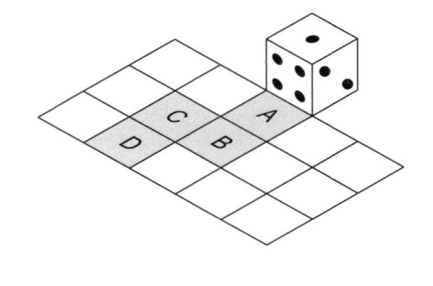

Aufgabe 12

In der nicht maßstabsgetreuen Abbildung gilt: a ∥ b und g ∥ h
Berechne die Maße von α und β.

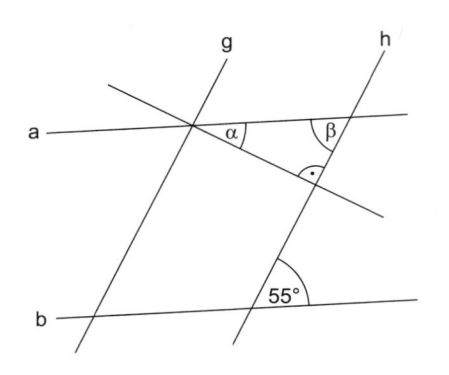

Aufgabe 13

Die Summe von drei aufeinanderfolgenden natürlichen Zahlen ist 123.
Gib diese drei Zahlen an.

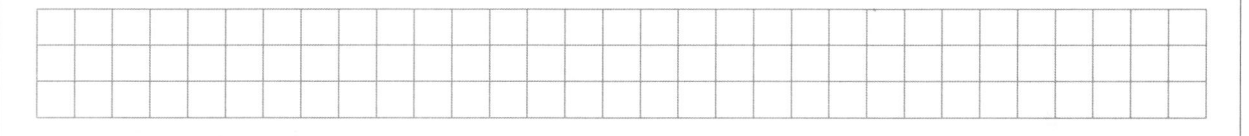

Aufgabe 14

Berechne die Koordinaten des Mittelpunktes M der Strecke [AB] mit A(–7 | 1) und B(3 | 5).

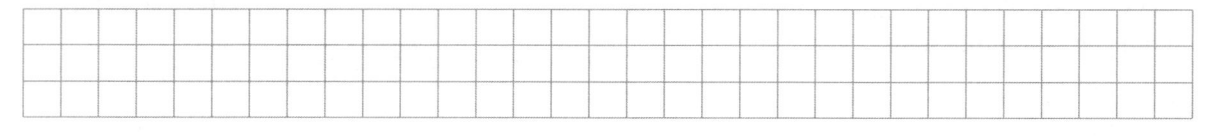

Aufgabe 15

Gib das Maß von α im abgebildeten Dreieck an.

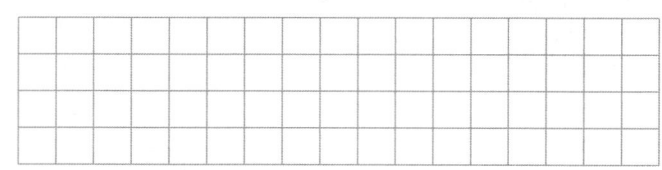

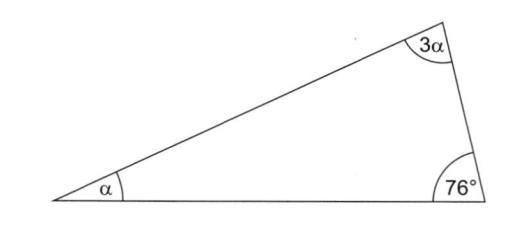

Aufgabe 16

Lisa behauptet: „Wenn man eine Seite eines Quadrats um 1 cm verkürzt und gleichzeitig die andere Seite um 1 cm verlängert, so entsteht ein Rechteck, das den gleichen Flächeninhalt wie das Quadrat hat."

Hat Lisa recht? Begründe mithilfe eines selbstgewählten Beispiels.

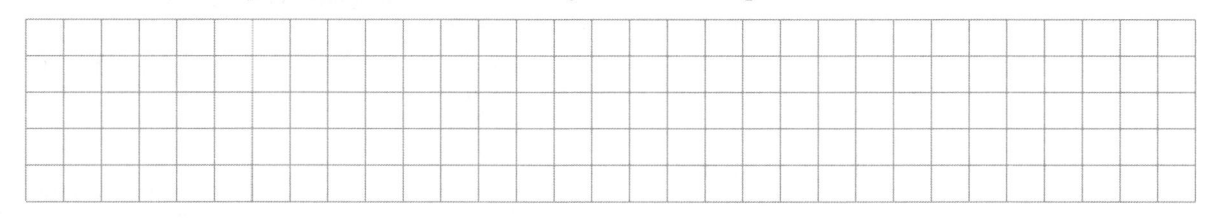

Aufgabe 17

Ein Sägeblatt lässt sich, wie in der nebenstehenden Abbildung veranschaulicht, in deckungsgleiche rechtwinklige Dreiecke zerlegen.

Wie viele Sägezähne hätte ein solches Sägeblatt für $\alpha = 15°$?

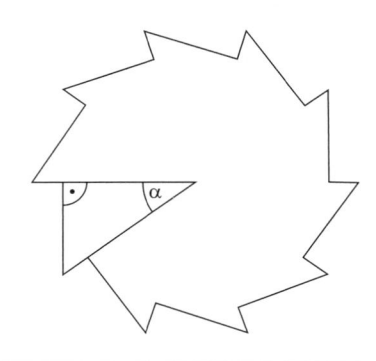

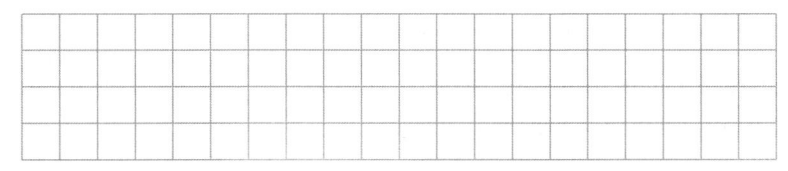

Aufgabe 18

Streichhölzchen werden nach folgender Regel angeordnet:

1. Figur   2. Figur   3. Figur   usw.

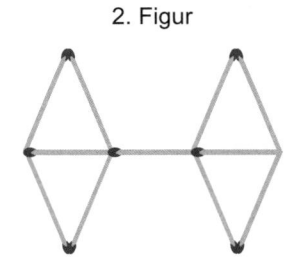

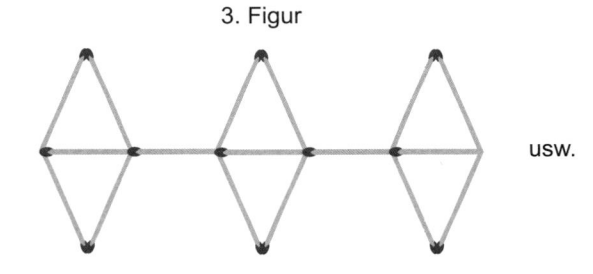

Anzahl: 5   11   17

Gib an, wie viele Hölzchen man für die sechste Figur braucht.

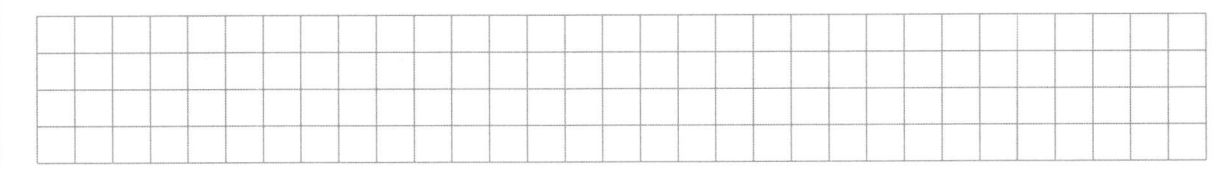

Aufgabe 19

Theresa machte mit ihrer Grundschulklasse einen Ausflug zur Landesgartenschau nach Bamberg. Dort war das Modell einer Fliege aus Stahl ausgestellt (Größenverhältnisse siehe Foto).

Die Länge des Modells soll mit der Länge einer echten Fliege verglichen werden.
Wie viel Mal so lang ist das Modell ungefähr?
Kreuze an.

10-mal ☐   100-mal ☐   1 000-mal ☐   10 000-mal ☐

Stahlfliege: Förderverein zur Nachhaltigkeit der Landesgartenschau Bamberg 2012 e.V. Fotograf Klaus Reuter - 2012.
Mädchen: © michaeljung / 123RF

Aufgabe 20

Welche der folgenden Aussagen passen zur Gleichung $x+(x-2)=30$?
Kreuze an.

☐ Ludwig ist zwei Jahre jünger als Paul. Zusammen sind sie 30 Jahre alt.

☐ Josef hat doppelt so viele Bücher wie Zeitschriften. Insgesamt sind es 30.

☐ Anna und Franziska fahren an zwei Tagen insgesamt 30 km. Am zweiten Tag legen sie dabei zwei Kilometer weniger zurück als am ersten Tag.

☐ Tim ist 30 Jahre alt. Seine Tochter Klara ist um zwei Jahre jünger als seine Tochter Theresa.

Aufgabe 21

Vom Dreieck ABC mit A(0|0) sind die Pfeile $\vec{AB}=\binom{5}{1}$ und $\vec{BC}=\binom{-2}{3}$ gegeben.
Berechne die Koordinaten des Punktes C.

Lösungen

Wahlpflichtfächergruppe I

Aufgabe 1

Hinweise und Tipps

$-3x + 5 + 7x = 65$ Fasse die x-Terme zusammen.
$\Leftrightarrow \quad 4x + 5 = 65 \quad |-5$ Ordne Zahlen und Variablen.
$\Leftrightarrow \quad 4x = 60 \quad |:4$
$\Leftrightarrow \quad x = 15$

$\mathbb{L} = \{15\}$ Beachte die Grundmenge: $15 \in \mathbb{Q} \Rightarrow \mathbb{L} = \{15\}$

Aufgabe 2

<u>9</u> <u>8</u> <u>7</u> <u>6</u> <u>3</u>

Setze an 1. Stelle die Karte mit der größten Ziffer, an 2. Stelle die Karte mit der zweitgrößten Ziffer usw.
An 5. Stelle würde die Karte mit der Ziffer 5 die größte ungerade fünfstellige Zahl bedeuten, die Karte mit der Ziffer 4 würde eine gerade fünfstellige Zahl ergeben. Somit muss an letzter Stelle die Karte mit der Ziffer 3 gelegt werden.

Aufgabe 3

1 530

Rechne rückwärts:
$180 : 12 = 15$
$15 \cdot 102 = 1\,530$

Tipp: Rechne $15 \cdot 102$ vorteilhaft.
$\quad 15 \cdot 100 = 1\,500$
$\underline{+ 15 \cdot 2 = 30}$
$\Rightarrow \quad 15 \cdot 102 = 1\,530$

Aufgabe 4

x	3	6	18	144
y	24	12	**4**	0,5

Das Kennzeichen einer indirekten Proportionalität sind produktgleiche Zahlenpaare.

An den ersten beiden Zahlenpaaren erkennst du:
1. Zahlenpaar: $x \cdot y = 3 \cdot 24 = 72$
2. Zahlenpaar: $x \cdot y = 6 \cdot 12 = 72$

Für alle Zahlenpaare muss also $x \cdot y = 72$ gelten. Somit folgt:
$\qquad x \cdot y = 72$
3. Zahlenpaar: $18 \cdot 4 = 72$
4. Zahlenpaar: $144 \cdot 0,5 = 72$

Jahrgangsstufentest Mathematik 8. Klasse – Wahlpflichtfächergruppe I – 2013: Lösungen

Aufgabe 5

$P = \dfrac{4}{12}$ oder $P = \dfrac{1}{3}$

Hinweise und Tipps

Die Wahrscheinlichkeit P, dass man mit einem Zwölferwürfel eine durch 3 teilbare Zahl würfelt, berechnest du mit der allgemeinen Formel:

$$P = \frac{\text{„Anzahl der günstigen Ergebnisse"}}{\text{„Anzahl der möglichen Ergebnisse"}}$$

Hier:

$$P = \frac{\text{Anzahl der durch 3 teilbaren Zahlen}}{\text{Anzahl aller Zahlen}}$$

Durch 3 teilbare Zahlen sind 3, 6, 9 und 12.

Aufgabe 6

$0{,}5 + 2\dfrac{1}{2} \cdot (-4) = \mathbf{-9{,}5}$

$0{,}5 + 2\dfrac{1}{2} \cdot (-4)$ Schreibe die Zahlen $2\dfrac{1}{2}$ und -4 als unechte Brüche.

$= 0{,}5 + \dfrac{5}{2} \cdot \left(-\dfrac{4}{1}\right)$ Schreibe auf einen gemeinsamen Bruchstrich. Achte auf das Vorzeichen.

$= 0{,}5 - \dfrac{5 \cdot 4}{2 \cdot 1}$

$= 0{,}5 - \dfrac{5 \cdot \cancel{4}^{2}}{\cancel{2}_{1} \cdot 1}$ Kürze mit 2.

$= 0{,}5 - \dfrac{10}{1}$

$= 0{,}5 - 10$

$= -9{,}5$

Aufgabe 7

12 Quader

Ein Würfel hat gleich lange Kanten.
Mit dem vorliegenden Quader kannst du z. B. Würfel mit Kantenlänge 12 cm, 24 cm, 36 cm… zusammenbauen.

Da 12 das kleinste gemeinsame Vielfache von 4 und 6 ist, ist der Würfel mit Kantenlänge 12 der kleinstmögliche.

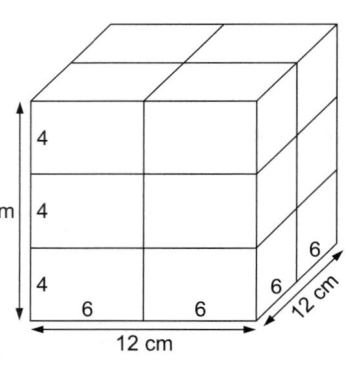

Anzahl der Quader:
3 Schichten
Pro Schicht: $2 \cdot 2$ Quader = 4 Quader
$\Rightarrow$ Insgesamt: $4 \cdot 3$ Quader = 12 Quader

Aufgabe 8

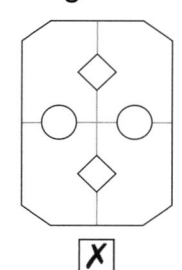

Hinweise und Tipps

Falte zurück:
2. Faltung rückwärts → 1. Faltung rückwärts →

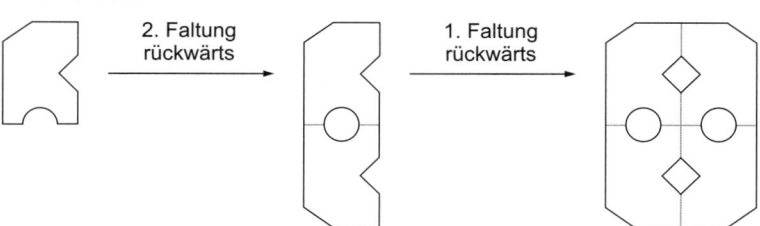

Aufgabe 9

☐ n steht für die kleinste der drei natürlichen Zahlen.

☒ n steht für die zweitgrößte der drei natürlichen Zahlen.

☐ n steht für die größte der drei natürlichen Zahlen.

☐ n steht für die Differenz zwischen der größten und der kleinsten der drei natürlichen Zahlen.

n steht für eine natürliche Zahl.

n − 1: nächstkleinere natürliche Zahl (kleinste der drei Zahlen)
n + 1: nächsthöhere natürliche Zahl (größte der drei Zahlen)
⇒ n steht für die zweitgrößte (oder auch zweitkleinste) der drei natürlichen Zahlen.

Aufgabe 10

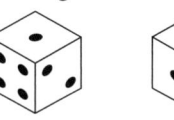

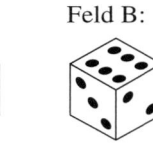

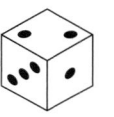

4

Startlage: Feld A: Feld B: Feld C: Feld D:

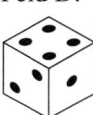

Aufgabe 11

$\beta = 55°$

$\alpha + \beta + 90° = 180°$
$\Leftrightarrow \alpha + 55° + 90° = 180°$
$\Leftrightarrow \alpha + 145° = 180° \quad |-145°$
$\Leftrightarrow \boldsymbol{\alpha = 35°}$

Wechselwinkel zu 55°
Winkelsumme im Dreieck

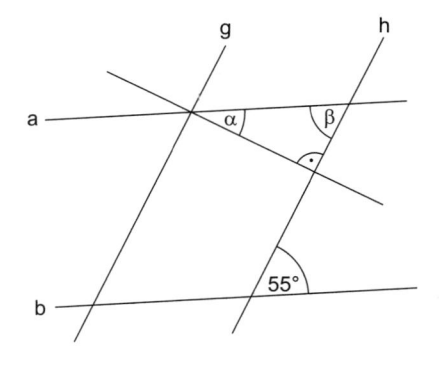

Hinweise und Tipps

Aufgabe 12

125 cm²

Löse mithilfe einer Gleichung.

Für den Umfang des Kreuzes gilt:

$12 \cdot x = 60 \text{ cm} \quad |:12$

$\Leftrightarrow \quad x = 5 \text{ cm}$

Das Kreuz lässt sich in 5 kongruente Quadrate unterteilen. Es gilt somit:

$A_{Quadrat} = x \cdot x = 5 \text{ cm} \cdot 5 \text{ cm} = 25 \text{ cm}^2$

$\Rightarrow A_{Kreuz} = 5 \cdot A_{Quadrat}$
$= 5 \cdot 25 \text{ cm}^2$
$= 125 \text{ cm}^2$

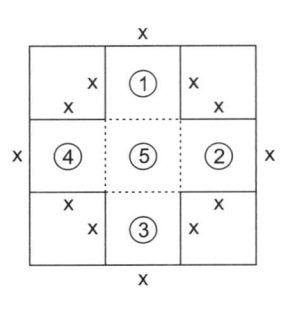

Aufgabe 13

$\overrightarrow{AC} = \overrightarrow{AB} \oplus \overrightarrow{BC}$

$\overrightarrow{AC} = \begin{pmatrix} 5 \\ 1 \end{pmatrix} \oplus \begin{pmatrix} -2 \\ 3 \end{pmatrix}$

$\overrightarrow{AC} = \begin{pmatrix} 5 + (-2) \\ 1 + 3 \end{pmatrix}$

$\overrightarrow{AC} = \begin{pmatrix} 3 \\ 4 \end{pmatrix}$

$\overrightarrow{OC} = \overrightarrow{AC}$

$\Rightarrow$ **C(3 | 4)**

Überlege mithilfe einer Skizze:

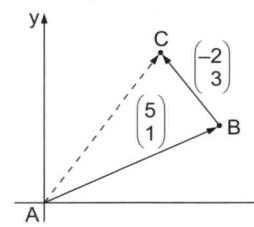

Anhand der Skizze erkennst du: $\overrightarrow{AC} = \overrightarrow{OC}$

Aufgabe 14

$4 \cdot r = 4 \text{ cm} \quad |:4$
$r = 1 \text{ cm}$

$A_{Kreis} = r^2 \cdot 3{,}14$
$A_{Kreis} = (1 \text{ cm})^2 \cdot 3{,}14$
$A_{Kreis} = 1 \text{ cm}^2 \cdot 3{,}14$
$A_{Kreis} = \mathbf{3{,}14 \text{ cm}^2}$

Bestimme zunächst den Radius r eines Kreises.

Nun kannst du den Flächeninhalt eines Kreises berechnen.

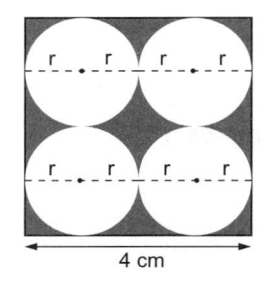

Aufgabe 15

$\alpha + 3\alpha + 76° = 180°$

$\Leftrightarrow \quad 4\alpha + 76° = 180° \quad |-76°$

$\Leftrightarrow \quad 4\alpha = 104° \quad |:4$

$\Leftrightarrow \quad \boldsymbol{\alpha = 26°}$

Winkelsumme im Dreieck

Jahrgangsstufentest Mathematik 8. Klasse – Wahlpflichtfächergruppe I – 2013: Lösungen

✏ Hinweise und Tipps

Aufgabe 16

Lisa hat nicht recht.

Gegenbeispiel:
Für ein Quadrat mit Seitenlänge
$a = 10$ cm gilt:

$A_{Quadrat} = a^2$

$A_{Quadrat} = (10\,cm)^2$

$A_{Quadrat} = 100\,cm^2$

Für ein Rechteck mit Seitenlängen 9 cm und 11 cm gilt:

$A_{Rechteck} = 9\,cm \cdot 11\,cm$
$\phantom{A_{Rechteck}} = 99\,cm^2$

Verkürzt man eine Seite des Quadrats um 1 cm und verlängert gleichzeitig die andere Seite um 1 cm, so entsteht ein Rechteck mit Seitenlängen 9 cm und 11 cm.

Ergebnis: $A_{Quadrat} \neq A_{Rechteck}$

Aufgabe 17

	ja	nein
$T_1 = 6x - 1$	☒	☐
$T_2 = 5 + 6 \cdot (x-1)$	☒	☐
$T_3 = 5 + 5 \cdot (x-1)$	☐	☒

Jede folgende Figur wird um 6 Streichhölzchen ergänzt.

1. Figur: 5 Hölzchen
2. Figur: 5 Hölzchen + $\underbrace{6\ \text{Hölzchen}}_{6\,\cdot\,1\ \text{Hölzchen}}$
3. Figur: 5 Hölzchen + $\underbrace{6\ \text{Hölzchen} + 6\ \text{Hölzchen}}_{6\,\cdot\,2\ \text{Hölzchen}}$
...
x. Figur: 5 Hölzchen + $6 \cdot (x-1)$ Hölzchen

$\Rightarrow$ Der Term T_2 stimmt.

Prüfe die Terme T_1 und T_3.

$5 + 6 \cdot (x-1)$ Vereinfache den Term T_2.
$= 5 + 6x - 6$
$= 6x - 1$ $\Rightarrow$ Der Term T_1 stimmt auch.

$5 + 5 \cdot (x-1)$ Vereinfache den Term T_3.
$= 5 + 5x - 5$
$= 5x$ $\Rightarrow$ Der Term T_3 ist falsch.

Aufgabe 18

☐ 10-mal
☒ 100-mal
☐ 1 000-mal
☐ 10 000-mal

Schätze die Länge einer echten Fliege ab.
Geschätzte Länge einer echten Fliege: ca. 1 cm

Anhand der Abbildung erkennst du:
Länge Fliege ≈ Größe Theresa

Löse mit dem Ausschlussprinzip:
10-mal $\Rightarrow$ Größe Theresa: $1\,cm \cdot 10 = 10\,cm$ (zu klein)
1 000-mal $\Rightarrow$ Größe Theresa: $1\,cm \cdot 1\,000 = 1\,000\,cm = 10\,m$ (zu groß)
10 000-mal $\Rightarrow$ Größe Theresa: $1\,cm \cdot 10\,000 = 10\,000\,cm = 100\,m$
            (viel zu groß)

$\Rightarrow$ Lösung „100-mal" ist die einzig überbleibende Lösung.

Kontrolle:
100-mal $\Rightarrow$ Größe Theresa: $1\,cm \cdot 100 = 100\,cm = 1\,m$ (realistisch)

Jahrgangsstufentest Mathematik 8. Klasse – Wahlpflichtfächergruppe I – 2013: Lösungen

Aufgabe 19

Für α = 15° hätte ein solches Sägeblatt **24 Sägezähne**.

✏ Hinweise und Tipps

Zerlege das Sägeblatt in kongruente Dreiecke.

Für α = 15° kannst du das Sägeblatt in 360 : 15 = 24 Dreiecke unterteilen.

Es gilt:
Anzahl Dreiecke = Anzahl Zähne

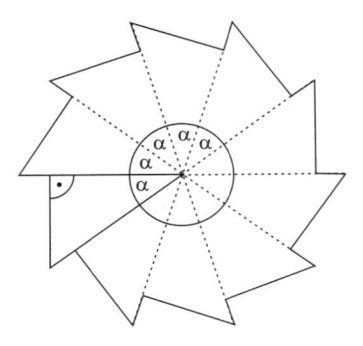

Aufgabe 20

$\left(\dfrac{1}{2}\right)^6 = \dfrac{1}{64}$

$\dfrac{1}{2} \cdot \dfrac{1}{2} \cdot \dfrac{1}{2} \cdot \dfrac{1}{2} \cdot \dfrac{1}{2} \cdot \dfrac{1}{2}$

$= \dfrac{1 \cdot 1 \cdot 1 \cdot 1 \cdot 1 \cdot 1}{2 \cdot 2 \cdot 2 \cdot 2 \cdot 2 \cdot 2}$

$= \dfrac{1}{64}$

Schreibe auf einen gemeinsamen Bruchstrich.

Aufgabe 21

18 Plättchen

Löse mithilfe einer Zeichnung durch Ergänzen der kreisförmigen Plättchen.

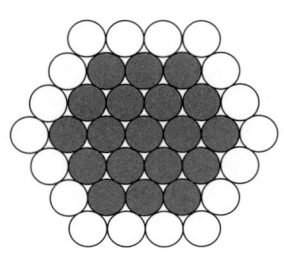

F_4

Wahlpflichtfächergruppe II/III

Aufgabe 1

			Hinweise und Tipps
	$-3x + 5 + 7x = 65$		Fasse die x-Terme zusammen.
$\Leftrightarrow$	$4x + 5 = 65$	$\vert -5$	Ordne Zahlen und Variablen.
$\Leftrightarrow$	$4x = 60$	$\vert :4$	
$\Leftrightarrow$	$x = 15$		

$\mathbb{L} = \{15\}$ Beachte die Grundmenge: $15 \in \mathbb{Q} \Rightarrow \mathbb{L} = \{15\}$

Aufgabe 2

$25{,}7 \cdot 0{,}123 = 03{,}1611$

25,7: besitzt 1 Stelle nach dem Komma
0,123: besitzt 3 Stellen nach dem Komma
$\Rightarrow$ Produkt $(257 \cdot 123)$ besitzt $1 + 3 = 4$ Stellen nach dem Komma.

$5 : 6{,}25 = 0{,}800$

Da 6,25 größer als 5 ist, muss das Ergebnis kleiner als 1 sein.
Somit kann das Komma nur nach der ersten Null gesetzt werden.

Aufgabe 3

1 530

Rechne rückwärts:
$180 : 12 = 15$
$15 \cdot 102 = 1\,530$

Tipp: Rechne $15 \cdot 102$ vorteilhaft.

$15 \cdot 100 = 1\,500$
$\underline{+15 \cdot 2 = 30}$
$\Rightarrow 15 \cdot 102 = 1\,530$

Aufgabe 4

x	3	6	18	**144**
y	24	12	**4**	0,5

Das Kennzeichen einer indirekten Proportionalität sind produktgleiche Zahlenpaare.

An den ersten beiden Zahlenpaaren erkennst du:
1. Zahlenpaar: $x \cdot y = 3 \cdot 24 = 72$
2. Zahlenpaar: $x \cdot y = 6 \cdot 12 = 72$

Für alle Zahlenpaare muss also $x \cdot y = 72$ gelten. Somit folgt:
$x \cdot y = 72$
3. Zahlenpaar: $18 \cdot 4 = 72$
4. Zahlenpaar: $144 \cdot 0{,}5 = 72$

Jahrgangsstufentest Mathematik 8. Klasse – Wahlpflichtfächergruppe II/III – 2013: Lösungen

Hinweise und Tipps

Aufgabe 5

$P = \dfrac{6}{12}$ oder $P = \dfrac{1}{2}$

Die Wahrscheinlichkeit P, dass man mit einem Zwölferwürfel eine gerade Zahl würfelt, berechnest du mit der allgemeinen Formel:

$$P = \dfrac{\text{„Anzahl der günstigen Ergebnisse"}}{\text{„Anzahl der möglichen Ergebnisse"}}$$

Hier:

$$P = \dfrac{\text{Anzahl der geraden Zahlen}}{\text{Anzahl aller Zahlen}}$$

Gerade Zahlen sind 2, 4, 6, 8, 10 und 12.

Aufgabe 6

$0{,}5 + 2\dfrac{1}{2} \cdot (-4) = \mathbf{-9{,}5}$

$\, 0{,}5 + 2\dfrac{1}{2} \cdot (-4)$ Schreibe die Zahlen $2\dfrac{1}{2}$ und -4 als unechte Brüche.

$= 0{,}5 + \dfrac{5}{2} \cdot \left(-\dfrac{4}{1}\right)$ Schreibe auf einen gemeinsamen Bruchstrich. Achte auf das Vorzeichen.

$= 0{,}5 - \dfrac{5 \cdot 4}{2 \cdot 1}$

$= 0{,}5 - \dfrac{5 \cdot \cancel{4}^{\,2}}{\cancel{2}_{\,1} \cdot 1}$ Kürze mit 2.

$= 0{,}5 - \dfrac{10}{1}$

$= 0{,}5 - 10$

$= -9{,}5$

Aufgabe 7

$2 \cdot r = 4\text{ cm} \quad |:2$
$r = 2\text{ cm}$

$A = \dfrac{1}{2} \cdot r^2 \cdot 3{,}14$

$A = \dfrac{1}{2} \cdot (2\text{ cm})^2 \cdot 3{,}14$

$A = \dfrac{1}{2} \cdot 4\text{ cm}^2 \cdot 3{,}14$

$A = 2\text{ cm}^2 \cdot 3{,}14$

$A = \mathbf{6{,}28\text{ cm}^2}$

Bestimme zunächst den Radius r eines Halbkreises.

Nun kannst du den Flächeninhalt eines Halbkreises berechnen.

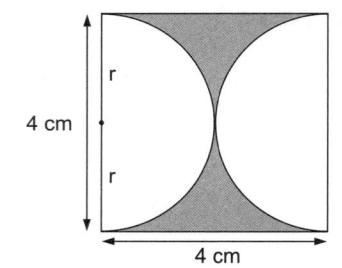

Jahrgangsstufentest Mathematik 8. Klasse – Wahlpflichtfächergruppe II/III – 2013: Lösungen

✏ Hinweise und Tipps

Aufgabe 8

150 %

Ausgangswert: 10 € (Grundwert)
Erhöhung: 25 € – 10 € = 15 € (Prozentwert)

$$p = \frac{\text{Prozentwert}}{\text{Grundwert}}$$

$$p = \frac{15\ \text{€}}{10\ \text{€}} = 1{,}5 = 150\ \%$$

Alternative Lösung: Berechnung mit dem Dreisatz

10 € ≙ 100 % |: 2
 5 € ≙ 50 % |· 3
15 € ≙ 150 %

Aufgabe 9

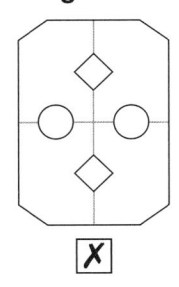

Falte zurück:

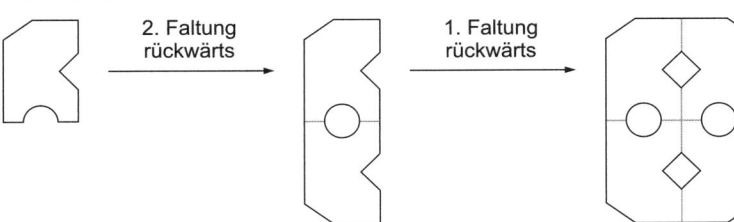

2. Faltung rückwärts → 1. Faltung rückwärts →

Aufgabe 10

Es sind **13** Schülerinnen und Schüler.

Mindestens 2 km bedeutet 2 km und mehr.
Dies trifft im Diagramm auf Folgendes zu:
- 2 km bis unter 3 km: 4 Schüler
- 3 km bis unter 4 km: 3 Schüler
- 4 km und weiter: <u>6 Schüler</u>
                         13 Schüler

Aufgabe 11

4

Startlage: Feld A: Feld B: Feld C: Feld D:

Aufgabe 12

$\beta = 55°$ Wechselwinkel zu 55°

$\alpha + \beta + 90° = 180°$ Winkelsumme im Dreieck
$\Leftrightarrow \alpha + 55° + 90° = 180°$
$\Leftrightarrow \alpha + 145° = 180° \quad |-145°$
$\Leftrightarrow \quad \alpha = 35°$

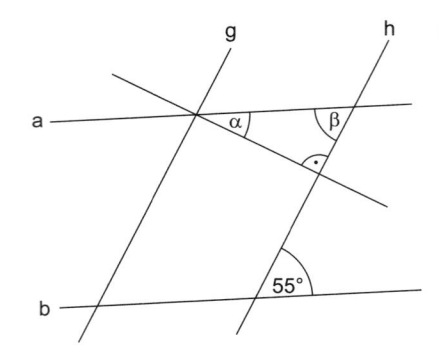

Aufgabe 13

40; 41; 42

Schätze eine Zahl ab, indem du $123:3=41$ rechnest. 41 ist die mittlere der drei natürlichen Zahlen.

Alternative Lösung: Mithilfe einer Gleichung

$n + \underbrace{(n+1)}_{\text{Nachfolger 1}} + \underbrace{(n+2)}_{\text{Nachfolger 2}} = 123 \quad$ n: natürliche Zahl

$\Leftrightarrow \quad 3n + 3 = 123 \quad |-3$
$\Leftrightarrow \quad 3n = 120 \quad |:3$
$\Leftrightarrow \quad n = 40$
$\Rightarrow 40; 41; 42$

Aufgabe 14

$M\left(\dfrac{-7+3}{2} \Big| \dfrac{1+5}{2}\right)$

$M\left(\dfrac{-4}{2} \Big| \dfrac{6}{2}\right)$

M(–2 | 3)

Mittelpunktsformel einer Strecke [AB] mit $A(x_A | y_A)$ und $B(x_B | y_B)$:

$M\left(\dfrac{x_A + x_B}{2} \Big| \dfrac{y_A + y_B}{2}\right)$

Aufgabe 15

$\alpha + 3\alpha + 76° = 180°$ Winkelsumme im Dreieck
$\Leftrightarrow \quad 4\alpha + 76° = 180° \quad |-76°$
$\Leftrightarrow \quad 4\alpha = 104° \quad |:4$
$\Leftrightarrow \quad \alpha = 26°$

Jahrgangsstufentest Mathematik 8. Klasse – Wahlpflichtfächergruppe II/III – 2013: Lösungen

✏ Hinweise und Tipps

Aufgabe 16

Lisa hat nicht recht.

Gegenbeispiel:
Für ein Quadrat mit Seitenlänge
a = 10 cm gilt:

$A_{Quadrat} = a^2$

$A_{Quadrat} = (10 \text{ cm})^2$

$A_{Quadrat} = 100 \text{ cm}^2$

Für ein Rechteck mit Seitenlängen
9 cm und 11 cm gilt:

$A_{Rechteck} = 9 \text{ cm} \cdot 11 \text{ cm}$

$\phantom{A_{Rechteck}} = 99 \text{ cm}^2$

Ergebnis: $A_{Quadrat} \neq A_{Rechteck}$

Verkürzt man eine Seite des Quadrats um 1 cm und verlängert gleichzeitig die andere Seite um 1 cm, so entsteht ein Rechteck mit Seitenlängen 9 cm und 11 cm.

Aufgabe 17

Für $\alpha = 15°$ hätte ein solches Sägeblatt **24 Sägezähne**.

Zerlege das Sägeblatt in kongruente Dreiecke.

Für $\alpha = 15°$ kannst du das Sägeblatt in $360 : 15 = 24$ Dreiecke unterteilen.

Es gilt:
Anzahl Dreiecke = Anzahl Zähne

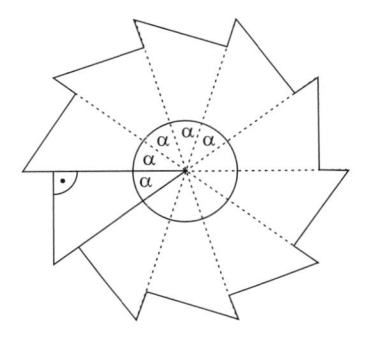

Aufgabe 18

Man braucht für die sechste Figur **35 Hölzchen**.

Jede folgende Figur wird um 6 Streichhölzchen ergänzt.

1. Figur: 5 Hölzchen
2. Figur: 11 Hölzchen = 5 Hölzchen + $\underbrace{6 \text{ Hölzchen}}_{6 \cdot 1 \text{ Hölzchen}}$
3. Figur: 17 Hölzchen = 5 Hölzchen + $\underbrace{6 \text{ Hölzchen} + 6 \text{ Hölzchen}}_{6 \cdot 2 \text{ Hölzchen}}$
...
x. Figur: 5 Hölzchen + $6 \cdot (x-1)$ Hölzchen

$\Rightarrow$ 6. Figur: 5 Hölzchen + $6 \cdot (6-1)$ Hölzchen
$= 5$ Hölzchen + $6 \cdot 5$ Hölzchen = 35 Hölzchen

Jahrgangsstufentest Mathematik 8. Klasse – Wahlpflichtfächergruppe II/III – 2013: Lösungen

✏ Hinweise und Tipps

Aufgabe 19

☐ 10-mal
☒ 100-mal
☐ 1 000-mal
☐ 10 000-mal

Schätze die Länge einer echten Fliege ab.
Geschätzte Länge einer echten Fliege: ca. 1 cm
Anhand der Abbildung erkennst du:
Länge Fliege ≈ Größe Theresa
Löse mit dem Ausschlussprinzip:
10-mal ⇒ Größe Theresa: 1 cm · 10 = 10 cm (zu klein)
1 000-mal ⇒ Größe Theresa: 1 cm · 1 000 = 1 000 cm = 10 m (zu groß)
10 000-mal ⇒ Größe Theresa: 1 cm · 10 000 = 10 000 cm = 100 m
(viel zu groß)
⇒ Lösung „100-mal" ist die einzig überbleibende Lösung.
Kontrolle:
100-mal ⇒ Größe Theresa: 1 cm · 100 = 100 cm = 1 m (realistisch)

Aufgabe 20

☒ Ludwig ist zwei Jahre jünger als Paul. Zusammen sind sie 30 Jahre alt.

Alter Paul: x
Alter Ludwig: x − 2 („Ludwig ist zwei Jahre jünger als Paul.")
Zusammen sind sie 30 Jahre alt: x + (x − 2) = 30

☐ Josef hat doppelt so viele Bücher wie Zeitschriften. Insgesamt sind es 30.

Anzahl Zeitschriften: x
Anzahl Bücher: 2 · x („doppelt so viele Bücher wie Zeitschriften")
Insgesamt sind es 30: x + 2 · x = 30

☒ Anna und Franziska fahren an zwei Tagen insgesamt 30 km. Am zweiten Tag legen sie dabei zwei Kilometer weniger zurück als am ersten Tag.

Zurückgelegte Strecke am 1. Tag: x
Zurückgelegte Strecke am 2. Tag: x − 2 („zwei Kilometer weniger")
An zwei Tagen insgesamt 30 km: x + (x − 2) = 30

☐ Tim ist 30 Jahre alt. Seine Tochter Klara ist um zwei Jahre jünger als seine Tochter Theresa.

Alter Theresa: x
Alter Klara: x − 2 („zwei Jahre jünger als seine Tochter Theresa")
Es gibt keine Aussage über das Gesamtalter der beiden: x + (x − 2) = ?

Aufgabe 21

$\vec{AC} = \vec{AB} \oplus \vec{BC}$

$\vec{AC} = \begin{pmatrix}5\\1\end{pmatrix} \oplus \begin{pmatrix}-2\\3\end{pmatrix}$

$\vec{AC} = \begin{pmatrix}5+(-2)\\1+3\end{pmatrix}$

$\vec{AC} = \begin{pmatrix}3\\4\end{pmatrix}$

$\vec{OC} = \vec{AC}$

⇒ **C(3|4)**

Überlege mithilfe einer Skizze:

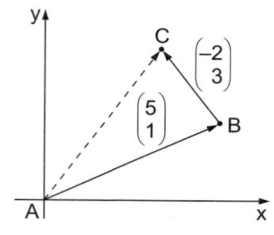

Anhand der Skizze erkennst du: $\vec{AC} = \vec{OC}$

Jahrgangsstufentest 2014 – Mathematik 8. Klasse Realschule
Wahlpflichtfächergruppe I

Aufgabe 1

Gib jeweils eine Zahl für a und b an, sodass gilt: $a^2 - b^2 = 96$

a = _____   b = _____

Aufgabe 2

Die nebenstehende Zeichnung zeigt ein drehsymmetrisches Fünfeck (Pentagon), das fünf gleich lange Seiten und fünf gleich große Innenwinkel besitzt.
Gib das Maß des kleinstmöglichen Drehwinkels an, mit dem das Pentagon bei Drehung um M auf sich selbst abgebildet wird.

Antwort: _____

Aufgabe 3

Ein neugeborener Elefant hat eine Masse von ungefähr 90 kg. Das sind etwa 3 % der Masse eines erwachsenen Elefanten. Gib die Masse eines erwachsenen Elefanten an.

Antwort: _____ kg

Aufgabe 4

Setze das richtige Zeichen zwischen die beiden Terme: >, < oder =

–2 _____ 2^{-1}

Aufgabe 5

Bestimme den Wert für x ($\mathbb{G} = \mathbb{N}$).

$$\frac{2^3 \cdot (2^4 - 1)}{15} = 2^x \qquad x = \underline{}$$

Aufgabe 6

Kreuze die Terme an, die den Termwert -8 haben.

-2^3 ☐ -2^{-3} ☐ $(-2)^3$ ☐ $-(-2)^3$ ☐

Aufgabe 7

Alexander besitzt drei verschiedene Hosen, zwölf verschiedene T-Shirts und zwei verschiedene Jacken. Gib an, wie viele verschiedene Möglichkeiten es für ihn gibt, die Kleidungsstücke zu kombinieren (Hose / T-Shirt / Jacke).

Antwort: \underline{} Möglichkeiten

Aufgabe 8

Vervollständige die grauen Felder der Zahlenmauer. In einem Kästchen steht jeweils der **Produktwert** der beiden darunter stehenden Zahlen.

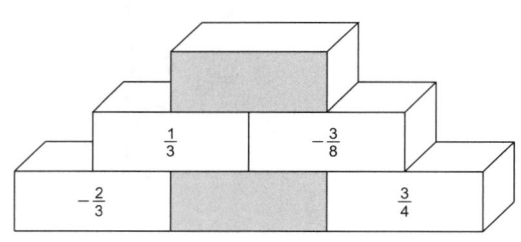

Untere Reihe: $-\frac{2}{3}$, (grau), $\frac{3}{4}$

Mittlere Reihe: $\frac{1}{3}$, $-\frac{3}{8}$

Obere Reihe: (grau)

Aufgabe 9

Wie groß ist ungefähr das Volumen des Würfels?
Kreuze an.

☐ ca. 30 cm³
☐ ca. 125 cm³
☐ ca. 750 cm³
☐ ca. 1 500 cm³

Aufgabe 10

Pia meint: „Es ist doch egal, ob man zwei Pizzen piccola oder eine Pizza grande kauft, man bekommt gleich viel Pizza für das gleiche Geld."
Welche der drei Aussagen ist richtig?
Kreuze an.

Tagesangebot
Pizza piccola d = 20 cm 6 Euro
Pizza grande d = 40 cm 12 Euro

☐ Pia hat nicht recht, weil der Flächeninhalt der Pizza grande ca. 3,14-fach so groß ist wie der einer Pizza piccola.

☐ Pia hat recht, weil der Flächeninhalt der Pizza grande zweimal so groß ist wie der einer Pizza piccola.

☐ Pia hat nicht recht, weil der Flächeninhalt der Pizza grande viermal so groß ist wie der einer Pizza piccola.

Aufgabe 11

Von einem stumpfwinkligen und einem spitzwinkligen Dreieck sind vier der insgesamt sechs Winkelmaße bekannt: 120°, 80°, 65°, 5°.
Gib alle drei Winkelmaße des spitzwinkligen Dreiecks an.

_____ _____ _____

Aufgabe 12

Bestimme die Lösungsmenge der Gleichung für $\mathbb{G} = \mathbb{Q}$:
$2x - 5x + 7 = -14$

$\mathbb{L} =$ _____

Jahrgangsstufentest Mathematik 8. Klasse – Wahlpflichtfächergruppe I – 2014

Aufgabe 13

Schreibe in das Kästchen das Maß des zugehörigen Dreieckswinkels (Skizze ist nicht maßstabsgerecht).

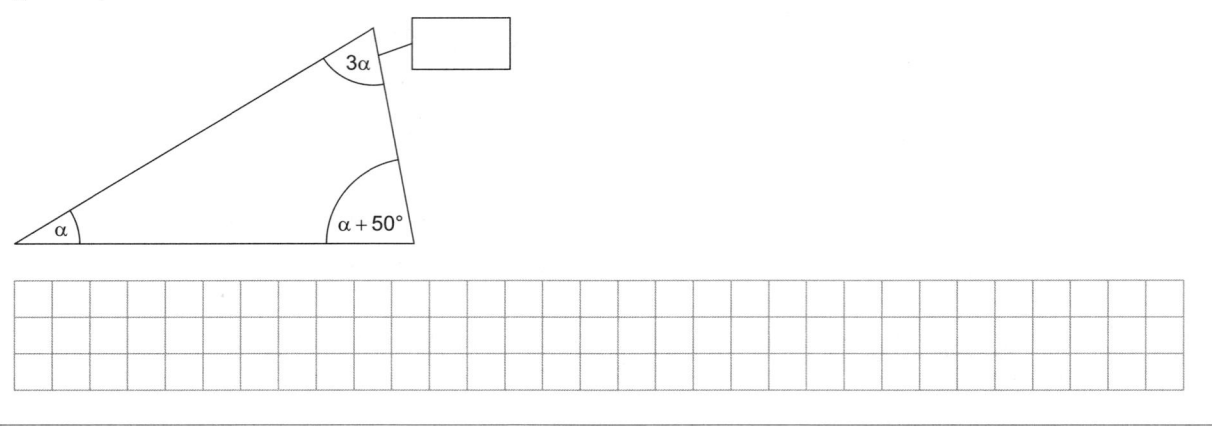

Aufgabe 14

Beim Lotto teilt eine Tippgemeinschaft aus sechs Personen einen Gewinn gleichmäßig auf. Jedes Mitglied erhält 500 000 €. Wie viel Geld würde jedes Mitglied erhalten, wenn die Tippgemeinschaft aus zehn Personen bestehen würde?

Antwort: Bei zehn Mitgliedern würde jede Person _____ € erhalten.

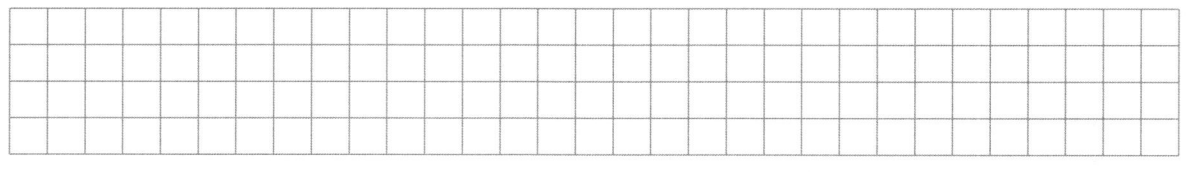

Aufgabe 15

Ein Paar Schuhe kostet 144 Euro. Dieser Preis wird um 25 % reduziert.
Eine Woche später wird der neue Preis nochmals um 25 % reduziert.
Wie teuer sind die Schuhe jetzt?

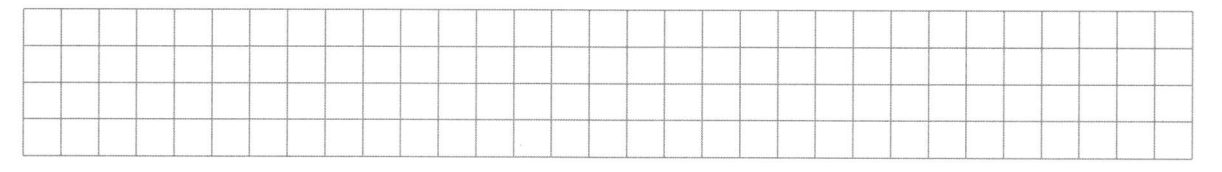

Aufgabe 16

Der Würfel mit weißen und grauen Seitenflächen wird 1 000-mal geworfen.
Welche „Farben" (weiß oder grau) haben mit hoher Wahrscheinlichkeit die drei nicht sichtbaren Flächen, wenn beim Würfeln 670-mal grau und 330-mal weiß oben liegt?
Schreibe die „Farben" auf die unten stehenden Zeilen.

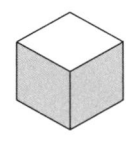

_____   _____   _____

Aufgabe 17

Eine Fluggesellschaft möchte ein Diagramm veröffentlichen, das die Anzahl der Passagiere in den Monaten März bis Mai darstellt. Im Monat Mai zählte man 12 500 Passagiere mehr als im April.
Ergänze den zugehörigen Balken im Diagramm.

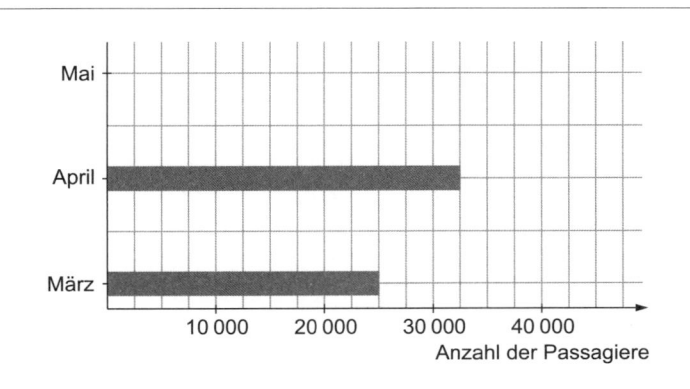

Aufgabe 18

In einem Zeitungsartikel steht: „Jeder fünfte Jugendliche isst zum Frühstück Müsli." Die Klasse 8f hat 30 Schülerinnen und Schüler.
Welche der folgenden Aussagen müssten für diese Klasse zutreffen? Kreuze an.

☐ 6 von 30 Jugendlichen …

☐ Ein Fünftel der Jugendlichen …

☐ 20 % der Jugendlichen …

☐ Ein Sechstel der Jugendlichen …

☐ 5 von 30 Jugendlichen …

… der Klasse 8f essen zum Frühstück Müsli.

Aufgabe 19

Anna, Benedikt und Clara bekommen zusammen 95 Euro Taschengeld pro Monat. Clara bekommt 5 Euro mehr als Anna und Benedikt zusammen. Benedikt bekommt doppelt so viel wie Anna.
Gib eine Gleichung an, mit der Annas Taschengeld in Höhe von x Euro berechnet werden kann ($\mathbb{G} = \mathbb{Q}$).

Antwort: _____

Aufgabe 20

Konstruiere einen Kreis, der durch die Punkte P und Q verläuft und dessen Mittelpunkt auf der Geraden g liegt.

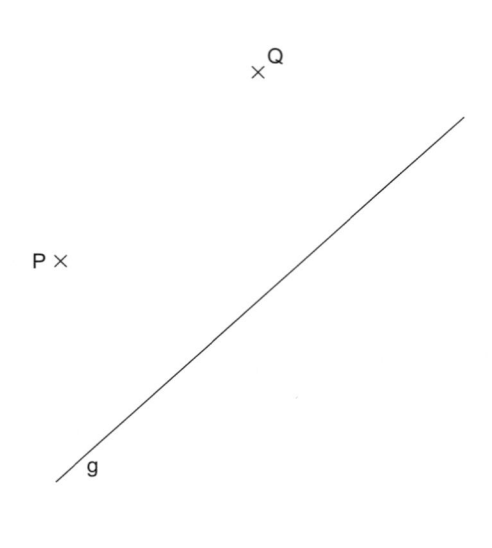

Aufgabe 21

Von einem Parallelogramm ABCD sind die Punkte A(−3|1), B(4|3) und C(1|7) gegeben. Gib die Koordinaten des Punktes D an.

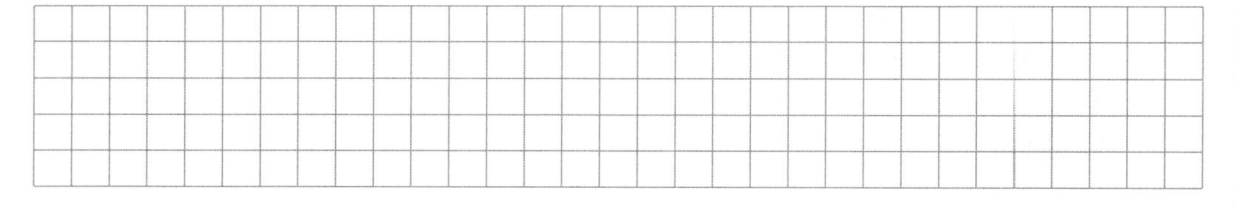

Wahlpflichtfächergruppe II/III

Aufgabe 1

Gib jeweils eine Zahl für a und b an, sodass gilt: $a^2 - b^2 = 96$

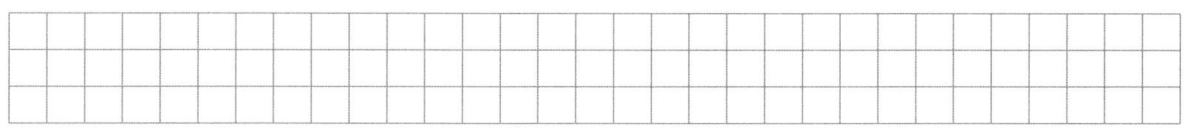

a = _____   b = _____

Aufgabe 2

Die nebenstehende Zeichnung zeigt ein drehsymmetrisches Fünfeck (Pentagon), das fünf gleich lange Seiten und fünf gleich große Innenwinkel besitzt.
Gib das Maß des kleinstmöglichen Drehwinkels an, mit dem das Pentagon bei Drehung um M auf sich selbst abgebildet wird.

Antwort: _____

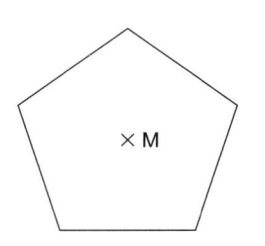

Aufgabe 3

Ein neugeborener Elefant hat eine Masse von ungefähr 90 kg. Das sind etwa 3 % der Masse eines erwachsenen Elefanten. Gib die Masse eines erwachsenen Elefanten an.

© Sergey Uryadnikov. Shutterstock

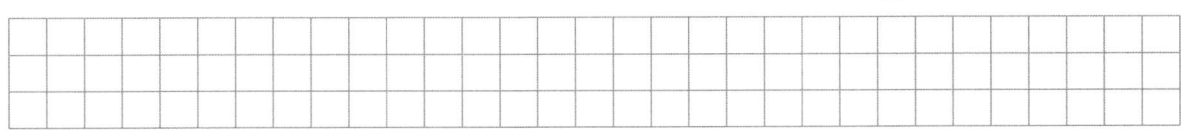

Antwort: _____ kg

Aufgabe 4

Setze das richtige Zeichen zwischen die beiden Terme: >, < oder =

−10 _____ 10^{-1}

Aufgabe 5

Bestimme den Wert für x ($\mathbb{G} = \mathbb{N}$).

$\dfrac{2^3 \cdot 2^5}{2^2} = 2^x$ x = _____

Aufgabe 6

Kreuze die Terme an, die den Termwert −8 haben.

-2^3 $(-2)^3$ $-(-2)^3$
☐   ☐   ☐

Aufgabe 7

Alexander besitzt drei verschiedene Hosen, zwölf verschiedene T-Shirts und zwei verschiedene Jacken. Gib an, wie viele verschiedene Möglichkeiten es für ihn gibt, die Kleidungsstücke zu kombinieren (Hose/T-Shirt/Jacke).

Antwort: _____ Möglichkeiten

Aufgabe 8

Vervollständige die grauen Felder. In einem Kästchen steht jeweils die **Summe** der beiden darunter stehenden Terme.

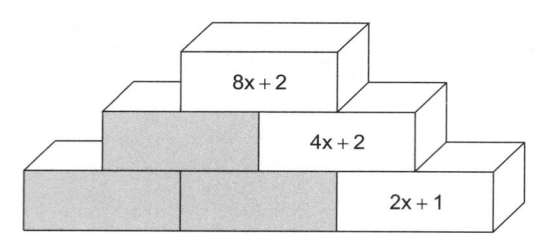

8x + 2

4x + 2

2x + 1

Aufgabe 9

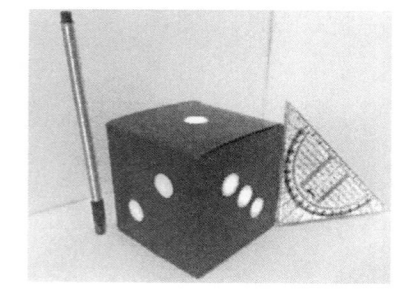

Wie groß ist ungefähr das Volumen des Würfels? Kreuze an.

☐ ca. 30 cm³
☐ ca. 125 cm³
☐ ca. 750 cm³
☐ ca. 1 500 cm³

Aufgabe 10

Pia meint: „Es ist doch egal, ob man zwei Pizzen piccola oder eine Pizza grande kauft, man bekommt gleich viel Pizza für das gleiche Geld."

Welche der drei Aussagen ist richtig? Kreuze an.

☐ Pia hat nicht recht, weil der Flächeninhalt der Pizza grande ca. 3,14-fach so groß ist wie der einer Pizza piccola.

☐ Pia hat recht, weil der Flächeninhalt der Pizza grande zweimal so groß ist wie der einer Pizza piccola.

☐ Pia hat nicht recht, weil der Flächeninhalt der Pizza grande viermal so groß ist wie der einer Pizza piccola.

Tagesangebot

Pizza piccola — d = 20 cm — 6 Euro
Pizza grande — d = 40 cm — 12 Euro

Aufgabe 11

Von einem stumpfwinkligen und einem spitzwinkligen Dreieck sind vier der insgesamt sechs Winkelmaße bekannt: 120°, 80°, 65°, 5°.
Gib alle drei Winkelmaße des spitzwinkligen Dreiecks an.

_____ _____ _____

Aufgabe 12

Bestimme die Lösungsmenge der Gleichung für $\mathbb{G} = \mathbb{Q}$:
$2x - 5x + 7 = -14$

$\mathbb{L} =$ _____

Aufgabe 13

Schreibe in das Kästchen das Maß des zugehörigen Dreieckswinkels (Skizze ist nicht maßstabsgerecht).

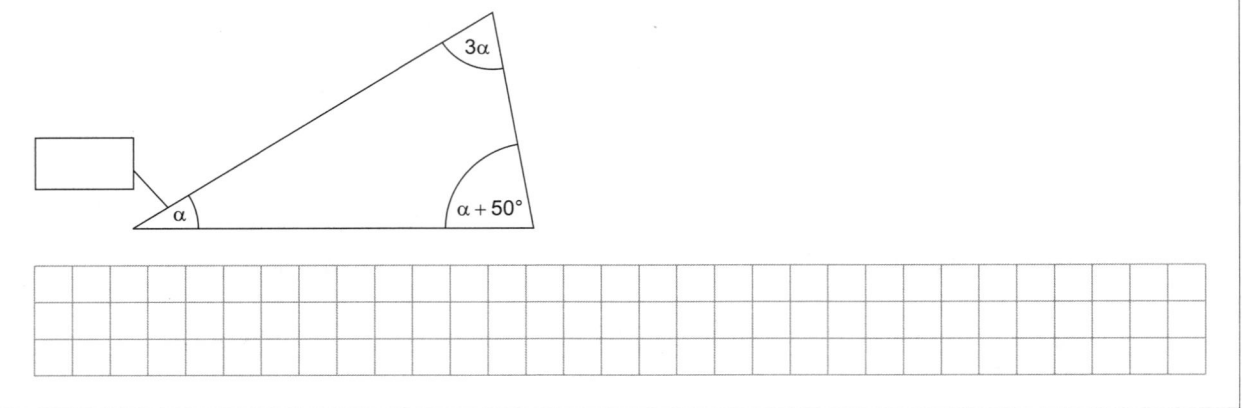

Aufgabe 14

Beim Lotto teilt eine Tippgemeinschaft aus sechs Personen einen Gewinn gleichmäßig auf. Jedes Mitglied erhält 500 000 €. Wie viel Geld würde jedes Mitglied erhalten, wenn die Tippgemeinschaft aus zehn Personen bestehen würde?

Antwort: Bei zehn Mitgliedern würde jede Person _____ € erhalten.

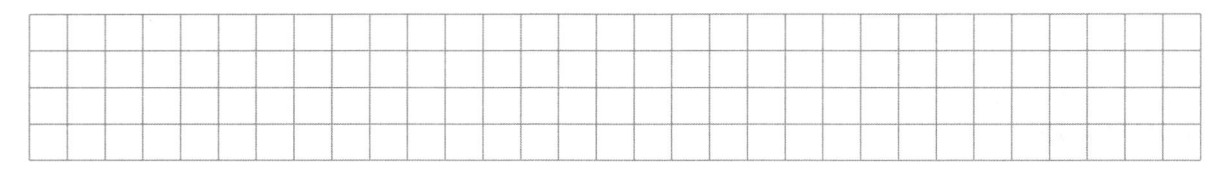

Aufgabe 15

Ein Paar Schuhe kostet 144 Euro. Dieser Preis wird um 25 % reduziert.
Eine Woche später wird der neue Preis nochmals um 25 % reduziert.
Wie teuer sind die Schuhe jetzt?

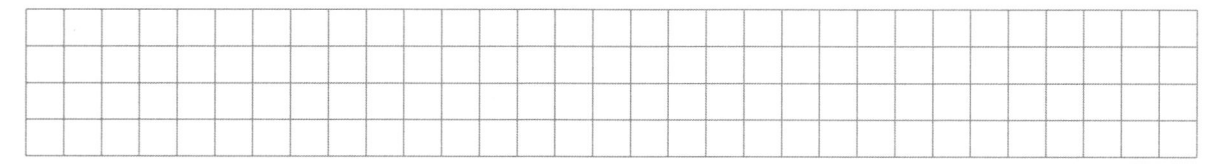

Aufgabe 16

Der Würfel mit weißen und grauen Seitenflächen wird 1 000-mal geworfen.
Welche „Farben" (weiß oder grau) haben mit hoher Wahrscheinlichkeit die drei nicht sichtbaren Flächen, wenn beim Würfeln 670-mal grau und 330-mal weiß oben liegt?
Schreibe die „Farben" auf die unten stehenden Zeilen.

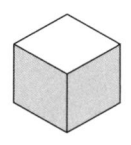

_____   _____   _____

Aufgabe 17

Eine Fluggesellschaft möchte ein Diagramm veröffentlichen, das die Anzahl der Passagiere in den Monaten März bis Mai darstellt. Im Monat Mai zählte man 12 500 Passagiere mehr als im April.
Ergänze den zugehörigen Balken im Diagramm.

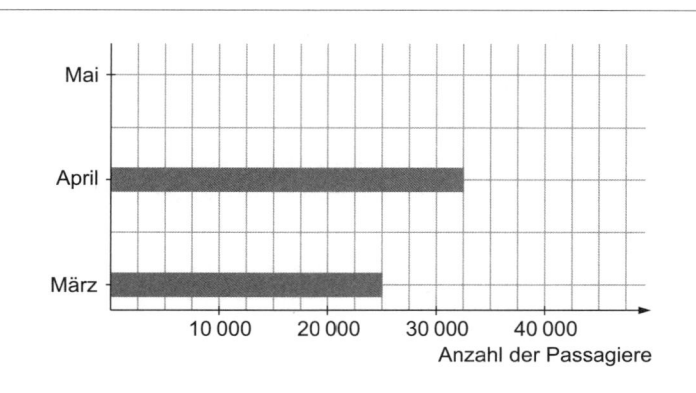

Aufgabe 18

In einem Zeitungsartikel steht: „Jeder fünfte Jugendliche isst zum Frühstück Müsli." Die Klasse 8f hat 30 Schülerinnen und Schüler.
Welche der folgenden Aussagen müssten für diese Klasse zutreffen? Kreuze an.

☐ 6 von 30 Jugendlichen ...

☐ Ein Fünftel der Jugendlichen ...

☐ 20 % der Jugendlichen ...

☐ Ein Sechstel der Jugendlichen ...

☐ 5 von 30 Jugendlichen ...

... der Klasse 8f essen zum Frühstück Müsli.

Aufgabe 19

Anna, Benedikt und Clara bekommen zusammen 95 Euro Taschengeld pro Monat. Clara bekommt 5 Euro mehr als Anna und Benedikt zusammen. Benedikt bekommt doppelt so viel wie Anna.
Gib eine Gleichung an, mit der Annas Taschengeld in Höhe von x Euro berechnet werden kann ($\mathbb{G} = \mathbb{Q}$).

Antwort: _____

Jahrgangsstufentest Mathematik 8. Klasse – Wahlpflichtfächergruppe II/III – 2014

Aufgabe 20

Ergänze die Figur zum Parallelogramm ABCD.

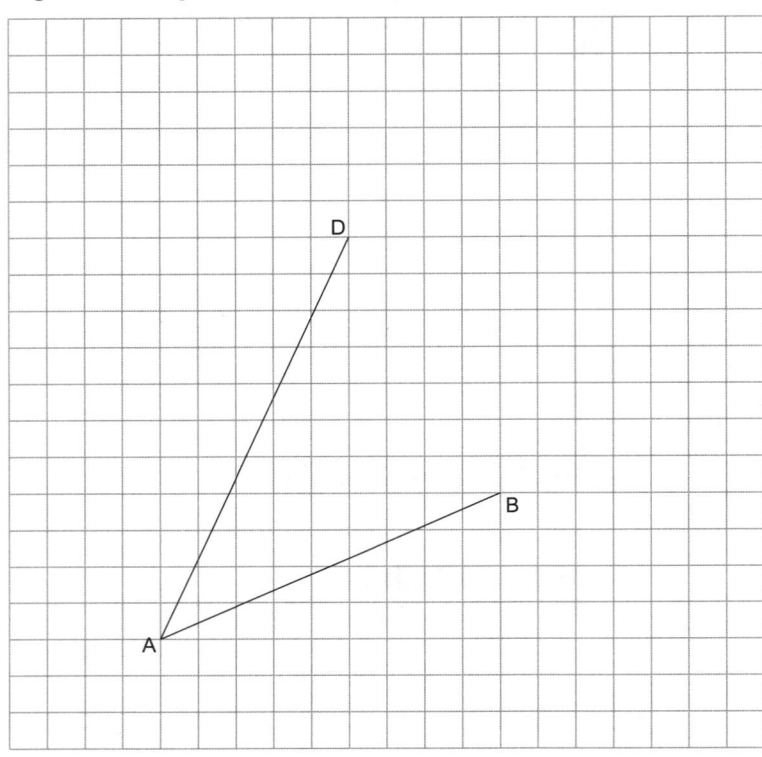

Aufgabe 21

Bestimme die Koordinaten des Pfeils $\overrightarrow{AB}$ mit A(−13|−14) und B(12|−15).

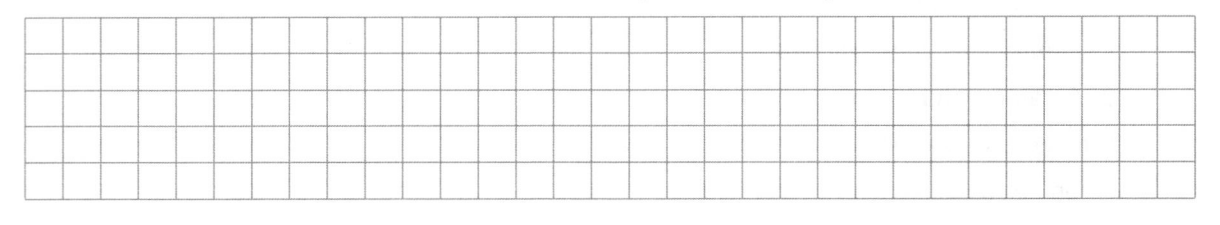

Lösungen

Wahlpflichtfächergruppe I

Aufgabe 1

z. B. $a = 10$ und $b = 2$

Hinweise und Tipps

a muss mindestens 10 sein, da a^2 größer als 96 sein muss. ($a^2 = 96 - b^2$)

Aufgabe 2

$\alpha = 72°$

Zerlege das Fünfeck in 5 kongruente Dreiecke.

Der kleinstmögliche Drehwinkel, mit dem das Pentagon durch Drehung um M auf sich selbst abgebildet werden kann, ist α.

Es gilt:
$\alpha = 360° : 5 = 72°$

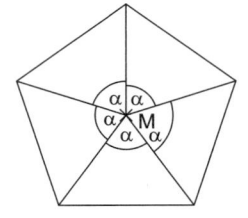

Aufgabe 3

ca. 3 000 kg

Löse mit dem Dreisatz:

$3\ \% \triangleq 90\ \text{kg}$ $\quad |:3$

$1\ \% \triangleq 30\ \text{kg}$ $\quad |\cdot 100$

$100\ \% \triangleq 3\ 000\ \text{kg}$

Aufgabe 4

$-2 < 2^{-1}$

$2^{-1} = \dfrac{1}{2^1} = \dfrac{1}{2} = 0{,}5$ $\qquad$ Potenzgesetz: $a^{-n} = \dfrac{1}{a^n}$

Aufgabe 5

$x = 3$

Vereinfache: $2^4 - 1 = 16 - 1 = 15$

Also gilt: $\dfrac{2^3 \cdot (2^4 - 1)}{15}$

$= \dfrac{2^3 \cdot \cancel{15}}{\cancel{15}}$ $\qquad$ Kürze mit 15.

$= 2^3$

Jahrgangsstufentest Mathematik 8. Klasse – Wahlpflichtfächergruppe I – 2014: Lösungen

✏ Hinweise und Tipps

Aufgabe 6

[X] -2^3 $-2^3 = -2 \cdot 2 \cdot 2 = -8$

[ ] -2^{-3} $-2^{-3} = -\dfrac{1}{2^3} = -\dfrac{1}{8}$ Potenzgesetz: $a^{-n} = \dfrac{1}{a^n}$

[X] $(-2)^3$ $(-2)^3 = (-2) \cdot (-2) \cdot (-2) = -8$

[ ] $-(-2)^3$ $-(-2)^3 = -(-2) \cdot (-2) \cdot (-2) = -(-8) = 8$

Aufgabe 7

72 Möglichkeiten

Hosen: 3 Verschiedene
T-Shirts: 12 Verschiedene
Jacken: 2 Verschiedene

Somit gibt es $3 \cdot 12 \cdot 2 = 72$ Möglichkeiten.

Aufgabe 8

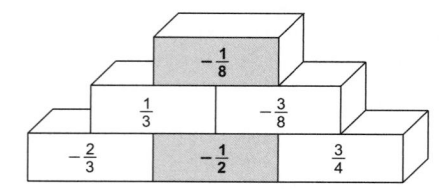

Berechne zunächst die Zahl im oberen grauen Kästchen:

$\dfrac{1}{3} \cdot \left(-\dfrac{3}{8}\right)$ Schreibe auf einen Bruchstrich. Beachte das Vorzeichen.

$= -\dfrac{1 \cdot \cancel{3}}{\cancel{3} \cdot 8}$ Kürze mit 3.

$= -\dfrac{1}{8}$

Berechne dann die Zahl im unteren grauen Kästchen. Löse dazu die folgende Gleichung:

$-\dfrac{2}{3} \cdot x = \dfrac{1}{3}$ $\Big| : \left(-\dfrac{2}{3}\right) \; \left[\triangleq \cdot \left(-\dfrac{3}{2}\right)\right]$

$x = \dfrac{1}{3} \cdot \left(-\dfrac{3}{2}\right)$

$x = -\dfrac{1}{2}$

Alternative Lösung zur Berechnung der Zahl im unteren grauen Kästchen:

$x \cdot \dfrac{3}{4} = -\dfrac{3}{8}$ $\Big| : \dfrac{3}{4} \; \left[\triangleq \cdot \dfrac{4}{3}\right]$

$x = -\dfrac{3}{8} \cdot \dfrac{4}{3}$

$x = -\dfrac{1}{2}$

Aufgabe 9

☐ ca. 30 cm³
☐ ca. 125 cm³
☒ ca. 750 cm³
☐ ca. 1 500 cm³

✏ Hinweise und Tipps

Zeichne mithilfe deines Geodreiecks die abgebildete Länge des Geodreiecks, die der Kantenlänge des Würfels entspricht, auf ein Blatt und miss die Länge dieser Strecke:

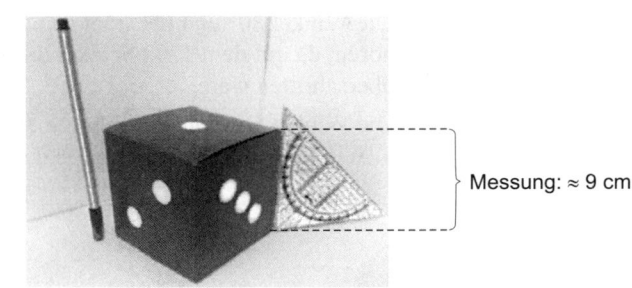

Messung: ≈ 9 cm

Das Volumen eines Würfels berechnet sich mithilfe der Formel $V = a^3$ ($a \triangleq$ Kantenlänge).

$\Rightarrow \quad V \approx (9 \text{ cm})^3$
$\quad\quad V \approx 729 \text{ cm}^3$

Alternative Lösung:
Zeichne die abgebildete Länge des Stiftes, die der Kantenlänge des Würfels entspricht, auf ein Blatt und miss die Länge dieser Strecke:

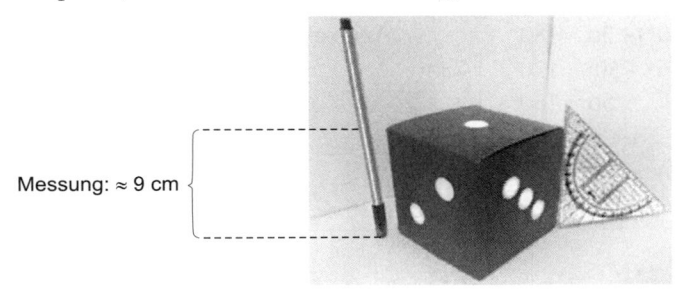

Messung: ≈ 9 cm

Das Volumen eines Würfels berechnet sich mithilfe der Formel $V = a^3$ ($a \triangleq$ Kantenlänge).

$\Rightarrow \quad V \approx (9 \text{ cm})^3$
$\quad\quad V \approx 729 \text{ cm}^3$

Aufgabe 10

☐ Pia hat nicht recht, weil der Flächeninhalt der Pizza grande ca. 3,14-fach so groß ist wie der einer Pizza piccola.

☐ Pia hat recht, weil der Flächeninhalt der Pizza grande zweimal so groß ist wie der einer Pizza piccola.

☒ Pia hat nicht recht, weil der Flächeninhalt der Pizza grande viermal so groß ist wie der einer Pizza piccola.

Da eine Pizza als Kreisfläche angenommen werden kann, kannst du den Flächeninhalt der Pizza mit der Formel $A_{Kreis} = r^2 \cdot 3{,}14$ ($r \triangleq$ Kreisradius) berechnen. Beachte, dass nicht der Radius, sondern der Durchmesser der Pizzen angegeben ist.

Pizza piccola: $A = (10 \text{ cm})^2 \cdot 3{,}14 = 100 \text{ cm}^2 \cdot 3{,}14$

Pizza grande: $A = (20 \text{ cm})^2 \cdot 3{,}14 = 400 \text{ cm}^2 \cdot 3{,}14$

Somit hat eine Pizza grande einen viermal so großen Flächeninhalt wie eine Pizza piccola.

Jahrgangsstufentest Mathematik 8. Klasse – Wahlpflichtfächergruppe I – 2014: Lösungen

✏ Hinweise und Tipps

Aufgabe 11

80°, 65°, 35°

Im spitzwinkligen Dreieck ist jeder Innenwinkel kleiner als 90°. Somit kommen für dieses Dreieck nur die Winkel 80°, 65° und 5° infrage und der Winkel 120° liegt im stumpfwinkligen Dreieck.

Die Winkel 80° und 65° können nicht zum stumpfwinkligen Dreieck gehören, da mit dem 120°-Winkel die Winkelsumme von 180° im Dreieck überschritten wäre.

Die Winkel 80° und 65° gehören also zum spitzwinkligen Dreieck. Der 3. Winkel dieses Dreiecks muss dann $180° - 80° - 65° = 35°$ betragen.

Aufgabe 12

$$2x - 5x + 7 = -14$$
$$\Leftrightarrow \quad -3x + 7 = -14 \quad | -7$$
$$\Leftrightarrow \quad -3x = -21 \quad | : (-3)$$
$$\Leftrightarrow \quad x = 7$$

$\mathbb{L} = \{7\}$

Fasse die x-Terme zusammen.
Ordne die Zahlen und Variablen.

Beachte die Grundmenge: $7 \in \mathbb{Q} \Rightarrow \mathbb{L} = \{7\}$

Aufgabe 13

$$\alpha + (\alpha + 50°) + 3\alpha = 180°$$
$$\Leftrightarrow \quad 5\alpha + 50° = 180° \quad | -50°$$
$$\Leftrightarrow \quad 5\alpha = 130° \quad | : 5$$
$$\alpha = 26°$$
$$\Rightarrow \quad 3 \cdot \alpha = 3 \cdot 26° = \mathbf{78°}$$

Winkelsumme im Dreieck

Aufgabe 14

Bei zehn Mitgliedern würde jede Person **300 000 €** erhalten.

6 Personen erhalten je 500 000 €.
$\Rightarrow$ Der Gesamtgewinn beträgt: 500 000 € · 6 = 3 000 000 €
Bei 10 Personen erhält jede Person daher: 3 000 000 € : 10 = 300 000 €

Aufgabe 15

Preis um 25 % reduziert:
144 € – 36 € = 108 €

Preis nochmals um 25 % reduziert:
108 € – 27 € = **81 €**

Berechne schrittweise:

25 % von 144 € $\triangleq \frac{1}{4} \cdot 144$ € = 36 €

25 % von 108 € $\triangleq \frac{1}{4} \cdot 108$ € = 27 €

Jahrgangsstufentest Mathematik 8. Klasse – Wahlpflichtfächergruppe I – 2014: Lösungen

Aufgabe 16

grau – grau – weiß

✏ Hinweise und Tipps

Da grau ungefähr doppelt (670-mal) so häufig oben liegt wie weiß (330-mal), sind wahrscheinlich doppelt so viele Flächen des Würfels grau wie weiß.

Insgesamt gibt es also mit hoher Wahrscheinlichkeit vier graue Flächen und zwei weiße Flächen.

Da bereits zwei graue Flächen und eine weiße Fläche sichtbar sind, müssen von den nicht sichtbaren Flächen zwei grau und eine weiß sein.

Aufgabe 17

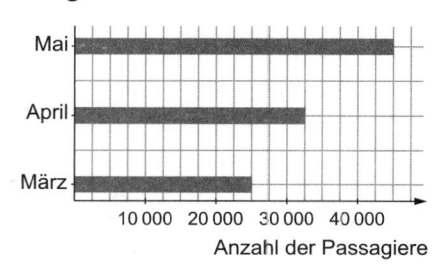

Mai
April
März
10 000 20 000 30 000 40 000
Anzahl der Passagiere

Rechne aus: Wie vielen Passagieren entspricht ein Kästchen?

4 Kästchen ≙ 10 000 Passagieren

⇒ 1 Kästchen ≙ 2 500 Passagieren

12 500 Passagiere mehr im April bedeutet somit, den Balken im Mai um 5 Kästchen (≙ 12 500 : 2 500 Kästchen) länger zu zeichnen als den Balken im April.

Aufgabe 18

[X] 6 von 30 Jugendlichen …   6 von 30 ≙ $\frac{6}{30} = \frac{1}{5}$ bedeutet „jeder Fünfte"

[X] Ein Fünftel der Jugendlichen … $\frac{1}{5}$ bedeutet „jeder Fünfte"

[X] 20 % der Jugendlichen …   20 % = $\frac{20}{100} = \frac{1}{5}$ bedeutet „jeder Fünfte"

[ ] Ein Sechstel der Jugendlichen … $\frac{1}{6}$ bedeutet „jeder Sechste"

[ ] 5 von 30 Jugendlichen …   5 von 30 ≙ $\frac{5}{30} = \frac{1}{6}$ bedeutet „jeder Sechste"

Aufgabe 19

$x + 2x + x + 2x + 5 = 95$

Taschengeld von Anna: x Euro

Benedikt bekommt doppelt so viel Taschengeld wie Anna, also: 2x Euro

Clara bekommt 5 Euro mehr Taschengeld als Anna und Benedikt <u>zusammen</u>, also: $x + 2x + 5$ Euro

Anna, Benedikt und Clara bekommen zusammen 95 Euro:

$\underbrace{x}_{\text{Anna}} + \underbrace{2x}_{\text{Benedikt}} + \underbrace{x + 2x + 5}_{\text{Clara}} = 95$

Aufgabe 20

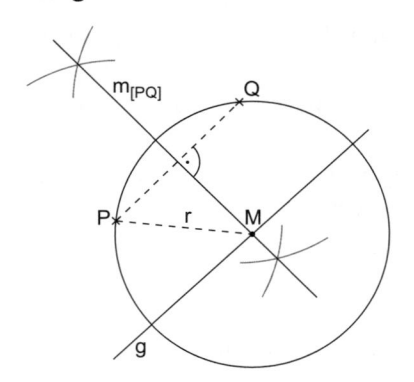

Hinweise und Tipps

1. Zeichne die Strecke [PQ].
2. Konstruiere die Mittelsenkrechte $m_{[PQ]}$ zur Strecke [PQ].
3. Der Schnittpunkt M von $m_{[PQ]}$ und der Geraden g ist der Kreismittelpunkt.
4. Zeichne den Kreis mit Mittelpunkt M und Radius $r = \overline{MP}$.

Aufgabe 21

$\overrightarrow{AB} = \begin{pmatrix} 4-(-3) \\ 3-1 \end{pmatrix} = \begin{pmatrix} 7 \\ 2 \end{pmatrix}$

„Spitze (B) minus Fuß (A)"

Im Parallelogramm ABCD gilt:
[AB] ∥ [DC] und $\overrightarrow{AB} = \overrightarrow{DC}$
Es folgt: $\overrightarrow{AB} = \overrightarrow{DC}$

$\overrightarrow{DC} = \overrightarrow{AB} = \begin{pmatrix} 7 \\ 2 \end{pmatrix}$

$\overrightarrow{DC} = \begin{pmatrix} 1-x \\ 7-y \end{pmatrix}$

„Spitze (C) minus Fuß (D)"

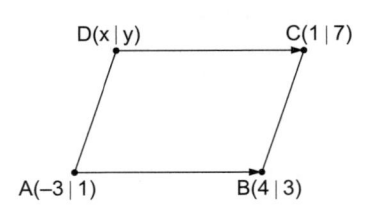

D(x|y)   C(1|7)

A(−3|1)   B(4|3)

$\Rightarrow \begin{pmatrix} 1-x \\ 7-y \end{pmatrix} = \begin{pmatrix} 7 \\ 2 \end{pmatrix}$

$\Rightarrow \quad 1-x = 7 \quad \text{und} \quad 7-y = 2$
$\Leftrightarrow \quad x = -6 \quad \text{und} \quad y = 5$

D(−6|5)

$\overrightarrow{BC} = \begin{pmatrix} 1-4 \\ 7-3 \end{pmatrix} = \begin{pmatrix} -3 \\ 4 \end{pmatrix}$

Alternative Lösung:
„Spitze (C) minus Fuß (B)".

$\overrightarrow{OD} = \overrightarrow{OA} \oplus \overrightarrow{AD}$

Aufgrund der Angabe „Parallelogramm" gilt: $\overrightarrow{AD} = \overrightarrow{BC} = \begin{pmatrix} -3 \\ 4 \end{pmatrix}$

$\overrightarrow{OD} = \begin{pmatrix} -3 \\ 1 \end{pmatrix} \oplus \begin{pmatrix} -3 \\ 4 \end{pmatrix}$

$\overrightarrow{OD} = \begin{pmatrix} -3+(-3) \\ 1+4 \end{pmatrix}$

$\overrightarrow{OD} = \begin{pmatrix} -6 \\ 5 \end{pmatrix}$

D(−6|5)

Wahlpflichtfächergruppe II / III

✎ Hinweise und Tipps

Aufgabe 1 bis Aufgabe 3
Siehe Lösungen Wahlpflichtfächergruppe I.

Aufgabe 4

$-10 < 10^{-1}$ $\qquad$ $10^{-1} = \dfrac{1}{10^1} = \dfrac{1}{10} = 0{,}1$ $\qquad$ Potenzgesetz: $a^{-n} = \dfrac{1}{a^n}$

Aufgabe 5

$x = 6$ $\qquad$ Vereinfache:

$2^3 \cdot 2^5 = 2^{3+5} = 2^8$ $\qquad$ Potenzgesetz: $a^m \cdot a^n = a^{m+n}$

$2^8 : 2^2 = 2^{8-2} = 2^6$ $\qquad$ Potenzgesetz: $a^m : a^n = a^{m-n}$

Aufgabe 6

[X] -2^3 $\qquad$ $-2^3 = -2 \cdot 2 \cdot 2 = -8$

[X] $(-2)^3$ $\qquad$ $(-2)^3 = (-2) \cdot (-2) \cdot (-2) = -8$

[ ] $-(-2)^3$ $\qquad$ $-(-2)^3 = -(-2) \cdot (-2) \cdot (-2) = -(-8) = 8$

Aufgabe 7
Siehe Lösungen Wahlpflichtfächergruppe I.

Aufgabe 8

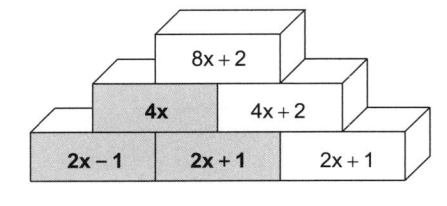

Subtrahiere von oben nach unten:

$8x + 2 - (4x + 2)$
$= 8x + 2 - 4x - 2$
$= 4x$

$4x + 2 - (2x + 1)$
$= 4x + 2 - 2x - 1$
$= 2x + 1$

$4x - (2x + 1)$
$= 4x - 2x - 1$
$= 2x - 1$

Aufgabe 9 bis Aufgabe 12
Siehe Lösungen Wahlpflichtfächergruppe I.

Jahrgangsstufentest Mathematik 8. Klasse – Wahlpflichtfächergruppe II/III – 2014: Lösungen

Aufgabe 13

/ Hinweise und Tipps

$$\alpha + (\alpha + 50°) + 3\alpha = 180°$$
$$\Leftrightarrow \quad 5\alpha + 50° = 180° \quad |-50°$$
$$\Leftrightarrow \quad 5\alpha = 130° \quad |:5$$
$$\Leftrightarrow \quad \boldsymbol{\alpha = 26°}$$

Winkelsumme im Dreieck

Aufgabe 14 bis Aufgabe 19

Siehe Lösungen Wahlpflichtfächergruppe I.

Aufgabe 20

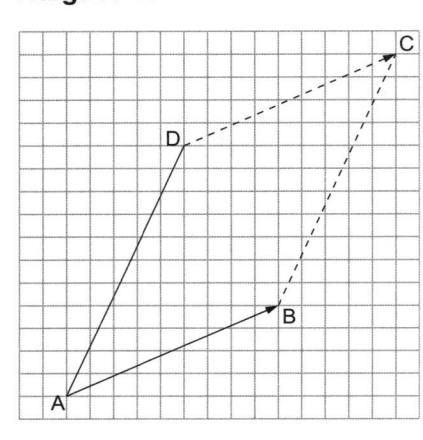

Im Parallelogramm ABCD gilt:

$[AB] \parallel [DC]$ und $\overrightarrow{AB} = \overrightarrow{DC}$

Es folgt: $\overrightarrow{DC} = \overrightarrow{AB}$

Den fehlenden Eckpunkt C erhältst du, indem du den Fuß des Vektors $\overrightarrow{AB}$ an den Punkt D ansetzt.

Aufgabe 21

$$\overrightarrow{AB} = \begin{pmatrix} 12 - (-13) \\ -15 - (-14) \end{pmatrix}$$

$$\overrightarrow{AB} = \begin{pmatrix} 12 + 13 \\ -15 + 14 \end{pmatrix}$$

$$\overrightarrow{AB} = \begin{pmatrix} 25 \\ -1 \end{pmatrix}$$

Berechne mithilfe der Regel „Spitze (B) minus Fuß (A)".